EL ARTE
DE LA EMPATÍA

Amat Editorial, sello editorial especializado en la publicación de temas que ayudan a que tu vida sea cada día mejor. Con más de 400 títulos en catálogo, ofrece respuestas y soluciones en las temáticas:

- Educación y familia.
- Alimentación y nutrición.
- Salud y bienestar.
- Desarrollo y superación personal.
- Amor y pareja.
- Deporte, fitness y tiempo libre.
- Mente, cuerpo y espíritu.

E-books:
Todos los títulos disponibles en formato digital están en todas las plataformas del mundo de distribución de e-books.

Manténgase informado:
Únase al grupo de personas interesadas en recibir, de forma totalmente gratuita, información periódica, newsletters de nuestras publicaciones y novedades a través del QR:

Dónde seguirnos:

 | @amateditorial

   | Amat Editorial

Nuestro servicio de atención al cliente:
Teléfono: **+34 934 109 793**
E-mail: **info@profiteditorial.com**

EL ARTE
DE LA EMPATÍA

MERITXELL GARCIA

Amat
editorial

© Meritxell Garcia, 2019
© Profit Editorial I., S.L., 2019
Amat Editorial es un sello editorial de Profit Editorial I., S.L.

Diseño de cubierta: Xic Art
Maquetación: Aina Pongiluppi / D'ainagràfic
Ilustraciones: rawpixel.com / Freepik

ISBN: 978-84-9735-774-6
Depósito legal: B 23430-2019
Primera edición: Noviembre de 2019
Impreso por: Liberdúplex
Impreso en España — *Printed in Spain*

❖ ÍNDICE ❖

❖ AGRADECIMIENTOS ❖

La gratitud, la empatía y la compasión me han acompañado durante el camino de escribir este libro. Una obra que no habría sido posible sin la aportación de cientos de personas, de algunas de las cuales incluso desconozco el nombre.

Gracias a quienes me han inspirado y me han ayudado a encender la luz en mi cabeza.

Gracias a aquellas personas anónimas que me han regalado una sonrisa cuando más la necesitaba y me han ayudado a encontrar un sendero para desarrollar mi creatividad.

Gracias a mi madre, Montse, que un día me dijo que yo podía hacer lo que quisiera y me lo creí. Gracias por enseñarme que creer es poder.

Creer en uno mismo es lo más difícil. Pensar que puedes hacer lo que te propones y llevarlo a cabo no es tarea fácil. He aprendido que escribir no es privilegio de unos pocos: la clave es tener algo que contar.

Dedico este libro a Roger, que ha recorrido conmigo paso a paso el camino del descubrimiento de que era una persona empática y altamente sensible. A él, que siempre me ha brindado todo su apoyo y comprensión y ha sido y es mi lugar de seguridad en el que siempre puedo ser yo en toda mi esencia.

Dedico este libro a todas las personas narcisistas y tóxicas con las que me he tropezado en la vida, que son muchas. Porque, aun sin saberlo, todas y cada una de ellas me han ayudado a crecer y a encontrarme a mí misma, por mucho que a veces esto haya significado perder algunas piezas de mí por el camino, puesto que luego he podido recuperar esas piezas para, con más fuerza aún, construir una mejor versión de mí misma.

Este libro no hubiera sido posible sin todos esos ojos que han leído estas líneas, las han criticado y las han mejorado con amor y compasión para hacer que el mensaje sea más claro y entendible para ti.

Gracias a mi amiga Vero, que me ha brindado toda su ayuda, por esas eternas tardes de *chai lattes* y sesiones de trabajo que me han ayudado a verlo todo desde una perspectiva diferente.

Y, por último, gracias a ti, mi lector. Sin ti, mi querido empático, este libro no tendría sentido.

❖ CUÁNDO ME DI CUENTA ❖
DE QUE ERA EMPÁTICA

Era un día como cualquier otro. Me había levantado para ir a trabajar y me dirigía a una reunión con mi jefa. Hacía un tiempo que estaba esperando una promoción en el trabajo y deseaba saber si me la iban a conceder.

Entré en el despacho y me senté en la silla. Antes de que ella hubiera dicho nada, ya noté que no me iba a gustar lo que estaba a punto de oír. Me dijo: «Meritxell, te van a dar el puesto, pero no en Barcelona. Tienes que mudarte a Estados Unidos durante un mínimo de dos años».

Puedes imaginarte mi cara de sorpresa, puesto que cinco segundos antes ya me había hecho a la idea de que no me iban a dar el nuevo trabajo. Pero ni en mis mejores momentos a la hora de anticiparme a los acontecimientos hubiera podido imaginar que sería en Estados Unidos.

Mi primera reacción fue decir que no, y cuando pregunté en qué lugar de Estados Unidos y me contestó que en Orlando, casi me echo a reír. Pensé: «Hombre, por lo menos si fuera Nueva York o San Francisco. Pero ¿qué se me ha perdido a mí en la ciudad de Disney?».

Mi jefa me dijo: «Piénsatelo. Tienes 48 horas para contestarme». Mi cabeza iba a mil por hora anticipando todos los escenarios posibles.

«¿Qué hago? Vivir en Estados Unidos un tiempo parece una buena oportunidad. Si fuéramos a hacerlo, ¿cómo diablos lo haríamos? Tenemos un coche, una moto, una casa de alquiler y miles de pertenencias...»

Después de tres horas dándole vueltas, pensé que era una buena opción mudarnos y vivir el sueño americano. Teníamos que hacerlo. Le dejé caer la bomba a mi marido, que se quedó ojiplático y mudo del susto.

Pero decidimos hacerlo. Nos mudaríamos a Orlando, dos años y no más. ¡Estados Unidos, prepárate que vamos para allá!

Fue el inicio de unos meses de locura en los que dormíamos en un colchón en el comedor rodeados de cajas y abriendo la puerta a extraños que venían a recoger lo que estábamos vendiendo. Nos deshicimos de todo excepto de cinco maletas, que es lo único con lo que nos mudamos al otro lado del charco.

Cuando te mudas tan lejos de casa, puede parecer que lo más difícil es desmontar una vida y montar una nueva allá donde aterrizas. Y en parte es así, pero la dificultad nada tiene que ver con lo material sino con lo humano: en tu ciudad, estás rodeado de los tuyos.

Cuando tenía un mal día en Barcelona, podía tomar un té con mi madre, que vivía a la vuelta de la esquina, o llamar a mis amigas y encontrarnos en una cafetería para hablar de nuestras cosas.

Podía llorar como una magdalena o reírme como una loca sin necesidad de esconderme o de estar pensando qué dirán de mí. Mi gente no me juzga.

Simplemente pasear e ir a cenar a mi restaurante favorito me arrancaba una sonrisa. Un restaurante en el que conozco cada uno de los platos y el camarero sabe mi nombre.

La dificultad, pues, de mudarse a otro lugar es crear de nuevo tu círculo de gente. Tu gente, con la que puedes ser tú mismo, decir tonterías o abrir la puerta descalza, en pijama y con un moño mal hecho.

Tu gente, que no te juzga porque sabe quién eres, y de cuya opinión no tienes que cuidarte porque te quieren tal y como eres.

Ahora, en un lugar nuevo, en un trabajo nuevo, con unas normas sociales y culturales que no se parecían en nada a lo que estaba acostumbrada, me encontraba totalmente perdida.

En mi caso, me podía definir como una persona colaborativa a la que le gustaba la armonía, trabajar en equipo y, en la medida de lo posible, estar de buen humor que la vida son dos días, por lo que la perspectiva de desperdiciar un solo día enfadada con el mundo me resultaba triste.

Al llegar a Orlando me di cuenta de que en la tierra de Trump se premiaba la confrontación, el individualismo y el interés propio, con independencia de que ello significara en ocasiones pasarle a alguien por encima.

Así pues, cuál sería mi *shock* al constatar todas estas normas sociales no escritas pero que en el día a día me causaban tal desconcierto. ¿Así era como me tenía que comportar para ser una más allí?

Sin embargo, empecé a percibir cómo, sin buscarlo, las personas más empáticas y sensibles de la oficina se me acercaban. Querían hablar conmigo, conocerme, eran amables y compartíamos esta bonita manía por la armonía y la amabilidad, por el amor incondicional y el respeto hacia los demás. Qué cosa más rara, ¿verdad?

Cuando eres la chica nueva de la oficina, y además europea, parece que brilles como si de un letrero de neón se tratase. Y el brillo que yo desprendía no solo atrajo a personas amables y sensibles, sino que también se acercaron otros tipos de personas: los vampiros energéticos y los narcisistas.

Quizá pienses que un vampiro es un tipo alto con capa negra y dientes largos y punzantes, pero créeme si te digo que los vampiros de los que te voy a hablar son mucho más peligrosos. Y por desgracia no es tan fácil distinguirlos, porque van sin capa y no les sobresalen los dientes.

Los vampiros y los narcisistas son lobos con piel de cordero. Son aquellos compañeros y amigos que al principio te tratan muy bien pero que, poco a poco, van haciendo que dudes de ti. Te critican y hablan de ti a tus espaldas, buscan aprovecharse de tu bondad, son un nido de negatividad, les gusta el chisme y procuran crear la mayor confrontación posible a su alrededor.

Al principio yo no sabía ni cómo denominarlos, pero sí que fui consciente enseguida de que yo no era como ellos. Me di cuenta de que, por las normas sociales no escritas, los vampiros no solo estaban bien vistos en América, sino que además se fomentaba este tipo de personalidades.

Así, empecé a percatarme de que algunos amigos que había hecho no eran amigos de verdad: solo pretendían hacerse ver con la chica nueva de la oficina, la europea que hablaba más de un idioma, o llevados por cualquier otra razón superficial. Me di cuenta de que ellos no eran mis amigos, de que solo me querían por interés. No había conexión personal, ni sinceridad, ni honestidad. Abrí los ojos y vi a cámara rápida todas las situaciones y momentos que había vivido con ellos en los últimos meses.

Como siempre, yo los escuchaba y les ayudaba en sus problemas, pero a ellos nunca les importaba cómo estuviera yo o qué me pasara a mí. Recordé que cuando yo sacaba un tema no les interesaba, siempre ocupados en hablar de sí mismos una y otra vez.

Buscaban mi empatía, mi cariño, mi amor incondicional, cosa que consiguieron por un tiempo al precio de hacerme perder mi autoestima y el respeto por mí misma.

En esos momentos me sentía muy sola y desolada. ¿Qué había hecho mal? Todo mi mundo se estaba hundiendo. ¿Por qué no querían ser mis amigos cuando yo era auténtica? ¿Por qué solo querían esa versión sumisa y entregada de mí? Llegué a la conclusión de que solo querían estar cerca de mí cuando les era favorable; cuando decía que sí a todo, cuando intentaba por encima de cualquier otra cosa evitar la confrontación y les complacía anteponiendo sus intereses a mis propias necesidades.

Fue entonces cuando perdí el concepto de mí misma. Ya no sabía bien quién era. Llevaba unos meses viviendo en el país y me estaba cuestionando si la que yo consideraba mi gente lo era de verdad.

¿Quién era yo? ¿Era la persona servil que asentía a todo y complacía a los demás para evitar la confrontación? ¿Era yo esa persona que iba en contra de sus propios principios para conservar la armonía?

En esta situación de drenaje constante por parte de personas que querían manipularme y sacarme todo el jugo, empecé a enfermar. Tenía dolores de espalda, migrañas diarias, incluso empecé a ganar peso. ¿Cómo podía pasarme esto a mí? Yo, que había perdido 35 kilos y estudiado *coaching* de nutrición y estaba haciendo todo lo correcto. Mi cuerpo estaba en alerta roja, en modo de supervivencia y enviándome señales de alarma tan altas y claras que era difícil no oírlas.

Me di cuenta de que no era yo esa persona en la que me había convertido. Me di cuenta de que esa versión de mí dependiente e insegura que habían fomentado mis vampiros no era yo. Era la versión de mí que mejor les iba a ellos, pues les proporcionaba mi atención, mi cariño y mi alma, olvidándome de mí misma.

Hay que decir que la culpa no fue de mis vampiros. Yo tomé esa decisión sin ser consciente, pero la tomé. Yo me dejé deslumbrar al ver las luces brillar en el camino. Sin embargo, a medida que me acercaba fui viendo con mayor claridad que no había luces y que me había perdido en la oscuridad.

Pero me encontré. Me encontré con más fuerza que nunca. Me di cuenta de quién era, me di cuenta de que mi sensibilidad y mi amor incondicional eran lo que me hacía única.

En un país lejano en el que los valores eran tan distintos a los míos, lo vi más claro de lo que jamás habría podido verlo si no me hubiera movido de casa.

Yo era empática.

¿Empática? Sí, empática. Recuerdo que en ese momento leí en un grupo de Facebook una publicación de una chica que se definía como empática, intuitiva y persona altamente sensible.

¿Sabes esos momentos en que algo en tu cabeza se enciende? A mí se me encendió cuando leí lo que había escrito aquella chica. Y pensé que atesorado en esos conceptos había algo para mí.

Y así fue: comencé a entenderme mejor, a saber por qué se me acercaban personas tóxicas que me hacían daño. Pero también entendí por qué las personas más amables y amorosas querían estar cerca de mí.

Entendí por qué entraba en estos ciclos de destrucción en los que era capaz de perder mi identidad para que los demás me aceptaran. Supe por qué me enfadaba conmigo misma por no decir que no, aunque al día siguiente volvía a decir que sí una y otra vez.

Descubrí que soy empática y una persona altamente sensible. La palabra *sensible* tiene para muchos una connotación negativa: ser sensible se asocia con ser débil, con ir con un pañuelo llorando por los rincones todo el día.

Pero ser empática es mucho más que llorar o emocionarse. Es ver todos y cada uno de los detalles que hacen cada instante único.

Ser empática es darme cuenta de que la vecina hoy está triste, tiene mala cara y siento que si intercambio unas palabras con ella, aunque sea durante cinco minutos, puedo contribuir a animarla.

Ser empática es percibir que hemos cambiado de estación y mirar arriba hacia la copa de los árboles y observar las hojas que cada día van cogiendo los colores del otoño. Y ser sensible es agacharme a recoger unas hojas porque el color rojo que tienen me produce una sonrisa.

Ser empática es entrar en un lugar y sentir a todo el mundo. Y cuando digo sentir, me refiero a sentirlos: a, sin oírlos hablar, saber qué sienten, cómo están hoy.

Ser empática es una experiencia física más que mental. Es notar en el cuerpo a los demás, notar sus emociones, sus sentimientos. Tanto que a veces te olvidas de quién eres tú. Cuando estás tan acostumbrado a notar a los demás y sus emociones tan cerca, es inevitable confundir dónde acabas tú y dónde empieza el otro.

Es mi misión evitar una situación que solo yo puedo ver que se producirá, no puedo evitarlo. Mi obsesión por la armonía, por hacer las cosas bien, por preservar la colaboración, no era porque sí: era porque cuando tú sientes a quienes te rodean y sabes exactamente qué hacer para que todo el mundo esté a gusto y contento, ¿cómo no vas a hacerlo?

El problema es que el rol de salvador, llevado al extremo, puede acabar con tu propia felicidad, por lo que anteponer las necesidades de los demás a las tuyas no es una buena solución.

Por lo demás, ser el salvador y solucionar los problemas de quienes te rodean sin que ellos sean conscientes no solo no les ayudará, sino que la próxima vez que no estés allí para echarles un cable fracasarán, pues no habrán aprendido a hacerlo por sí mismos.

Esta es mi historia. La de cómo descubrí que quizá no era tan bicho raro como yo pensaba. Ser empática y altamente sensible no es una elección para mí. Es quien soy.

Entender mis porqués y la sensibilidad que me hace única me ha ayudado a quererme y a valorarme por ser quien soy en todo su conjunto.

Entenderme me ha ayudado a ser mejor persona, a vivir más feliz y a ofrecerme a mí la misma empatía que ofrezco a los demás. Ahora es tu turno.

❖ CÓMO UTILIZAR ❖
ESTE LIBRO

Este libro es tu guía para encontrar tu propio camino y las respuestas que necesitas como empático.

Este libro es para todos los empáticos y personas altamente sensibles que quieran entenderse mejor y tener opciones a su alcance para sentirse bien consigo mismos y su entorno. Ya seas un empático que acaba de descubrir su sensibilidad o lleves mucho tiempo trabajando para vivir mejor, encontrarás en estas páginas algo para ti que te ayudará en tu crecimiento y evolución personal.

Antes de seguir leyendo, te aconsejo que hagas una reflexión sobre lo que esperas obtener del libro y lo que necesitas en este momento para empezar este camino, estando presente y teniendo claras tus necesidades.

Bien sé que a nadie le gusta que le digan lo que debe hacer. Por ello, mi objetivo es que, a través de mi experiencia personal, recursos, técnicas y ejercicios prácticos, encuentres tu propio camino; que puedas discernir lo que te funciona de lo que no y apartar todo aquello que no te sirva.

Solo te pido una cosa: que tomes este camino como una oportunidad para verte reflejado en las situaciones que se expondrán y pensar cómo puedes aplicarlo a tu vida. Es decir, que a cada paso te preguntes: «¿Qué puedo sacar yo de esto?».

Dado que todos somos distintos, puede que haya algo que no sientas como parte de tu realidad. Este libro tiene por objetivo que analices tu realidad, tomes las riendas de tu vida y adoptes las decisiones necesarias para dejar ir y superar todo aquello que no te funciona.

Por otro lado, si hay pasajes en los que te sientes profundamente identificado, te invito a que te preguntes cómo puedes integrar lo aprendido en tu vida diaria para vivir mejor. Con boli y papel en mano, y al hilo de estas líneas, irás encontrando ejercicios prácticos en cada capítulo para poner en práctica lo aprendido en el día a día. Sé que lo primero que aparecerá en tu cabeza posiblemente serán pensamientos de «no tengo tiempo», «estoy cansado» o incluso «haré el ejercicio en otro momento», y ese momento nunca llegará.

Tienes que ser consciente de que un cambio de hábitos y rutinas o una manera diferente de actuar e incluso de pensar o reflexionar requiere de esfuerzo. Como en cualquier ejercicio nuevo que empieces, encontrarás algo de resistencia, por lo que tener claros tus objetivos te ayudará a conseguir el resultado deseado. Al final, estarás practicando *gimnasia empática*, una nueva forma de vivir tu naturaleza empática y tu sensibilidad.

A lo largo de esta aventura empática, aprenderás que lo mejor que puedes hacer por ti es darte espacio y tiempo para cuidarte. Te ayudaré, con recursos y ejercicios, a encontrar tu rutina de cuidado para que cada día puedas darte todo lo que necesitas.

1

¿QUÉ PROBLEMAS TENÍA COMO PERSONA EMPÁTICA?

En Estados Unidos empecé a darme cuenta de lo que me ocurría por ser una persona empática. Como si pudiera verme desde fuera y analizarme con ojos nuevos, lograba ver todos mis patrones de conducta, gracias a lo cual pude ser más consciente de quién era yo en realidad, ya que en Barcelona no me había dado cuenta de mi sensibilidad y de todo lo que me suponía.

A continuación describo las conclusiones a las que llegué sobre las dificultades derivadas de ser una persona empática.

PERCEPCIÓN FINA DEL DOLOR

Desde que era pequeña siempre había sido enfermiza y me rompía a la mínima ocasión. Había sufrido esguinces de todos los grados y llevar muletas era el pan de cada día. Tendones debilitados, huesos rotos... Valga decir que en las urgencias del hospital que teníamos cerca de casa ya me conocía incluso los turnos de los médicos.

No me apercibí de cuán fina —más allá de las lesiones— era mi percepción del dolor hasta que después de uno de otros tantos esguinces noté que algo no iba bien, que había un dolor que no se parecía en nada a otros que había experimentado.

Tras una revisión y las pruebas pertinentes, quisieron mandarme a casa, con el argumento de que el esguince ya se había curado. Pero yo sabía que no era así, que ahí había algo, ya que notaba una molestia que no era normal.

Insistí e insistí hasta que me hicieron unas radiografías, en las que el médico vio que tenía el hueso del pie levemente descantillado y decidió inmovilizarme la pierna con yeso para curarlo.

A las personas empáticas y/o altamente sensibles se nos tacha a veces de hipocondriacas porque parece que siempre tenemos algo, pero lo cierto es que no sufrimos más enfermedades que los demás: simplemente, nuestro cuerpo nota la más mínima subida en el grado de inflamación, dolor y molestia.

Al final, cuando el único cuerpo del que dispones para comparar lo que sientes es el tuyo, notar todos esos pequeños cambios te parece normal, porque es el mundo en el que vives.

Así, puedo notar que me estoy constipando antes siquiera de tener síntomas visibles. Noto cómo mi cuerpo se va preparando para estar enfermo y a veces, en función de en qué fase estoy, puedo evitar que empeore.

Un ejemplo claro para mí es durante el ciclo de la menstruación. Noto todos los pequeños cambios que no tienen por qué ser visibles ni evidentes: si ovulo por un ovario o el otro, si la menstruación —antes de que se produzca— está dentro de lo normal o algo no va como debería debido a nervios o estrés o cualquier otro cambio en mi cuerpo...

Poco a poco, te vas dando cuenta de que esta finura de los sentidos y a la hora de percibir el estado del cuerpo no es algo que la mayoría de las personas noten con tanto detalle e intensidad.

TE VAS CON LAS EMOCIONES DE LOS DEMÁS

Yo soy una persona extrovertida, muy risueña y normalmente estoy de buen humor, aunque tenga mis días, como todos.

Al empezar a vivir en Estados Unidos, noté que cuando hablaba con alguien negativo me cambiaba el humor: empezaba a adoptar su humor y su negatividad y mi buen humor se evaporaba sin motivo ni razón.

Cierta mañana llegué al trabajo escuchando mi música y cantando por dentro y moviendo la cabeza de lado a lado. Al llegar, me esperaba mi compañero para compartir conmigo que nada funcionaba, que le habían asignado no sé cuántos proyectos, que aquí no se podía trabajar, etc.

Poco a poco, fui notando que mi canción, mi música y mi buen humor iban desapareciendo y me iba sumando a su sentimiento como si fuera mío. Incluso al participar de la conversación con él, fui asumiendo ese punto de vista negativo en función del cual hay que mandarlo todo al carajo porque estamos rodeados de incompetentes.

Sin saberlo, había tomado su negatividad, su frustración. Todas esas emociones negativas que él tenía yo las había convertido en mis emociones. Es decir, un problema que no era mío se había comido mi positividad, mi buen humor y mi canción de la mañana. Y todo eso, ¿por qué? Pues descubrí que, al notar sus emociones tan cerca de mí, al final había acabado por confundirlas con las mías.

Esto viene a demostrar que no solo sentimos lo que nos rodea físicamente, sino también el estado de ánimo y las emociones de los demás. Y es complicado llegar a percibir que estás absorbiendo las emociones de tu compañero y dejándote arrastrar por su sentimiento.

En aquella ocasión, yo no estaba frustrada ni enfadada con anterioridad, ni nadie me había hecho nada. Estaba feliz como una perdiz, pero poco a poco su negatividad se fue apoderando de mis emociones reales.

Otra cosa que siempre me ha sucedido es que la gente me habla en todas partes. Si me quedo en la calle parada en una esquina, es inevitable que me pregunten por direcciones o me pidan ayuda para tomar una foto. Pero lo más chocante es que siempre tengo conversaciones extremadamente profundas y personales con desconocidos.

Hay algo en el aire, alrededor de mí, que la gente percibe. Notan que soy una persona empática y abierta y que pueden confiar y sentirse seguros conmigo.

Valga otro ejemplo: estoy subiendo en el ascensor y el portero del edificio sube conmigo. Es un bloque en el que hay varias empresas y ni tan siquiera sé el nombre del señor portero porque lo máximo que hemos hablado es «hola», «adiós» y «buen fin de semana». De repente, me empieza a explicar que se jubila, que se muda de ciudad y va a vivir con su madre de 93 años, y que tiene ganas de empezar una vida tranquila lejos del trabajo.

Esto me ocurre a diario: taxistas, camareros, gente que he visto una vez o ni tan siquiera hemos intercambiado palabra alguna, en fiestas, caminando por la calle, en el supermercado, en las colas de seguridad en los aeropuertos... Es algo tan normal para mí que muchas veces ya los veo venir. Es como si la gente notara que puede abrirse contigo.

SATURACIÓN DE LOS SENTIDOS

En mi familia todos hablan a la vez, hay que elevar la voz y gritar para hacerte oír, y hubo un momento en que empecé a darme cuenta de lo mucho que me agotaba la energía tener que luchar para hablar.

Incluso recuerdo una reunión familiar en la que dejé de luchar por hablar y solo hablaba cuando el ritmo de la conversación lo permitía. Lo curioso fue que mi familia pensó que estaba enferma porque no luchaba por hablar.

A esa sensación de no tener fuerzas, de que tu entorno se hace borroso y todo va a cámara lenta, la llaman estado de sobresaturación y tiene lugar cuando estás al límite de tus sentidos, cuando estás percibiendo demasiada información sensorial a la vez.

En mi caso, me sucede en lugares donde hay mucha gente, en centros comerciales, en grupos grandes de gente y en fiestas. Pero también en un ambiente hostil donde hay muchas emociones negativas o una combinación de emociones que componen un cóctel demasiado heterogéneo para digerir de una vez.

VEO LO QUE NO DICES

La percepción fina de los empáticos y/o personas altamente sensibles en la comunicación verbal y no verbal es muy potente.

Sin ser consciente, puedes leer el lenguaje corporal y las facciones de otras personas. Esa información entra rápidamente a través de las conversaciones y por la manera en que se mueve el cuerpo durante el proceso, o simplemente basta con ver a alguien pasar para leer su lenguaje corporal.

No es algo estudiado, ni tan siquiera consciente: simplemente, leemos más información. Aunque en un primer momento se trata de un proceso inconsciente, va transitando poco a poco hacia el consciente y llegamos a conclusiones o tenemos percepciones de esa persona sin haberla siquiera escuchado.

Un ejemplo de una situación común es cuando discutes con tu pareja y te ofendes por algo que dice o por cómo lo dice. Para mí, en esa misma discusión, el espectro de lo que escucho es mucho más amplio, ya que no solo escucho sus palabras, cómo las usa, y su tono de voz, sino que su cuerpo me habla.

Veo todo un lenguaje secundario: el movimiento del cuerpo, las facciones, las expresiones faciales por mínimas que sean... Incluso los silencios me dan mucha información sobre lo que está pensando y sintiendo la otra persona en ese momento.

Dicho de otra forma, no puedo evitar oír todo aquello que las personas no dicen con palabras. Eso hace inevitablemente que sienta cierta repulsión hacia las personas poco auténticas o que mienten, porque lo noto en sus movimientos. Por mucho que puedan fingir o mentir con sus palabras, su lenguaje secundario no las acompaña y es muy fácil detectar cuándo no dicen la verdad.

BIBLIOTECA DE MEMORIA Y EMOCIONES

Las cosas que recordamos están muy atadas a las emociones. Normalmente guardas en tu memoria pocos momentos neutros a nivel emocional. Todo lo que recuerdas con detalle va en general atado a una emoción negativa o positiva.

Yo recuerdo mi primer día de guardería cuando tenía 3 años y recuerdo exactamente lo que me dijo mi abuela: que yo iba a estar allí un ratito —en la guardería— y que me iba a venir a buscar luego y que le hiciera caso a la profesora. Me sentía desconcertada en un lugar nuevo para mí y recuerdo la imagen de la clase, dónde estaba sentada y lo que sentía en ese momento.

Ser empático o tener más sensibilidad también puede hacerse evidente en el hecho de tener una biblioteca de memoria más amplia.

¿Sabías que...?

Estudios científicos sugieren que nuestros cerebros son propensos a fijarse en estímulos que tienen un componente emocional.

Uno de ellos consiguió demostrar cómo, tras enseñar a los participantes imágenes neutras emocionalmente e imágenes de lesiones físicas, la atención se centraba en aquellas con un componente emocional.[1]

1   Schupp, H. T. *et al.* «Selective Visual Attention to Emotion». *The Journal of Neuroscience*, 27(5), 1082-1089.

Al desplazar nuestra atención de una situación a otra, existe un tiempo en el que no podemos focalizar nuestra atención en el segundo estímulo si el anterior ha tenido un componente emocional.

Como resultado de ello, podemos recordar los momentos neutros con más dificultad que los emocionales, ya que estos últimos tienen más importancia para nosotros, como quedó demostrado en otro experimento[2] en el que los investigadores fueron capaces de limitar la habilidad de los participantes a la hora de recordar información neutra presentando antes un estímulo emocional.

Si tenemos en cuenta que las personas con una mayor sensibilidad perciben más estímulos emocionales, es posible que ello tenga una consecuencia directa en la consolidación de una memoria más amplia, ya que el componente emocional es mayor.

DAR VUELTAS Y MÁS VUELTAS A LAS COSAS

Siempre había tenido una mente muy obsesiva. Les daba vueltas y más vueltas a situaciones, momentos o decisiones que ya había tomado pero con los que no estaba en paz en mi cabeza.

Por ello, algo tan sencillo como enviar un correo electrónico equivalía a subir a una montaña rusa de emociones. Nunca me parecía que estuviera suficientemente claro el mensaje. ¿Estaría bien escrito? ¿Y si era un lenguaje demasiado serio? ¿Se podría malinterpretar el tono? ¿Debería haberlo hecho más corto?

Y lo que más me agobiaba eran las consecuencias, esto es, que pensaran que no era competente o que no sabía hacer mi trabajo... Todo eran dudas relacionadas con mi valía, o, dicho de otra forma, mis acciones definían mi valor como persona.

Este comecome constante en la cabeza también se trasladaba a conversaciones que había tenido con amigos o familia sobre situaciones pasadas que me habían afectado. Sobre todo, me ocurría en situaciones de tensión, en las que no dejaba de pensar en lo que hubiera tenido que decir y no había dicho en ese momento. Me torturaba pen-

---

2   Smith, S. D. *et al.* «An Emotion-Induced Attentional Blink Elicited by Aversively Conditioned Stimuli». *Emotion*, 6 (3), 523-527.

sando que no había sido lo bastante rápida. Me torturaba pensando que hubiera tenido que escoger mejor las palabras, que tenía un argumento mejor o que había perdido una oportunidad por no haberlo hecho bien. Y ese tema se quedaba en mi cabeza durante horas, aunque estuviera haciendo otra cosa; esa idea, ese momento seguía revoloteando en mi mente sin cesar.

SI TÚ ERES FELIZ YO SOY FELIZ

Cuando quienes me rodeaban estaban felices a mí me parecía que yo también era feliz. Como empática, percibo cada detalle emocional, y si los demás son felices dejo de notar sus emociones negativas y es un alivio para mí. Si tú eres feliz, eso me produce una sensación de paz, ya que supone un descanso sensorial para mi sistema sensible.

Sin embargo, lo cierto es que la idea de ser feliz porque los demás lo son llevada al extremo supone ir en contra de tus propias necesidades y de tus principios. Es decir, hacer todo lo posible para que tu amigo no se enfade y no se le tuerza el día, o dejar de hacer lo que deseas por las consecuencias que pueda tener en otra persona, llega un momento que te hace infeliz.

En realidad, lo que más feliz te puede hacer es que tú mismo seas feliz. La felicidad de los demás depende de ellos y no podemos jugar a ser Dios manipulando la realidad para que otros lo tengan más fácil. Además, yendo en contra de nuestros principios para complacer a otros no les hacemos ningún favor, y cuando lo hacemos dejamos de ser nosotros mismos, dejamos de ser auténticos.

DIFICULTAD A LA HORA DE DECIR QUE NO

Yo siempre había pensado que no me costaba decir que no. Pensaba que lo tenía por la mano. Pero la verdad es que me costaba y aún me cuesta decir que no en algunas situaciones.

Mi cabeza siempre va a parar a la misma idea: a mí no me cuesta nada hacer eso y para la otra persona es importante. Este pensamiento es el principio del fin, porque debemos tener una razón para hacer las cosas en lugar de intentar encontrar una razón para no hacerlas.

Recuerdo el momento concreto en el que lo vi con claridad. Me estaba pidiendo una chica que la ayudara a hacer una guía sobre la dieta paleo para un programa de pérdida de peso —una tarea puramente voluntaria que no tenía ninguna obligación de hacer—, y mientras conversaba con ella por dentro me decía: «Por Dios, di que no quieres hacerlo. Di que no te interesa hacerlo, que tienes otras prioridades y que te gustaría participar, pero no de esa forma».

Me veía a mí misma desde fuera a punto de decir que sí a algo que de verdad no quería hacer, y tuve que hacerme una pregunta para no caer en mi propia trampa: «¿Quieres hacer esta guía?». La respuesta era sencilla: «No, no quiero hacer esta guía». De nuevo, había caído en la idea de que la chica necesitaba ayuda y a mí no me costaba nada hacerlo.

En resumen, estar en constante contacto con qué es lo que quieres hacer y lo que no es vital. Como lo es no anteponer la necesidad de complacer a los demás antes que a ti.

Y, puesto que complacer a los demás en contra de tus principios requiere un verdadero esfuerzo, e ir diciendo que sí a cosas que no quieres hacer supone relegar las propias necesidades, al final inevitablemente acabas resentido y enfadado contigo mismo por haber dicho que sí a algo a lo que deberías haber dicho que no.

2

¿QUÉ ES
SER EMPÁTICO?

Los empáticos somos aquellos que tenemos esa conexión humana que nos hace sentir las emociones de los demás de forma natural. Sentimos lo que otros sienten mimetizando su sentimiento. Esto es, no solo entendiendo la situación y poniéndonos en su piel de forma conceptual, sino sintiendo lo que siente el otro en ese momento física y emocionalmente.

La empatía escasea en un mundo de individualismo, de competitividad y de querer pisotear al otro para salir vencedor. En una sociedad dominada por estos valores no hay espacio para la empatía, y cuando esta se manifiesta se entiende como una debilidad.

Pero hay una gran diferencia entre tener empatía y ser empático. Ser empático es una experiencia física. Es la experiencia de sentir cómo siente otra persona en tu propia piel. Por el contrario, tener empatía es un ejercicio mental consistente en imaginar una situación que le sucede a otra persona.

LA EMPATÍA VIVE EN TU CABEZA

La empatía es una capacidad natural del ser humano, un ejercicio de atención hacia el otro y de reconocimiento de quién es esa persona.

La empatía no deja de formar parte de la inteligencia emocional, pues se trata de la capacidad de acercarse afectivamente a la realidad de otra persona.

La empatía es la capacidad de experimentar los sentimientos y experiencias de otra persona de forma sentida, pero desde un terreno mental. Cuando alguien nos explica lo que le pasa, nosotros, de forma conceptual, imaginamos la situación y cómo debe sentirse esa persona.

Así, la empatía supone la capacidad de ponerse en el lugar de los demás de manera no solo abstracta, sino entendiendo sus porqués, sus sentimientos y la legitimidad de estos, por más que sean contrarios a los nuestros.

Gracias a ello, una persona con empatía podrá entender cómo te sientes a través de la simple comprensión de tu situación.

Ejemplo de una situación de empatía

Voy al trabajo por la mañana de buen humor y escuchando música con mis auriculares.

Al llegar, mi compañera Núria me explica que su abuelo ha muerto ese fin de semana. Se siente triste y desorientada por haber perdido a un ser querido y está en proceso de llorar la pérdida.

Cuando Núria me cuenta su situación, puedo entender perfectamente cómo se siente. Perder de repente a alguien que quieres es doloroso y necesitas pasar por un proceso de duelo seguido por la aceptación de lo ocurrido.

Después de escuchar su situación, puedo imaginarme cómo se siente y empatizar con su sentimiento.

La empatía vive en tu cabeza. En virtud de ella, serás capaz de imaginarte el escenario en el que esa persona se encuentra. Verás con toda claridad el porqué de su enfado y su frustración y las razones que han hecho surgir estos sentimientos mediante la creación de una imagen de su situación en tu cabeza. Como si de una obra de teatro se tratara, podrás ponerte en su lugar imaginándote el escenario, los personajes y la historia que hay detrás.

Una vez conozcas la situación, es posible que experimentes sentimientos afines. Pueden ser sentimientos positivos y/o negativos, pero solo podrás sentirlos una vez te sumerjas en la historia.

SER EMPÁTICO ES UNA EXPERIENCIA FÍSICA

Ser empático va más allá de ser una persona que tiene empatía desde un punto de vista conceptual o mental. Ser empático es una experiencia física.

Continuando con el ejemplo anterior, veamos la diferencia entre la experiencia del empático con respecto a la de una persona con empatía.

Ejemplo de situación para una persona empática

Voy al trabajo por la mañana de buen humor y escuchando música con mis auriculares.

Al llegar, empiezo a notar que mi buen humor va desapareciendo poco a poco y una sensación de tristeza y desazón me invade. No logro entender este cambio repentino y noto cómo mis sentimientos están a flor de piel e incluso siento que me emociono.

Mi compañera de trabajo Núria me explica que su abuelo ha muerto ese fin de semana. Se siente triste y desorientada por haber perdido a un ser querido y está en proceso de llorar la pérdida.

Cuando Núria me cuenta su situación, me doy cuenta de que lo que he percibido es su sentimiento mucho antes de que me haya contado cómo se siente. El cuerpo copia los sentimientos de la otra persona sin que yo sea consciente de ello.

Siento en mi cuerpo su dolor y mis emociones mimetizan las suyas. No solo entiendo su situación de forma conceptual, sino que la siento con ella.

A los empáticos nos afectan las energías de otras personas y su estado emocional, debido a que tenemos la capacidad innata de sentir intuitivamente y percibir a los demás. Así pues, en muchas ocasiones sentimos cómo todo nuestro cuerpo se mimetiza con el de la otra persona, sin que sepamos el porqué o sin ser siquiera conscientes de ello.

Como ya se ha apuntado, los empáticos nos ponemos en el lugar del otro a través de la experiencia física —y no solo la mental o conceptual—. Este es el sentido de empático que trataremos a lo largo del libro.

La capacidad de vivir esta experiencia empática en el terreno físico, de sentir en tu propio cuerpo la ansiedad, los sentimientos y el dolor de otro como si fueran los tuyos propios, es la capacidad que hace únicos a los empáticos. Desde el momento en que se mezcla la experiencia sentimental y emocional de otra persona con la tuya propia, eres un empático.

EJERCICIOS PARA PROGRESAR:
¿Cómo saber si eres empático?

Utiliza la siguiente lista de indicadores comunes para identificarte como empático:

Indicadores comunes: ¿cómo saber si eres empático?

- **Sientes el dolor de otros:** Puedes experimentar el dolor de otras personas en el terreno físico o emocional. Cuando alguien está triste o deprimido, percibes esa emoción inconscientemente y percibes su dolor como si fuera tuyo. Sientes la necesidad de ayudar a otras personas, cuidarlas, prestarles atención y atenderlas. Ayudar a otros es parte de quién eres.

- **Lees la energía de un espacio:** Cuando entras en una habitación, sabes cómo está el ambiente. Puede que te sientas saturado en espacios en los que hay mucha gente y/o cuando presencias emociones o energías negativas (ira, depresión, tristeza...).

- **Respuesta emocional:** Tienes una respuesta emocional intensa cuando ves la televisión, películas u obras de teatro. Las esce-

---

3   Véanse dos estudios científicos sobre las neuronas espejo en: https://www.ncbi.nlm.nih.gov/pubmed/21229470 y https://greatergood.berkeley.edu/article/item/do_mirror_neurons_give_empathy

nas de violencia o de injusticia en la ficción las sientes como si fueran reales. Quizá cierres o te tapes los ojos en ciertas escenas que te generan una respuesta emocional fuerte.

- **Mimetizas las sensaciones físicas:** Las sensaciones físicas pueden ir desde resfriados hasta alergias, tos o inflamación, entre otras. ¿Te ha pasado alguna vez que de repente te duele la espalda al estar cerca de alguien que tiene dolor de espalda?
- **Fatiga:** Después de pasar tiempo con personas que drenan tu energía te sientes agotado y sin fuerzas. Puedes notar cómo atraes a tipos de personas que necesitan de ti para sentirse mejor solo con tu presencia. Inevitablemente, después de estar con ellas sientes que has dado demasiado sin recibir nada de su parte.
- **Observas a las personas:** Observas cómo se sienten y cómo reaccionan, y aprendes no solo a predecir qué reacción tendrán en una situación dada, sino también a saber cómo piensan, cuáles son sus motivaciones y cómo sienten.
- **Detectas las mentiras:** Sabes perfectamente cuándo alguien dice la verdad y cuándo esconde algo. Sabes detectar de forma natural el lenguaje corporal y, dependiendo de cómo actúa una persona, sabes ver fácilmente si miente. A veces no sabes argumentarlo, pero sientes que algo no cuadra, que no es cierto lo que dicen. Eres consciente de la mentira y de la no autenticidad, y como consecuencia te cuesta confiar en los demás.
- **Sensibilidad a la luz y al ruido:** En espacios con luces blancas brillantes, con ruidos estridentes (por ejemplo, el del tráfico) o dominados por el caos, tu cuerpo entra en un estado de alerta. Puede que no te sientas tan a gusto en la ciudad y que prefieras los espacios abiertos y cerca de la naturaleza.
- **Relación con la naturaleza:** En los espacios naturales encuentras tu medicina. Te sientes en paz contigo mismo cuando estás en la montaña, la playa o el bosque. Tus sentidos se activan y tu paz interior se halla más presente en un ambiente natural.
- **Preservas la armonía:** De pequeño puede que hayas aprendido a evitar que los demás se sientan incómodos. Cuando percibes las necesidades de los demás tan claras como si fueran las tuyas, adquieres la responsabilidad de ayudarles a cubrirlas, muchas veces a costa de olvidarte de tus propias necesidades.

- **Niegas quién eres para encajar:** Aprendes a no decir la verdad o a esconder quién eres si para ello corres el riesgo de hacer sentir incomodidad a otros. Aunque quienes te rodean no hayan expresado claramente su disconformidad, solo por el hecho de sentir su incomodidad te cierras en ti mismo por el bien común.

Dado que cada persona es un mundo, puede que no te sientas identificado en todos y cada uno de los puntos. No hay un modelo único que defina la experiencia del empático y lo que significa sentir a nivel emocional, físico y mental. Así pues, utiliza lo que te sirva, descarta aquello con lo que no te sientas identificado y genera tu propia lista de los indicadores empáticos que ves en ti.

PERSONA ALTAMENTE SENSIBLE (PAS)

La noción científica de Persona Altamente Sensible (PAS) fue acuñada en la década de 1990 por la doctora en Psicología Elaine Aron y su marido el doctor Arthur Aron para describir a una persona que tiene una alta capacidad sensorial.

Las personas altamente sensibles se denominan así por tener un sistema nervioso más sensible y desarrollado que la mayoría. La consecuencia de un sistema nervioso sensible es una percepción sensorial mucho más amplia en todos los sentidos (olfato, tacto, gusto, oído y vista). La alta sensibilidad suele ser un rasgo hereditario, abarca a un 20% de la población y afecta a hombres y mujeres por igual.

Diversos estudios científicos[4] de la doctora Aron han determinado cuáles son las características esenciales de las personas altamente sensibles. Puedes hacer el test oficial de PAS para averiguar si eres una Persona Altamente Sensible en la web de la citada investigadora.[5] Para considerarse una persona PAS, hay que poseer los siguientes cuatro rasgos principales:

- Reflexión profunda acerca de la información sensorial percibida (conversaciones, sensaciones, estados de ánimo de los demás).
- Tendencia a sobreestimularse y/o saturarse.
- Fuerte emocionalidad debido a la gran empatía.

----

4   Véanse http://hsperson.com/research/published-articles/ y http://hsperson.com/research/measurement-scales-for-researchers/

5   http://hsperson.com/test/

- Elevada sensibilidad a las sutilezas (lenguaje del cuerpo, tono de voz, energías de otras personas...).

La mayoría de las PAS:
- Se sienten afectados por las luces brillantes, los olores fuertes y los ruidos en general.
- Sienten desagrado ante las masas de gente y se ven abrumados por el exceso de trabajo y/o por tiempos apresurados en la realización de las tareas.
- Acostumbran a ser unos amantes de la naturaleza y las artes (pintura, teatro, música, baile, etc.).
- Sienten como suyo el dolor ajeno.
- Se sienten llamados a ayudar a los necesitados, siempre dispuestos a defender a otros y salvarlos de las injusticias.

Las PAS suelen presentar estas otras características comunes:
- Tendencia a ser perfeccionistas.
- Gran capacidad para amar y enamorarse.
- Umbral de dolor bajo, por lo que muchas veces se las confunde con personas hipocondriacas.
- Capacidad para detectar sutilezas en el ambiente.
- Dificultad para decir que no y/o mantener sus límites personales.

¿Qué diferencias hay entre un empático y un PAS?

El concepto de Persona Altamente Sensible es una noción científica cuya validez ha sido probada por estudios centrados en las características de este tipo de personas.

El concepto de empático, en cambio, no pertenece al ámbito científico. Se utiliza la palabra *empático* para definir a aquellas personas que tienen la capacidad de percibir la energía de otras personas a su alrededor. La energía sutil de las personas es lo que se denomina *prana* en la tradición india o *chi* en la medicina tradicional china.

Se considera que los empáticos no solo perciben los cambios obvios de energía, sino también los sutiles. Un ejemplo de percepción de la energía sutil lo encontramos cuando, en un restaurante, empezamos a notar que hay una pareja discutiendo unas mesas más allá y nos va abrumando esa tensión. Otro ejemplo: en un atasco de tráfico, empezamos a sentirnos cansados energéticamente al percibir la frustración y la rabia de los conductores.

Los empáticos somos más sensibles a la información emocional y sensorial de los demás y tendemos a saturarnos por la enorme cantidad de información que procesamos diariamente. Somos lectores profesionales de corazones y podemos leer las emociones de los demás con facilidad.

Por su parte, el término *empático* ha sido utilizado de forma mística por algunos autores para otorgar otro peldaño de sensibilidad a situaciones o características que la ciencia aún no puede explicar.

Como ya hemos mencionado, el concepto de *empático* tiene varias vertientes. En este libro lo utilizaremos para definir a aquellas personas que tienen una gran capacidad de empatía física y energética.

Según la psiquiatra y empática Judith Orloff, los empáticos comparten todas las características de lo que la doctora Elaine Aron definió como personas altamente sensibles. Es más: a pesar de que el término *empático* no tiene respaldo científico, la doctora Judith Orloff describe que los empáticos van un poco más allá en el espectro de empatía que las PAS.

---

6 Véanse https://www.heartmath.org/research/research-library/energetics/energetic-heart-bioelectromagnetic-communication-within-and-between-people/ y https://www.heartmath.org/research/science-of-the-heart/heart-brain-communication/

Según ella, los empáticos se caracterizan por tener la habilidad de sentir la energía sutil (llamada, como se ha apuntado, *prana* o *chi* en las tradiciones orientales). Las emociones y las sensaciones físicas están hechas de energía sutil, y según ella los empáticos son capaces de internalizar energéticamente los sentimientos y el dolor de otros.

¿Sabías que...?

Diferentes estudios científicos[7] han comprobado que los humanos detectamos y copiamos el estado de ánimo de las personas que tenemos a nuestro alrededor.

La mayoría de las personas se contagian emocionalmente, pero en el caso del empático este contagio emocional es aún más fuerte. Por eso es importante rodearte de personas positivas y cuyas emociones no te importe que se te contagien.

Por lo demás, se puede ser una persona altamente sensible y empática a la vez. De hecho, muchas personas altamente sensibles son también empáticas.

A este respecto, la doctora Orloff[8] coloca ambas denominaciones en una escala de empatía. Según ella, los empáticos estarían en el rango más alto, seguidos de las personas altamente sensibles; a continuación vendrían las personas con empatía, y por último los narcisistas, sociópatas o psicópatas, quienes muestran un déficit de empatía.

Escala de empatía

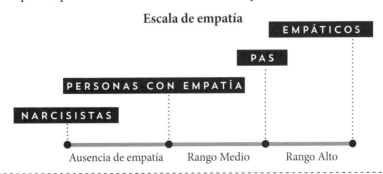

7   Véanse, https://www.the-scientist.com/news-analysis/exploring-emotional-contagion-33497 y https://www.canr.msu.edu/news/emotions_are_contagious_learn_what_science_and_research_has_to_say_about_it (Michigan University).

8   Judith Orloff, *The Empath's Survival Guide: Life Strategies for Sensitive People*. Louisville (Co.), Sounds True, 2017.

Conforme te vayas adentrando en este libro, te darás cuenta de que las experiencias de los empáticos se hallan en un plano físico-energético. Ello significa que muchos de los problemas que experimentamos provienen del hecho de tomar energía de otras personas sin que seamos capaces de detectarlo ni de liberar toda esa carga.

Cuando la energía se queda estancada en nuestro cuerpo y en nuestra mente, podemos experimentar lo que se denominan enfermedades psicosomáticas, generadas por la acumulación de estrés tanto emocional como psicológico.

¿Eres un empático que está sometido a mucho estrés o tienes síntomas psicosomáticos? Intenta responder a las siguientes preguntas con un sí o un no.

- ¿Te sientes responsable de la felicidad de otras personas?
- ¿Te sientes cansado, mareado o te pones enfermo cuando caminas por lugares donde hay mucha gente?
- ¿Tienes ansiedad o te sientes deprimido?
- Cuando tienes ansiedad, ¿tienes tendencia a comer, ver la televisión, comprar compulsivamente, jugar a videojuegos o recurres a fumar u otras sustancias para calmarte?
- ¿A menudo tienes dolencias físicas tales como dolores de cabeza, migrañas y constipados?
- ¿Te sientes cansado la mayor parte del día?
- ¿Te cuesta dormir y/o te despiertas en medio de la noche?
- ¿Tienes mucha tensión muscular, sobre todo en el cuello, la espalda y los hombros?
- ¿Tiendes a rodearte de muchas pertenencias y desorganización o caos en tu casa (como pared protectora para aislar tu energía)?
- ¿Sientes que otras personas te utilizan o no te valoran?
- ¿Te cuesta diferenciar tus emociones de las emociones de otras personas?
- ¿Sientes que estás subido en una montaña rusa de emociones que interfieren en tu capacidad de ser feliz?
- ¿Sientes que todo el mundo descarga en ti sus preocupaciones?
- ¿Te sientes un bicho raro?

- ¿Tienes relaciones personales no satisfactorias, abusivas o tóxicas?
- ¿Estás siempre pensando en lo siguiente que debes hacer pero pocas veces tienes tu atención plena en lo que estás haciendo en ese momento?
- ¿Ocupas tu tiempo con listas interminables de cosas por hacer y no te has dado cuenta y has perdido la noción del tiempo?
- ¿Sientes que nunca tienes tiempo de hacer lo que de verdad necesitas?
- ¿Piensas que cuando pase algo concreto o tengas ese algo todo será perfecto?
- ¿Estás esperando que algo suceda para que tus problemas desaparezcan en vez de buscar las soluciones que hay a tu disposición?
- ¿Procrastinas las tareas que te generan una contradicción moral o de principios y las dejas para última hora?

Si has contestado que sí a la mayoría de preguntas, eres probablemente un empático en apuros que necesita guía y soporte.

Si has contestado una mezcla de sí y no, estás haciendo un buen trabajo en unas áreas pero necesitas ayuda en otras.

Si has contestado mayoritariamente que no a cada pregunta, felicidades. Has encontrado tu equilibrio y las estrategias que te funcionan, y este libro puede ayudarte a refinar técnicas y a conocer nuevos enfoques.

Si te sientes abrumado por uno o muchos de los temas que hemos tocado en las preguntas, no te preocupes. Sé cómo te sientes. Puede que estés inundado por olas de energía que alteran tu estado de ánimo y cuya naturaleza y funcionamiento aún no entiendes.

A lo largo del libro trataremos de que puedas encontrar el equilibrio y dar respuesta a estas preguntas mediante estrategias y consejos que, presentados de forma progresiva y con explicaciones prácticas, te ayudarán a encontrar tu libertad y a liberar este peso emocional que llevas a cuestas.

3

LA ESTRUCTURA PSICOLÓGICA DE UN EMPÁTICO

Es importante entender cada una de las características principales de un empático y cómo afectan a nuestra forma de ver el mundo y de relacionarnos con los demás y con nosotros mismos.

Las cinco características más destacadas de un empático son:

- El juez o crítico interno
- Un sistema de conexión sobreactivado
- La necesidad de complacer
- Un sistema nervioso sensible
- El procesamiento profundo de la información

EL JUEZ O CRÍTICO INTERNO

Los empáticos tenemos un gran sentido de la justicia, un alto estándar moral de lo que es correcto y lo que no lo es. Solemos tener ideales y principios fuertes y podemos manifestar una tendencia perfeccionista y exigente como consecuencia de ello.

El juez o crítico interno es esa vocecita que todos tenemos en la cabeza que cuestiona si lo has hecho bien, si no hubieras tenido que hacer otra cosa o si te has equivocado en tu decisión. Es una voz firme, que te juzga y que la mayoría de las veces no tiene compasión ni empatía alguna, por lo que no te permite equivocarte. Los demás sí pueden equivocarse, pero tú no. Tú tienes que ser perfecto.

Es esa voz que después de tener una conversación con alguien revisa palabra a palabra lo que te dijo y lo que le dijiste. Se te ocurren miles de cosas que hubieras tenido que decir, pero que en ese instante no se te ocurrieron. Aparecen los remordimientos. Te castigas por dentro, repasando una y otra vez ese momento en tu cabeza, como si haciéndolo fuera a cambiar lo que ha pasado.

Cuando alguien dice algo negativo sobre ti, esas palabras resuenan en tu cabeza como cuchilladas. Oyes esa frase una y otra vez como si fuera un castigo. Te preguntas y te cuestionas si esa persona tendrá razón. A veces ni tan siquiera deberías valorar esas palabras, porque hay gente que solo dice según qué cosas para herirte, pero tu sentido de la justicia y tu consideración hacen que te cuestiones si hay algo de verdad en esas palabras.

En el proceso de juzgarte, y a la vez que piensas en situaciones pasadas, vas pensando en otras futuras planeando lo que dirás o anticipando cómo se desarrollará una situación paso a paso. Es ahí donde pierdes la oportunidad de vivir el presente: estás centrado en qué pasará, qué dirás o qué harás para evitar sentirte juzgado.

En la mejor de sus versiones, tu juez interno es una voz crítica que te ayuda a ver los detalles en cada cosa que haces. Es tu capacidad de ser crítico, de encontrar todos y cada uno de los fallos en un problema y buscar la mejor solución. Sin embargo, esa voz, cuando carece de normas de convivencia contigo, se convierte en tu peor enemigo: tirará por los suelos tu autoestima, tu seguridad y minimizará tus logros y tu progreso.

En definitiva, tu juez crítico es un inquilino en el apartamento de tu cabeza y como tal debe seguir las normas de convivencia para que todo el mundo de sienta cómodo.

¿Sabías que...?

El psicólogo Ethan Kross ha llevado a cabo estudios científicos sobre los efectos que tiene el diálogo interno en el comportamiento de las personas.

Uno de los descubrimientos que realizó es que cuando utilizas tu nombre o simplemente te hablas de *tú* —en segunda persona— internamente, en lugar de utilizar el *yo*, incrementas las posibilidades de completar con éxito las tareas propuestas.

La razón es que, al cambiar la manera de referirte a ti mismo por dentro, reduces las opciones de darle vueltas a una situación pasada, disminuyes la ansiedad y la depresión y ganas perspectiva y mejor atención. Dicho de otra forma, con solo variar la forma de dirigirte a ti mismo podrás planificar mejor tu futuro y tener un mayor control de ti mismo.[9]

UN SISTEMA DE CONEXIÓN SOBREACTIVADO

El sistema de conexión neurobiológico nos permite tener sentimientos de conexión e intimidad con otras personas. Ya sea con tu pareja, con amigos, en la relación padres-hijos o con la gente que quieres.

En los empáticos, el sistema de conexión con otras personas es mucho más intenso y desarrollado. A buen seguro, cuando conoces a alguien nuevo quieres darle lo que necesita, estar atento a sus necesidades; disfrutas de la compañía de esa persona y tienes tendencia a querer estar con ella todo el tiempo. Tiendes a comunicarte constantemente con ella y a veces te puede parecer hasta que te haces pesado o que eres intenso, y que quizá esa intensidad no es correspondida por la otra parte.

He aquí la razón por la que los empáticos tendemos a encender este sistema de conexión más fácilmente y nos sentimos tan conectados con los demás: nuestro sistema de conexión con otras personas es mucho más sensible y puede ponerse en estado de alarma y sobreactivarse con suma facilidad.

¿Sabías que...?

El sistema de conexión se apaga cuando el individuo ve reducidos el miedo y la ansiedad acerca de esa relación, es decir, cuando se siente seguro.[10] En el caso de que no se consiga llegar a esta sensación de seguridad, el sistema de conexión seguirá activado, y solo

9 Véase Kross, E. *et al.* «Self-talk as a regulatory mechanism: How you do it matters». *Journal of Personality and Social Psychology*, vol. 106, núm. 2, 304-324, accesible en: http://selfcontrol.psych.lsa.umich.edu/wp-content/uploads/2014/01/KrossJ_Pers_Soc_Psychol2014Self-talk_as_a_regulatory_mechanism_How_you_do_it_matters.pdf

10 Véase https://www.sciencedirect.com/topics/psychology/felt-security

cuando dicha inseguridad acerca de la relación se alivie la persona podrá poner su atención en otros sistemas de comportamiento y realizar actividades no relacionadas con el sistema de conexión.

La seguridad permite que la distancia con la otra persona no suponga un problema, ya que estamos seguros de que en caso de necesitarla ella estará disponible para nosotros.

Como empático, vas en busca de relaciones auténticas y la superficialidad te parece una pérdida de tiempo. Quieres personas con las que tener una conexión real más allá de hablar del tiempo o de la última película que has visto. Quieres compartir puntos de vista, hablar sobre temas profundos y poder ser tú, mostrando tu confianza y empatía sin límites.

LA NECESIDAD DE COMPLACER

La necesidad de complacer es hacer lo que los demás desean simplemente por no afectar de forma negativa a la armonía general. Es no querer generar conflicto por encima de todo.

La necesidad de complacer es forzarte a estar de acuerdo con otras personas para no generar problemas. La necesidad de complacer hace que los empáticos vayamos en contra de nuestras propias necesidades. Muchas veces esto nos causa contradicciones con nosotros mismos: amparados en el espejismo de que si los demás están felices nosotros también lo seremos, relegamos nuestras propias necesidades y sentimientos hasta que llegamos al límite de nuestra tolerancia.

No hacer lo que necesitas genera desprotección, dado que no se crean límites ni barreras con los demás y la gente que te rodea traspasa tu espacio personal porque todo te parece bien, o eso les parece, ya que siempre aceptas lo que los demás quieren.

Así pues, esta necesidad de complacer también tiene su límite, y ahí es cuando los empáticos perdemos el control: puesto que uno no puede ir siempre en contra de lo que necesita para complacer a los demás, llega un día en el que explotamos y parece que hayamos pasado por una locura transitoria.

En realidad, tras esa necesidad de complacer a los demás existe un miedo intenso a no poder hacerlo. Pensamos que si no les complacemos no nos querrán, y queremos que nos quieran. Complacemos a los demás porque no nos cuesta nada y porque tenemos este sentido del Salvador. Tenemos el deber de ayudar. Debemos ayudar a los demás porque nosotros sabemos lo que realmente necesitan. Sin embargo, esta premisa es falsa.

Lo cierto es que tras el concepto del Salvador se esconde mucho ego. Pensamos que nosotros sí sabemos lo que esa persona necesita, mientras que ella no lo sabe; es decir, estamos por encima del bien y del mal en este lugar privilegiado de perspectiva global.

> *¿Sabías que...?*
>
> Susan Newman, psicóloga social y autora del libro *The Book of No: 250 Ways to Say It—and Mean It and Stop People-Pleasing Forever*, afirma que algunas personas que sienten la necesidad de complacer lo hacen por hábito. En cambio, para otras es como una adicción que las hace sentirse necesitadas, importantes, útiles y que están contribuyendo a la vida de otros. [11]

Al final, cada uno tiene que ayudarse a sí mismo, e intentar salvar a los demás de sí mismos les impide crecer: no podrán aprender del camino para solucionar sus propios problemas si nosotros los solucionamos por ellos.

Esto no significa que de ahora en adelante no debes realizar nunca más actos de bondad y altruismo con quienes te rodean. Simplemente, siempre que decidas hacerlo, plantéate si esa decisión va en contra de tu propia voluntad, de tus necesidades o a costa de ir perdiendo partes de ti por el camino.

UN SISTEMA NERVIOSO SENSIBLE

Las personas empáticas tenemos un sistema nervioso más sensible que el de las demás. Esto se traduce en una sensibilidad especial a los cambios de temperatura, a los ruidos, al color, a los olores, etc.

En lugares sucios y ruidosos, muchas personas no se sienten cómodas, pero en el caso de los empáticos puede afectarnos directamente a nivel emocional. Incluso los lugares mal decorados pueden generar malestar por carecer de armonía visual.

---

11 Véase http://psychcentral.com/lib/21-tips-to-stop-being-a-people-pleaser/0007158

Se diría que en lugar de tener un sistema nervioso sensible nos hemos convertido en críticos de arte, pero la verdad es que ser más perceptivo y poder ver todos los detalles de un lugar lleva aparejados efectos secundarios. Nuestro sistema nervioso sensible viene con un suplemento de llamadas de alerta: nuestro cuerpo se sobresalta más de lo normal ante un posible peligro y la alarma se activa rápidamente.

¿Sabías que...?

La psicóloga social Abigail Marsh es la autora del libro *The Fear Factor: How One Emotion Connects Altruists, Psychopaths, & Everyone In-Between*,[12] en el que explica cómo personas que ella denomina «altruistas» en sus estudios científicos se mostraron especialmente sensibles a las expresiones faciales de miedo en comparación con un grupo de control.

Cuando los «altruistas» percibían el miedo, la actividad de la amígdala situada en su cerebro aumentaba. Además, la amígdala de los llamados altruistas era un 8% más grande de lo normal, una anomalía en el tamaño.

Marsh no utiliza el término *empáticos* en su libro, pero sí deja claro que hay un tipo de personas, denominadas *altruistas* —empáticas en mi opinión—, que se sienten más afectadas por el miedo de otros y lo sienten como si fuera el suyo propio. Por otra parte, en su estudio explica por qué hay personas que tienen una mayor sensibilidad a las emociones de su entorno, en concreto al miedo, que está relacionado con la supervivencia.

Por ejemplo, un susto o una broma pueden hacer que te sobresaltes enormemente, que genere en tu cuerpo la sensación de que tu vida peligra sin que seas consciente de ello, y que llegues incluso a tardar un tiempo en volver a tu estado normal.

Por su parte, los ruidos y la luz pueden despertarte por la noche debido a que la alarma de peligro de tu cuerpo se dispara. Por eso es importante dormir en la oscuridad, bajar las persianas y reducir el volumen o silenciar los dispositivos antes de ir a dormir.

---

12 Marsh, A. *The Fear Factor: How One Emotion Connects Altruists, Psychopaths, & Everyone In-Between*. Nueva York, Basic Books, 2017.

No obstante, nuestro sistema de alarma no se activa solo por cambios en el ambiente, sino también en virtud de nuestro estado emocional: la ansiedad, el estrés y las preocupaciones. Incluso, solo por el hecho de estar rodeado de personas tóxicas —veremos más adelante quiénes son—, puedes notar que te flojean las piernas, tienes frío, se te cierra la garganta o incluso se te mueve la mandíbula como si estuvieras temblando.

Cada uno de nosotros tiene una reacción distinta cuando la alarma del cuerpo empieza a sonar. Cada cuerpo cuenta con una forma específica de avisarnos de que algo no va bien. Es posible, por ejemplo, que si no duermes las horas que necesitas tu sistema se sature y la alarma se dispare más a menudo de lo que debería.

A ello hay que sumar el hecho de que sentir más, observar y tener más información sensorial hace que tengas que gestionar y catalogar muchos más datos sensoriales que otras personas, simplemente por una cuestión de cantidad de estímulos recibidos.

Los empáticos podemos experimentar emociones muy fuertes al ver películas de miedo, tristes o de violencia, o incluso si estamos cerca de una persona que a su vez las experimente. Ello se debe a que nuestras emociones suelen ser más intensas y tenemos tendencia a sobreestimularnos con facilidad y a ser muy receptivos a las emociones de otras personas.

Debido precisamente a que somos sensibles a las emociones de los demás, una de las peores pesadillas para los empáticos son los lugares con mucha gente. Y si, además de estar rodeado de gente, le sumas el ruido y todos los estímulos visuales, es la receta segura para la sobreactivación.

La sobreactivación es el estado físico y mental en el que te encuentras cuando tu sistema nervioso se ve sobrepasado, es decir, forzado a funcionar a una velocidad superior a la normal que hace que se sature. Esta sobreactivación se puede dar en situaciones que son totalmente inocuas para la mayoría de las personas, pero que a ti pueden llegar a desestabilizarte por completo.

Algunos de los síntomas de la sobreestimulación o sobreactivación son los siguientes:

- Inhabilidad para perder peso independientemente de la dieta y el ejercicio.

- Estar cansado y sin energía.
- Dolor en la espalda.
- Pupilas dilatadas y sensibilidad a luces brillantes.
- Incansable preocupación o ansiedad.
- Ataques de pánico.
- Inhabilidad para poder relajarse.
- Problemas de sueño o insomnio.
- Indigestión.
- Sistema inmunológico débil: facilidad para ponerse enfermo.
- Adicciones a sustancias como el azúcar, el alcohol, el café o el tabaco.
- Sentirse desubicado, mareado.

EL PROCESAMIENTO PROFUNDO DE LA INFORMACIÓN

Los empáticos nos caracterizamos por tener un sistema de procesamiento profundo de la información que recibimos de los sentidos.

Por ejemplo, en una cena con tus amigos donde todo el mundo está centrado en la conversación, sin darte cuenta estás leyendo el lenguaje corporal y ves que hay tensión entre dos amigos o que hay un comentario que no ha sentado bien; es decir, notas cada detalle a tu alrededor. O bien te apercibes de los cambios en la casa de alguien desde la última vez que estuviste, de los ingredientes de la comida... Toda la información sensitiva se procesa y a veces, aunque no seas consciente de que lo viste o de que lo sabes, en algún momento harás referencia a ello y nadie más se habrá dado cuenta. Incluso puedes ser capaz de recordar frases exactas de la citada conversación que han generado algún cambio emocional en tus amigos.

Estos detalles que no todo el mundo ve son parte de este procesamiento profundo de la información que se recibe desde los sentidos.

La capacidad de tener una memoria amplia y poder recordar momentos del pasado también hace que podamos revisitar esos momentos guardados en nuestra cabeza con una nueva perspectiva sobre lo que pasó tras haber aprendido algo nuevo en el presente, lo que nos permitirá cambiar nuestra visión de lo ocurrido.

CARACTERÍSTICAS DE UN EMPÁTICO

Las habilidades de un empático tienen mucho que ver con un concepto clave: la capacidad empática a nivel físico y emocional. El hecho de estar conectados con esta sabiduría interior, así como con nuestra elevada capacidad sensorial, hace que interactuemos con nuestro entorno de forma distinta.

Vamos a hacer un repaso de las características principales de los empáticos. Puede que te reconozcas en todas o solo en algunas de ellas. Tómate tu tiempo para analizar en cuáles te ves identificado.

- **Sabiduría interior:** capacidad de leer a las personas de tu alrededor más allá de lo que puede ser obvio en la superficie. Sabemos cuándo alguien dice la verdad y cuándo no es honesto. Podemos leer su lenguaje corporal de forma intuitiva desde su mirada, las facciones de su cara o la forma en la que camina. Cuanto más en equilibrio estemos, más fina será esta sabiduría interior.
- **Comunicador y confidente:** relacionada con la empatía y la compasión está la escucha activa del empático, gracias a la cual

---

13 Acevedo, B. *et al.* «The functional highly sensitive brain: a review of the brain circuits underlying sensory processing sensitivity and seemingly related disorders», *Philosophical Transactions*, 373 (1744), accesible en: https://www.ncbi.nlm.nih.gov/pmc/articles/PMC5832686/

nos convertimos en confidentes de las personas más cercanas, pero también de desconocidos. La persona se siente escuchada, validada y entendida con nosotros.

Somos capaces de guiar una conversación de forma intuitiva con compasión profunda y verdadera, lo que inevitablemente hace que las personas se abran con nosotros y nos revelen secretos dolorosos y quizás incluso no aceptados por la sociedad en general, que han decidido compartir con nosotros por nuestra capacidad de no juzgar y escuchar abiertamente.

- **Ansiedad en lugares públicos:** te sientes abrumado en lugares públicos como centros comerciales, supermercados o conciertos, y en general en ambientes donde la gente se reúne. Notas que hay una mezcla de emociones. Aprender a no mimetizar los sentimientos de quienes tienes cerca te ayudará a sentirte más cómodo en estos lugares.
- **Sientes las emociones de los demás:** sientes su dolor, su estrés, pero también su alegría y su ilusión. Mimetizarás las emociones de los demás y las sentirás como si fueran tus propios sentimientos. Por ese motivo tenemos dificultad a la hora de distinguir las emociones que son nuestras de aquellas adquiridas de otras personas.
- **Cambios de humor:** si tienes cambios de humor repentinos que pueden parecer impredecibles, bienvenido al club. Experimentamos subidas y bajadas de humor drásticas. En un momento estás feliz como una perdiz y al siguiente puedes ser la persona más triste y callada del mundo. Muchas veces estos cambios no tienen que ver con la manera en que nos sentimos nosotros, sino que son el resultado de las emociones que hemos recogido de otras personas.
- **Sensible al caos y a la violencia visual:** si al ver películas o programas de televisión tienes que dejar de mirar en cuanto aparecen escenas de violencia física o emocional, abuso o crueldad, es porque te afectan hasta el punto de que puedes sentir en tu cuerpo la situación. Puede incluso que te pongas a llorar o tengas que dejar de ver el programa debido a la gran cantidad de estímulos y emociones negativas que percibes.
- **Tendencia a estar enfermo:** mimetizar energía de otros en nuestro propio cuerpo no nos sale gratis, sino que puede acarrear problemas que se manifiestan a través de enfermedades.

Veremos cómo controlar la energía emocional y distinguir el origen de la energía para estar en equilibrio.

- **Irradias confianza:** eres un imán para los desconocidos y la gente se abre contigo como si os conocierais de toda la vida. Aun las personalidades más difíciles se te abren, pues se sienten cómodas y relajadas en tu presencia.
- **Cansancio:** estás constantemente fatigado. Puesto que te sientes llamado a socorrer a quien lo necesita, al ayudar indiscriminadamente absorbes todas esas emociones que tienen consecuencias mentales, físicas y emocionales para ti. Hacer pequeñas siestas, dormir las horas necesarias y tomarte tu tiempo para revitalizarte de nuevo son una buena forma de recuperar la energía perdida.
- **Carne de cañón para las adicciones:** ser bombardeados con emociones de otras personas nos abruma y de vez en cuando necesitamos escapar de la realidad. Nuestra alta capacidad sensitiva hace que busquemos sentir menos de vez en cuando, por lo que somos carne de cañón para adicciones de todo tipo: beber, fumar, consumir drogas, comer compulsivamente, sufrir ludopatías, etc.
- **Interés por la espiritualidad y las culturas antiguas o indígenas:** los empáticos tenemos a menudo un interés por lo inexplicable o lo paranormal, pero también por culturas antiguas o indígenas de tradiciones ancestrales.
- **Interés por tus ancestros o tu árbol genealógico:** mostramos un interés genuino por las historias familiares: qué hicieron nuestros antepasados, quiénes eran... Nos gusta ver fotos y entender nuestro árbol genealógico. Estar conectados a la cultura familiar y social es importante para nosotros.
- **Líder nato, pero en las sombras:** eres de los que consigue todo lo que se propone y trabaja duro, pero muchas veces en la sombra. Los empáticos tenemos muchas veces posiciones de liderazgo debido a nuestra capacidad para organizar, dar soporte a otros, actuar rápidamente, motivar y hacer que los demás se contagien de nuestra positividad.
- **Creatividad:** la creatividad es parte de la experiencia empática de sentirlo todo. Puede que seas artista, músico, te guste cantar, hacer teatro, diseñar, o puede que seas un gran contador de

historias que deja muda a su audiencia cuando habla, por tu presencia y por cómo cautivas su atención. Todos y cada uno de nosotros tenemos habilidades creativas de las que muchas veces no somos conscientes.

- **Amor por la naturaleza y los animales:** tenemos tendencia a desear animales cerca. Los animales dan y reciben un amor incondicional muy parecido al de los empáticos, por lo que sentimos una atracción natural hacia ellos. Tenemos pasión por la naturaleza: el mar y la montaña nos llenan de energía y a menudo nos gusta escaparnos de la ciudad para revitalizarnos en el campo o la playa.

- **El agua:** ya sea nadando, flotando en una piscina, caminando bajo la lluvia o preparándonos una bañera o ducha caliente, el agua se lleva los problemas del día. Los empáticos tendemos a encontrar la calma y el bienestar cerca del agua y la utilizamos para apaciguar nuestros sentidos.

- **Necesidad de estar solos:** podemos ser muy sociables, pero necesitamos nuestro tiempo a solas gozando de la tranquilidad de leer un buen libro, dibujar o hacer lo que más nos gusta. Normalmente la necesidad de aislarse surge desde que somos pequeños: necesitamos nuestro tiempo para estar solos.

- **Aburrimiento, distracción rápida y soñar despierto:** necesitamos estar estimulados y focalizados en lo que estamos haciendo, ya sea un proyecto, un trabajo para la escuela o las tareas de casa. Si la actividad no nos motiva y no estimula nuestros sentidos, nos aburrimos con facilidad. En ese momento llega la distracción y empezamos a soñar despiertos rumbo a ideas y mundos más estimulantes que lo que nos ocupa.

- **Espontaneidad:** somos espíritus libres, espontáneos en el día a día o quizá más aventureros dependiendo de la personalidad. Nos gusta viajar o explorar, adentrarnos en nuevas aventuras como pueden ser aprender, visitar lugares o simplemente cambiar las rutinas e intereses y experimentar.

- **Todo o nada:** el concepto de punto medio no nos es propio. Vamos de un extremo al otro, de estar sentados en el sofá sin hacer nada a tener la agenda planificada hora a hora en los próximos días.

- **Mediador:** nos gusta la armonía y la paz, y por ello somos mediadores por naturaleza. Dado que no nos gustan los conflictos, intentamos que en nuestro entorno haya compasión, empatía y entendimiento. Los conflictos deben tener un principio y un final, de ahí que tener conflictos abiertos o dejar asuntos sin zanjar nos produzca ansiedad. Queremos hablar las cosas y solucionarlas en el momento.

- **Valoras los objetos antiguos, vintage o de segunda mano:** la joyería antigua, la ropa usada o incluso visitar edificios históricos pueden acercarte a las experiencias y las vidas de los propietarios.

- **Sueños lúcidos:** los empáticos, por lo general, tenemos sueños lúcidos desde pequeños. Los sueños lúcidos son aquellos en los que puedes controlar lo que ocurre, en los que los sentidos están a flor de piel y sienten como si lo que estuviera sucediendo en el sueño fuera real. Somos capaces de describir con todo lujo de detalles el contenido de los sueños y tenemos interés por interpretarlos y saber si poseen algún tipo de relevancia en nuestra vida.

- **Amor incondicional:** nos encanta querer a los demás y recibir amor en nuestras relaciones personales. Sin embargo, no somos muy buenos en querernos a nosotros mismos. Crecemos dando amor abiertamente a otras personas y nos parece egoísta emplear el tiempo, los recursos y la energía en dedicarnos a nosotros mismos. Sin embargo, tomarse su propio tiempo y quererse a uno mismo es la clave del equilibrio: saber qué es lo que necesitas y no tener que esperar a que nadie te lo dé porque tú mismo eres tu mejor recurso.

- **Solucionadores de problemas y visionarios:** el hecho de tener un espíritu aventurero, de ver las oportunidades para expandir nuestro potencial y nuestras mentes creativas, nos permite hacer las cosas que deseamos. Muchos empáticos tenemos el instinto o creencia de que somos capaces de conseguir lo que nos propongamos, esto es, pensamos más allá de lo obvio y no cejamos hasta conseguir lo que nos proponemos, con una determinación contra viento y marea.

- **Perdonamos con facilidad:** tenemos tendencia a perdonar fácilmente, tanto que muchas veces nos olvidamos de la historia completa y de lo negativo que ha sucedido con ciertas personas. Estamos conectados profundamente con los demás a nivel emocional y por ello somos capaces de sus porqués. Por otro lado, nuestra naturaleza noble hace que atraigamos inevitablemente a aquellos que quieren aprovecharse de nosotros: las personas tóxicas.

- **Damos más de lo que recibimos:** damos todo lo que tenemos, incluso a veces más de lo que somos conscientes. Y a menudo nos ocurre que cuando somos nosotros quienes necesitamos ayuda la mayoría de personas a nuestro alrededor nos fallan, no nos quieren como nosotros las queremos. De ahí que muchas veces nos encerremos en nosotros mismos, ya que no sentimos que a nuestro entorno le importe lo suficiente lo que nos sucede o pensamos que no pueden ayudarnos.

- **Dificultad a la hora de cortar relaciones:** tenemos dificultades para saber cuándo debemos cortar con una relación. Nos cuesta desistir porque pensamos que estamos abandonando la posibilidad de seguir ayudando; de que quizá si escuchamos más, si queremos más o si damos más, podremos arreglar las cosas con personas que no nos tratan bien.

- **Conciencia de nosotros mismos:** entendemos que las palabras tienen poder y que cuando decimos algo no podemos deshacer lo que hemos dicho. Por ello, ponemos sumo cuidado en no herir a los demás o hacerlos sentir tristes, incomprendidos o decepcionados. Esta característica acarrea una gran responsabilidad y nos depara una lucha interna por ser justos y tener en cuenta las necesidades de los demás, pero sin anularnos a nosotros mismos. Por lo demás, somos muy conscientes de lo que nos pasa, de por qué hacemos las cosas y tenemos un grado de autoconocimiento tal que nos permite ayudarnos y seguir conociéndonos a nosotros mismos.

- **Moralidad:** somos los buscadores de la verdad, razón por la cual la honestidad y la moral son principios muy importantes para nosotros. Las mentiras nos hieren, nos decepcionan y nos desilusionan. No entendemos la deshonestidad, deseamos luchar contra la injusticia y poseemos unos valores morales elevados.

4

CÓMO
HACER BRILLAR
TU NATURALEZA EMPÁTICA

Ser empático es un regalo: poder sentir lo que los demás sienten en nuestro propio cuerpo nos conecta de una forma especial a otras personas. Somos capaces de entenderlas sin juzgarlas, sintiendo empatía y compasión.

Tu naturaleza empática es una herramienta a tu alcance que te hace único y es un don que, como cualquier otro, hay que cultivar y aprender a utilizar para tu bienestar y para extraerle el máximo provecho.

Las emociones son el motor de la empatía. Como empáticos, las emociones a flor de piel forman parte de nuestra naturaleza sensible: nos conectan con una parte de nosotros mismos que siente, que muchas veces no utiliza un raciocinio lógico lineal sino que simplemente reacciona ante cualquier ataque a sus valores, sus creencias o su esencia.

Por lo tanto, entender tus emociones e identificarlas te ayudará a ser capaz de regularlas y actuar en consecuencia, y a mantenerte fiel a tus convicciones sin dejar de lado tu parte emocional, que estará ahí para hacer saltar la alarma cuando algo no vaya bien, ya sea porque se haya traspasado un límite personal, porque nos sintamos presionados, juzgados o incomprendidos, o por cualquier otra razón que haya desencadenado una reacción emocional.

El primer paso para estar en paz con tu lado emocional es entender tus emociones. Ojalá alguien nos hubiera explicado de pequeños qué son las emociones y cómo trabajar con ellas... De pequeños aprendemos rápidamente que hay emociones que están bien —como la alegría— y hay emociones que están mal —como el enfado o la tristeza—, pero no nos detenemos a identificarlas ni a entender por qué han aparecido.

Dice la pedagoga alemana Marianne Frank que «los sentimientos son para sentirlos». Y podríamos pensar que es una obviedad, pero la verdad es que nos pasamos los días intentando encubrir las emociones fingiendo que no existen o que no pueden tener un lugar en nuestra vida.

Cuántas veces habré oído:

- «No tengo tiempo para llorar».
- «No tengo tiempo de celebrar».
- «No es momento de enfadarse».
- «Ahora no puedo estar triste».

Nos pasamos el tiempo suprimiendo estas emociones que surgen y encerrándolas como si las pudiéramos aparcar en el garaje de las emociones. Y al final tenemos cajas y cajas de emociones no expresadas en nuestro garaje, que es nuestro cuerpo. Emociones no liberadas que explotan sin control en los momentos más inoportunos.

Identificar la emoción

El primer paso para identificar una emoción es sentirla. Puede parecer demasiado obvio, pero imagínate que tu pareja te ha dicho algo que te ha sentado mal y te sientes herido, estás dolido por esas palabras. Si intentas hacer ver que no ha pasado nada y arrinconas esta emoción para evitar sentirla, ese nudo en la garganta o en el estómago se quedará allí hasta que sepas qué emoción tienes y la sientas en toda su plenitud.

Siguiendo con el ejemplo ofrecido, la emoción se manifestaría en tres niveles:[14]

- Corporal: noto cómo el estómago se contrae, siento en él un peso como si tuviera un agujero negro y se me cierra la garganta.

---

14 Antoni, M. y Zentner, J. *Las cuatro emociones básicas*. Barcelona, Herder, 2015.

- Emocional: me siento dolido, herido y enfadado.
- Cognitivo: ¿por qué me ha dicho eso? No me merezco este trato, es injusto.

> *¿Sabías que…?*
>
> Los investigadores han comprobado que el proceso de identificar las emociones a través del lenguaje tiene efectos positivos neurológicamente al asociar con palabras los sentimientos.[15] O, lo que es lo mismo: utilizar el lenguaje para describir una emoción nos permite aumentar el conocimiento sobre esa emoción, así como regularla y utilizarla.

Entender qué sentimos es parte de la experiencia humana. De ahí que la identificación constituya un factor clave, ya que cualquier emoción que surja tiene una razón de ser, y sentirla, aceptarla e identificarla utilizando la lógica —pero también el cuerpo— nos hace conscientes de nuestros porqués.

Las emociones no son ilógicas: tienen una razón de ser, e identificar de qué emoción se trata y de dónde proviene es el primer paso para ponerle nombre y asignarle el lugar que le corresponde. A las emociones hay que atenderlas, prestarles atención y descifrar cuál es el mensaje o aprendizaje que nos proporcionan.

Así pues, abandona la costumbre de aparcar la emoción y que se te llene de polvo en ese garaje emocional que todos utilizamos para evitar sentir lo que sentimos. Concédete la libertad de sentir lo que sientes sin intentar manipular con la lógica lo que crees que deberías sentir.

Cuando ponemos nombre a las emociones, las legitimamos, hacemos evidente su existencia. Por ello, identificar las emociones y expresarlas del modo que mejor convenga a nuestra forma de ser nos acercará a la aceptación y a la normalización de nuestro universo emocional.

Hay muchas formas de expresar tus emociones y no todas implican formularlas en voz alta a otras personas, aunque hacer confidencias a un amigo o familiar puede liberarnos y ayudarnos a entender

15 Véase Izard, C. E. «Emotion Theory and Research: Highlights, Unanswered Questions, and Emerging Issues». *Annual Review of Psychology*, 60, 1-25. Accesible en: https://www.ncbi.nlm.nih.gov/pmc/articles/PMC2723854/

por qué nos sentimos como nos sentimos. Puedes escribir en tu diario, grabarte una nota de audio reflexionando sobre el sentimiento y qué lo ha hecho aparecer, puedes bailar para aligerar el cuerpo, ir al gimnasio y liberar físicamente la emoción...

EJERCICIOS PARA PROGRESAR:
¿Cómo identificar la emoción?

Escoge un par de situaciones recientes —o pasadas que recuerdes con detalle— en las que hayas experimentado una emoción y/o una reacción emocional.

Para identificar la emoción, lo primero que harás será analizar la situación y hacerte las siguientes preguntas (escribe en un papel las respuestas):

- ¿Qué pasó?
- ¿Por qué pasó?
- ¿Cómo reaccioné?
- ¿Por qué reaccioné de esta forma?
- ¿Qué pienso sobre la situación?
- ¿Qué he aprendido de la situación?
- Identifica la emoción a nivel corporal, emocional y cognitivo.

Una vez hayas analizado las respuestas a las preguntas anteriores, tendrás una idea completa de todo el escenario.

Hay una parte muy importante del análisis de la emoción que guarda relación con las expectativas que cada uno de nosotros tiene acerca del comportamiento de los demás y de la situación en sí. En otras palabras, muy a menudo sufrimos o experimentamos una reacción emocional porque tenemos una idea prefijada en la cabeza de cómo tienen que ir las cosas y qué es lo que tienen que hacer los demás.

En estos casos, en que la realidad no se ajusta a tus expectativas, deberás reajustar tus expectativas, puesto que la realidad no se va a reajustar. Pregúntate: «¿Qué expectativas tenía en esta situación que no se han cumplido?», y utiliza la rueda de emociones que se muestra en el apartado «Emociones secundarias» para describir con palabras tu sentimiento.

Imaginemos que estoy esperando que mi madre me felicite por mi cumpleaños, pero llega el final del día y no me ha felicitado. Enfadada, le envío un mensaje reprochándole de malas maneras que no me haya felicitado. Me siento dolida porque para mí era importante que me felicitara, ya que mi creencia es que si me felicita es que le importo, y por lo tanto me quiere. En cambio, si no me felicita siento que no he recibido la atención y el cariño que merezco, y por ello me siento enfadada, resentida y dolida.

En este caso, yo claramente tengo unas expectativas de que algo va a suceder, y cuando no sucede aparece la decepción. A decir verdad, lo que yo espero es sentir que mi madre me quiere, y he tomado la felicitación como la única vía para valorar su amor hacia mí. No es la felicitación lo que quiero en realidad, sino sentirme querida por mi madre.

Procesar la emoción

Una vez has determinado la emoción que tienes, hay que procesar esa emoción para que no se quede estancada en el cuerpo.

> **¿Sabías que…?**
> «(…) Las emociones generan cambios bioquímicos en el organismo y volver a restablecer el estado habitual, o lograr otro que comporte una mayor coherencia y bienestar, requiere en cada persona unos procesos y unos tiempos diferentes que hay que respetar y que no siempre respetamos.»[16]

Muchas veces se confunde procesar la emoción con conformarse o estar de acuerdo con la situación aunque sea injusta. La emoción se ha producido por una causa, y por mucha razón que tengas al sentirte como te sientes, no puedes vivir eternamente instalado en ese sentimiento. Debes aceptar lo que ha ocurrido, darte la libertad y el derecho de sentir esa emoción y procesarla hasta que salga de tu sistema, es decir, hasta que la sensación corporal de la emoción pase a ser un recuerdo mental y no físico.

Un ejemplo: si te sientes triste y tienes ganas de llorar, reprimir la emoción y no permitirte llorar hará que la emoción se intensifique. Por el contrario, permitirte sentir y procesar esa tristeza te posibilitará

---

16 Bach, E. *La belleza de sentir. De las emociones a la sensibilidad.* Barcelona, Plataforma, 2015, p. 100.

aceptarla, asumirla y entender su razón de ser. Lo cual no significa que te regocijes en ese sentimiento y te hundas en él, ya que no todas las formas, duraciones e intensidades de llanto son beneficiosas.

EJERCICIOS PARA PROGRESAR:
¿Cómo procesar la emoción?

La lucha interna que nos impide procesar la emoción radica muchas veces en querer evitar sentirla para evitar el dolor. Cuando tengas la emoción identificada, practica lo siguiente:

- La aceptación de la emoción: me he sentido así, sé el porqué y lo entiendo.
- Siente la emoción en tu cuerpo: identifica dónde se localiza.
- Siente compasión y empatía por el camino que recorres al procesar la emoción. Con paciencia y con presencia, mira la situación desde una perspectiva amplia.
- Identifica cuál es el problema: por qué ha aparecido esta emoción.
- Pregúntate qué puedes hacer para sentirte mejor.

Realizar ejercicio físico ayudará a tu cuerpo a procesar la emoción. Prueba desde subir y bajar escaleras hasta bailar, caminar o hacer unas sentadillas. Te será más fácil procesar la emoción con algún tipo de ejercicio físico que la libere de tu cuerpo.

Liberar la emoción

Liberar la emoción es el último paso del proceso de la experiencia emocional. Una vez conocida la emoción que tenemos, tras haberla sentido y haber aceptado su existencia, somos capaces de mirar la realidad con otros ojos, de forma más objetiva, a fin de emprender una acción.

Por su parte, nuestra mente nos juega malas pasadas y a veces nos impide liberar la emoción mientras damos vueltas y más vueltas a la misma situación. Esta espiral mental de autodestrucción, una vez ya hemos sentido la emoción en el cuerpo y la hemos identificado, termina en el momento en que la liberamos en nuestra cabeza.

Para ello, debemos dejar atrás el ego, esto es, todas esas cosas que nos decimos cuando estamos heridos:

- «No me lo merezco».

- «Ha sido injusto».
- «¿Por qué a mí?».
- «No voy a poder confiar nunca más».

Quedarnos en estas afirmaciones mentales nos sitúa en un escenario en el que somos víctimas de nuestras circunstancias y no podemos intervenir en nada de lo que nos ocurre. Por el contrario, liberar la emoción es entender que tenemos opciones, que podemos tomar las riendas de la situación y aceptar lo ocurrido a todos los niveles sin sentir que no podemos hacer nada al respecto. Siempre tendrás opciones a tu alcance para hacer lo que necesites en cada momento.

¿Sabías que...?

Un estudio de la Universidad de California[17] ha demostrado que verbalizar nuestros sentimientos produce efectos terapéuticos en el cerebro, y hace que la tristeza, el enfado y el dolor reduzcan su intensidad.

Un segundo estudio combinaba la neurociencia con el *mindfulness*, que es la habilidad de vivir el presente sin distracciones, lo que produce diferentes beneficios. La técnica del *mindfulness* nos permite prestar atención al momento presente y etiquetar nuestras emociones. Al decir: «Me siento estresado ahora mismo» o «Me siento enfadado» estás siendo consciente de la emoción, la estás aceptando y estás más cerca de ser capaz de liberarla.

EJERCICIOS PARA PROGRESAR:
Aprender a liberar la emoción

Liberar la emoción es el paso final para recuperar el equilibrio. En este punto ya sabemos qué emoción hemos experimentado y por qué, y lo único que nos falta es tomar las riendas de la situación y emprender la acción.

- Relaja el cuerpo y siéntelo.
- Concentrarte en la respiración te ayudará a enraizarte. Cuanto más adentrado estés en la emoción, más entrecortada y difícil será la respiración.

---

17 Universidad de California-Los Ángeles. «Putting Feelings Into Words Produces Therapeutic Effects In The Brain». *ScienceDaily*, 22 de junio de 2007. Accesible en: https://www.sciencedaily.com/releases/2007/06/070622090727.htm

- Conecta contigo mismo, con cómo te sientes.
- Enfoca la situación vivida de forma objetiva: abre tu perspectiva para ver todos los puntos de vista con empatía y compasión hacia ti mismo y hacia los demás.
- Si se ha violado un límite personal o se ha vulnerado una necesidad, restablece el límite o cubre la necesidad.
- Emprende las acciones necesarias para satisfacer tus necesidades.
- Expresa tus sentimientos con alguien o escríbelo en un diario.
- Pide perdón o haz las paces contigo mismo y/o con la otra persona.
- Sal del rol de víctima y asume la responsabilidad. Siempre hay algo que puedes hacer con respecto a lo ocurrido que estará alineado con tus objetivos y te hará sentir bien.

EMOCIONES PRIMARIAS

Las denominadas *primarias* son emociones naturales orientadas a la supervivencia y comunes en la especie humana. Podríamos considerarlas como universales, independientemente de la cultura de la persona. Se trata de emociones que aparecen de forma automática cuando peligra nuestra supervivencia o nos hallamos ante algún tipo de amenaza o agresión, ya sea física, verbal o de traspaso de límites.

Según el psicólogo Paul Ekman, las seis emociones primarias son las siguientes:

- Alegría[18]
- Tristeza
- Ira
- Miedo
- Sorpresa
- Repugnancia

Siempre que sientas una emoción o una reacción emocional, cotéjala con esta lista, lo que te ayudará a identificar la raíz de la emoción.

---

18 Otras fuentes pueden referirse a la alegría como felicidad y a la repugnancia como asco.

EMOCIONES SECUNDARIAS

Las emociones secundarias son algo más complejas y se pueden definir como la elaboración mental que hacemos de las emociones primarias. Es decir, serían el resultado de la reflexión sobre las emociones primarias: cuando las emociones primarias no pueden aflorar de forma natural, las emociones secundarias salen a la luz para confundirnos.

Según Bert Hellinger, psicoterapeuta alemán, las emociones secundarias son las «que impiden la acción o justifican la inacción». A continuación presentamos la rueda de las emociones,[19] que recoge en su centro las emociones primarias y se amplía, alrededor de estas, con las emociones secundarias, cada una de las cuales está relacionada con una emoción primaria.

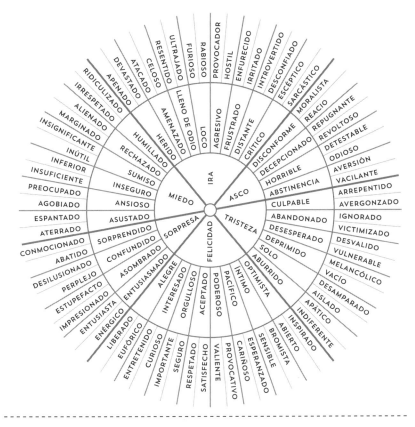

19 La rueda de las emociones de la doctora Gloria Willcox traducida al español. Original accesible en: https://journals.sagepub.com/doi/abs/10.1177/036215378201200411

En el caso de que no podamos identificar en un principio la emoción primaria que nos ocupa, podemos localizar una o varias emociones secundarias y encontrar así la emoción primaria que hay tras ellas. La identificación de la emoción nos ayudará a hacernos las preguntas adecuadas a fin de entender de dónde procede y qué podemos hacer para liberarla.

Aprender a perdonar

Perdonar es la acción de, sin olvidar lo ocurrido, dejar a un lado las diferencias y entender que todo forma parte del proceso de aceptar que no siempre estaremos de acuerdo o veremos las cosas de la misma forma.

Así, perdonar no es estar de acuerdo con lo que ha hecho la otra persona, sino ser capaces de no anclarnos en esa circunstancia y aceptarla como parte del camino de esa relación. Perdonar, pues, no significa excusar la acción de la otra persona, ni tan siquiera verbalizar que la perdonamos. Perdonar no significa que no vayas a tener nunca más ningún sentimiento relacionado con la situación, ni tampoco que la relación con la otra persona vaya a ser como antes.

Se entiende el perdón erróneamente. El perdón poco tiene que ver con la otra persona: en realidad, es un paso necesario para tu propia aceptación y tiene que ver con tu bienestar. El perdón es también el último paso de la liberación de emociones, ya que permite llegar a un estado de aceptación, de paz con la situación actual.

Por ello, perdonar a alguien no garantizará que las cosas cambien con respecto a esa persona, pero sí que accederás a un estado de resolución del conflicto, a tu paz interior con lo ocurrido.

Por todo ello, no intentes iniciar el proceso de perdonar sin antes haber identificado, procesado y liberado la emoción, ya sea rabia, enfado..., ya que si el fin del perdón es enterrar el sentimiento no te servirá de nada.

Muchas veces, al pensar en el concepto de perdón, indudablemente lo asociamos a perdonar a otra persona. Pero también existe el perdón a uno mismo.

Como seres humanos, somos capaces de perdonar nuestros errores y aceptarnos en nuestra imperfección. No somos buenos ni malos, sino personas que actúan con más o menos acierto en cada ocasión.

Carta de perdón

- Escribe una carta de tu puño y letra a aquellas personas a las que quieras perdonar y otra a ti para perdonarte a ti mismo.
- Analiza de nuevo la situación y mírala desde el punto de vista de la otra persona, poniéndote en su lugar. Entiende los motivos de la otra persona con empatía y compasión.
- Acepta que te causó un perjuicio.
- Asume la responsabilidad de tus actos.
- Analiza qué has aprendido de la situación y qué ha aportado a tu crecimiento como persona.

Una vez escritas las cartas, puedes quedártelas y leerlas en privado, compartirlas con alguien leyéndoselas en voz alta o compartirlas con la persona a la que perdonas.

Gabriel García Márquez dijo en una ocasión que «lo que importa en la vida no es lo que te sucede sino lo que recuerdas y cómo lo recuerdas». Tú tienes el poder de cambiar lo que recuerdas y cómo lo recuerdas: escoge perdonar.

El resentimiento

El resentimiento es el sentimiento de enfado profundo y persistente debido a una queja o una acción ofensiva o por haber sido tratado injustamente. Es un sentimiento negativo hacia alguien que proviene del pasado por hacernos revivir una injusticia pasada, ya sea real o percibida como tal.

El resentimiento se va acumulando y puede desembocar en un deseo de venganza. Y, puesto que se cultiva y va creciendo, de ahí no es difícil pasar al odio. Por lo demás, nos impide observar la situación con calma y serenidad y puede desembocar en un comportamiento ilógico e incluso fuera de nuestra conducta habitual.

El resentimiento aparece por una falta de autenticidad: cuando dejamos a un lado nuestras emociones y no reaccionamos a un hecho como nos pide el cuerpo, aparece el resentimiento, que no es otra cosa que un reproche interno de que hubiéramos podido hacer algo y no lo hicimos; sin embargo, nos es más fácil culpar a otro del dolor que sentimos en esa situación que reflexionar sobre nuestra propia responsabilidad.

Cuando estamos resentidos, pensamos que la responsabilidad y la culpa provienen de alguien externo a nosotros, sin darnos cuenta de que a quien infectan en realidad es a nosotros mismos gracias a nuestra forma de pensar.

Cómo se manifiesta el resentimiento:

- Sensaciones físicas: estómago apretado, peso en el pecho, tensión en los hombros o en la parte baja de la espalda...
- En tu cabeza: sensación de injusticia, enfado residual, comparación con otros, competitividad, sentimiento de traición, de haber recibido un trato vejatorio...

 EJERCICIOS PARA PROGRESAR:
Reconocer el resentimiento

El resentimiento es una emoción humana. Sin embargo, un exceso de resentimiento no es saludable a nivel emocional ni físico. Para ello debemos romper con nuestros patrones de conducta —es decir, utilizar el poder que tenemos para cambiar las cosas— y aprender a estar resentido de forma saludable, para lo cual antes hay que detectar el resentimiento.

Analiza cómo se manifiesta el resentimiento en ti:

- ¿Qué sensaciones físicas tienes?
- ¿Qué estás pensando?
- ¿Qué estás sintiendo?

---

20 Enright, R. D. *The Forgiving Life*. Washington, D. C., APA Books, 2012; Enright, R. D. y Fitzgibbons, R. *Forgiveness Therapy*. Washington, D. C., APA Books, 2015.

Piensa qué puedes hacer para entender y encauzar tu resentimiento:

- El resentimiento es una mezcla de ira y miedo. Es la percepción de la injusticia.
- Averigua cuál es la causa de tu resentimiento. Utiliza la misma técnica empleada en identificar emociones para identificar el origen del resentimiento.
- Verás que el resentimiento forma parte de las emociones secundarias.
- Consulta la rueda de las emociones.

ENTENDER LAS EMOCIONES DE LOS DEMÁS

Ahora que ya hemos aprendido a identificar, procesar y liberar nuestras propias emociones, tenemos todas las habilidades necesarias para entender las emociones de los demás. Es decir, el trabajo siempre empieza con nosotros: cuando somos capaces de entender y regular nuestras propias emociones de forma saludable, logramos ponernos en el lugar de otras personas y entender sus emociones.

Entender no significa compartir el diagnóstico o el resultado de una reacción emocional de otra persona. Sin embargo, entender sí que nos acerca a la realidad de la otra persona y a la causa de su reacción, comprendiendo su situación y el contexto en el que ha ocurrido.

Para entender a otras personas es importante:

- Practicar la escucha activa, aclarando y haciendo preguntas cuando sea necesario.
- Poner atención en lo que la otra persona está diciendo y cómo lo está diciendo.
- Prestar atención al lenguaje del cuerpo y a cualquier otra forma no verbal de comunicación.
- Prestar atención a las expresiones faciales y al tono de voz.

Cuando entendemos a la otra persona, inevitablemente somos empáticos. Utilizamos palabras no hirientes sin dejar de ser auténticos, con lo que se logra un buen equilibrio entre la honestidad, la integridad y el respeto en la expresión de nuestros pensamientos y/o sentimientos.

LA INTEGRACIÓN DEL YO: EL EQUILIBRIO ENTRE LA CABEZA Y EL CORAZÓN

La integración del yo no es sino el concepto que utilizamos para hablar del equilibrio interno completo de tu persona. Es la integración de todas las partes de tu personalidad como un todo y en armonía, sin dejar ningún fragmento de ti mismo fuera de la ecuación.

En la integración del yo entran en juego cuatro actores: el cuerpo, la cabeza, el corazón y el espíritu o el alma.

Todos tenemos partes de nosotros mismos que no nos gustan, o con las que no nos sentimos cómodos, y que tendemos a apartar porque es más cómodo no aceptar que forman parte de nosotros. Así, todo aquello que no es aceptado por los demás, que no está bien visto o que es considerado malo o negativo, queremos apartarlo de nosotros aunque forme parte de nuestro yo. Por ejemplo, cuando hacemos algo considerado inaceptable, se lo contamos a un amigo que sabemos que no nos va a juzgar, pero no lo explicamos abiertamente a todos nuestros amigos, pues sabemos que nos juzgarán, que no comprenderán nuestra decisión, y por lo tanto reprimimos esa parte de nosotros con respecto a ellos para evitar sentirnos apartados, juzgados o no queridos.

Vivimos en una constante dualidad: bueno o malo, correcto o incorrecto, aceptable o inaceptable. En esta dualidad es inevitable querer estar en el lado correcto, de ahí que queramos tapar, obviar o ignorar todo aquello que no lo esté.

---

21 Juckel, G. *et al.* «Understanding Another Person's Emotions—An Interdisciplinary Research Approach». *Frontiers in Psychiatry*, 9, 414. Accesible en: https://www.ncbi.nlm.nih.gov/pmc/articles/PMC6135884/

Las personas plenamente funcionales se caracterizan por la unidad de pensamiento, emoción y acción que se materializa en estar integrado, [23] que no es otra cosa que el estado de equilibrio completo entre tu corazón, cabeza, cuerpo y espíritu o alma. Con ello, la integración sería la alineación de tus emociones y sentimientos con tu lógica y tu racionalidad, tu cuerpo y sus reacciones al entorno y tu alma o espíritu.

Hemos pensado tradicionalmente que la mente racional y lógica es todo lo que necesitamos para funcionar de forma óptima y la utilizamos para ver nuestra realidad. Por esta razón se ha asociado la mente con la inteligencia, y todos los demás factores han quedado en un segundo plano.

El cuerpo ha sido el gran ignorado como fuente de conocimiento. Un cuerpo que tiene su propio lenguaje, que nos habla, y no me refiero al dolor o al lenguaje no verbal, sino a su reacción independiente frente a una situación.

Tu cuerpo te hace saber si lo que estás pensando es placentero o doloroso y nos dice si está en armonía con nuestro ser en cada momento. Olvidar que el cuerpo existe nos convierte en un «cerebro con patas», obviando el resto de fuentes de información únicas que tenemos.

---

22 American Psychological Association. *APA concise dictionary of psychology*. Washington, D. C., American Psychological Association, 2009; Lott, B. E. y Maluso, D. (eds.) *The Social Psychology of Interpersonal Discrimination*. Nueva York, Guilford Press, 1995.

23 Kuhl, J. *et al.* «Being Someone: The Integrated Self as a Neuropsychological System». *Social and Personality Psychology Compass*, 9 (3), 115-132.

Por el contrario, cuando escuchamos atentamente todas estas partes olvidadas de nuestro ser somos capaces de sacar a relucir todo nuestro potencial, nuestra alma o esencia, nuestro yo auténtico. Al entender el cuerpo, el corazón y la mente como partes de nuestro ser, aprendemos el lenguaje de nuestras distintas formas de expresión.

La mayoría de las personas están muy conectadas con la mente, pero dejan de lado la dimensión emocional que forma parte de nuestra naturaleza. Frente a eso, debemos integrar las emociones y la mente racional, ser conscientes del cuerpo y cómo nos habla y estar conectados con lo que llamamos espíritu o alma —o la denominación con la que nos sintamos más cómodos—. Entendemos el alma o espíritu como la esencia de un individuo, todo lo que te hace ser Tú.

¿Cómo sé si estoy integrado?

A continuación vamos a resumir el modelo de integración que aparece en el estudio «Being Someone: The Integrated Self as a Neuropsychological System. Social and Personality Psychology Compass».[24] En este, los investigadores relacionan la integración del yo con un sistema neurobiológico que tiene unas características concretas. Partiendo de teorías existentes, los autores sugieren que las personas integradas tienen un sistema de procesamiento paralelo en el córtex anterior derecho del cerebro.

El modelo neuropsicológico que proponen presenta siete características principales en las personas integradas:

1. Conexión emocional.
2. Atención amplia en aspectos personales relevantes.
3. Utilización del *feedback* auténtico para reconocer los fallos propios y asumir nuestra responsabilidad.
4. Procesamiento inconsciente.
5. Integración de experiencias negativas.
6. Gran resiliencia: conversión de vulnerabilidades en puntos fuertes.
7. Confianza plena: positividad y seguridad en uno mismo.

Por mi parte, no podría estar más de acuerdo con las conclusiones de este estudio y con las siete características elegidas como necesarias para

---

24 Kuhl, J. *et al.* «Being Someone: The Integrated Self as a Neuropsychological System». *Social and Personality Psychology Compass*, 9 (3), 115-132.

la integración. Como persona empática, tu cuerpo, tu mente, tu corazón y tu espíritu son más sensibles a los estímulos externos y más conscientes de lo que sucede dentro de ti. Por lo tanto, no estar integrado puede llevarte a tener reacciones aparentemente irracionales en determinadas situaciones.

Estoy segura de que más de una vez te habrás encontrado en una circunstancia que te obliga a tomar una decisión importante, y habrás notado cómo tu mente, tu corazón, tu cuerpo y tu espíritu no van de la mano sino que cada uno va por su lado. Para ponerlo en contexto, valga el siguiente ejemplo.

Estábamos en proceso de comprar una casa y vimos una que tenía todo lo que queríamos. Mi mente había hecho rápidamente una lista de los requisitos y había llegado a la conclusión de que era una buena opción.

Sin embargo, algo no iba bien: en cuanto pensaba que íbamos a comprar esa casa, notaba un peso en el estómago. La razón es que esa decisión la había tomado mi cabeza sin tener en cuenta al resto del grupo (corazón, cuerpo, espíritu). No sentía que esa fuera mi casa, por muy perfecta que pareciera en papel o en el listado de características que cumplía. Si cerraba los ojos y escuchaba mi cuerpo y mi corazón, no era esa casa.

Lo sabía, ahora solo tenía que luchar con mi mente para convencerla de que todos no estaban de acuerdo con la decisión. Mi espíritu sabía que allí no iba a brillar. No iba a ser feliz porque a menudo no basta con un listado racional de razones para tomar una decisión. A veces el cuerpo te habla, reacciona, y tu corazón, tu espíritu y tu intuición también forman parte de tus decisiones. Y en el momento en que no escuchas a todos, entras en un desequilibrio.

Cuando encontramos la casa que queríamos comprar, nada más entrar por la puerta sentí una ola de paz: estaba tranquila, no había nudo en el estómago, no había lucha mental, ni tan siquiera listado de razones.

La casa era más pequeña que muchas que habíamos visto, tenía menos habitaciones, no sabíamos si nos iba a caber una cama de tamaño *king* en la habitación, pero no importaba porque a veces lo más importante no es la historia que te cuentas a ti mismo una y otra vez en tu cabeza. Solo cuando te escuchas a ti en tu conjunto lo sabes. Era mi casa.

Cuando sentimos nuestras emociones como parte de nosotros mismos sin necesidad de silenciarlas, es que forman parte de nuestro Yo.

Cuando somos capaces de hacer autocrítica sin culpa ni castigo por parte de nuestro juez interno, simplemente asumiendo las circunstancias, nos reconocemos, nos aceptamos y nos mejoramos.

Cuando somos capaces de utilizar el *feedback* de los demás para mejorar sin sentirnos atacados, nos integramos. Si nos hacemos responsables de nuestras acciones queriendo ser mejores cada día, pero sin flagelarnos por habernos equivocado, ganamos la oportunidad de hacerlo mejor la próxima vez.

Cuando somos capaces de integrar las experiencias negativas viendo todo lo que nos han enseñado y aprendiendo de ellas sin rencor, nos damos cuenta de lo mucho que nos han servido y cómo forman parte de quiénes somos hoy.

Cuando somos capaces de poner nuestras vulnerabilidades —como nuestra sensibilidad o ese sistema de alarma interno que se dispara con tanta facilidad— a nuestro servicio, llegamos a la conclusión que ser sensible nos hace más fuertes y somos capaces de comprender a los demás de una forma mucho más cercana y auténtica.

Y, por último, la confianza en uno mismo. Muchas veces somos nuestro peor enemigo al minar nuestra autoestima y no dejarnos avanzar.

Sin embargo, cómo cambia todo cuando somos capaces de automotivarnos, de ser nuestro mejor amigo con nosotros mismos, sin juzgarnos y seguros de que nos costará más o nos costará menos pero, sea lo que sea que nos propongamos, podremos lograrlo.

Cree en ti, porque creer es poder. Confiar en tus capacidades y habilidades abre un mundo de posibilidades para lograr lo que te propones. Todo empieza en ti, en cómo tú te percibes. Cuando tú te respetas, cuando crees en ti, cuando eres consciente de todo lo que tú eres, no hay límites.

Conexión con la mente

De los cuatro elementos que componen la integración del individuo, el más entendido es, sin duda, la cabeza o mente. Utilizamos el lenguaje para describir cómo vemos la realidad, y en este sentido la mente ha sido hasta ahora la clave del éxito.

La mente ha sido el motor hacia el éxito personal y laboral: la mayoría de líderes en el mundo dominan a la perfección la resolución de conflictos, la priorización de tareas, la planificación de procesos... En definitiva, nos muestran cómo actuar desde la mente.

Ahora bien, como diría Eckhart Tolle, el autor del libro *El poder del ahora*: «Tú no eres tu mente». Durante mucho tiempo hemos considerado la mente como el elemento que define nuestro ser. Si analizamos la célebre frase de Descartes, «Pienso, luego existo», *pensar* se entiende como la causa de existir.

La mente, en realidad, es una herramienta que tenemos a nuestra disposición. Es el rey de las tareas. Nadie como la mente es capaz de organizar, realizar labores de forma ordenada, ver todos los huecos en un problema y encontrar de forma lógica la solución a un obstáculo. Y, como herramienta a nuestra disposición, la forma en la que la utilizamos en cada momento es simplemente un hábito. Un hábito que puede cambiar, es decir, la relación con nuestra mente puede ser diferente.

Podrás reconocer la no integración en tu mente cuando no consigas tomar una decisión: das vueltas y más vueltas a las mismas ideas y no hay forma de sacar este pensamiento de tu mente. Sin embargo, los pensamientos que tienes los decides tú y ellos generan tu experiencia y construyen tu realidad. Por ello, basta con que pienses que no puedes, que es difícil, que no deberías haberlo hecho, para que se convierta en tu realidad. Escoger tus pensamientos es el primer paso para cambiar tu realidad.

Se le atribuye a Albert Einstein la siguiente frase: «Todo es energía y eso es todo lo que hay. Sincronízate con la frecuencia de la realidad que quieres y no podrás hacer otra cosa que conseguirla. No puede ser de otra manera. Esto no es filosofía. Es física».

¿Sabías que...?
El *neurofeedback* es una técnica avanzada que de forma gradual entrena al cerebro para autorregularse. Se expone al paciente a ciertos parámetros de su actividad cerebral que normalmente no pueden ser percibidos, y a través de este *feedback* aquel aprende a regular mejor el funcionamiento de su cerebro.

Con el *neurofeedback* se pueden mejorar determinados problemas psicológicos como la ansiedad, el estrés o el insomnio, dado que nuestro sufrimiento proviene de los pensamientos y sentimientos que se nos atascan en la mente. Así, el *neurofeedback* se convierte en una herramienta al servicio de la integración que da como resultado una mente más abierta donde los obstáculos y problemas del día a día son más manejables ya que no existe dualidad, no hay contradicción. El *neurofeedback* enseña al cerebro a ser un todo, a integrarse.

De todo ello podemos concluir la insuficiencia de la mente para desenvolverse con éxito en el día a día: las emociones y el corazón también juegan un papel crucial. Veamos en detalle la conexión con el corazón.

Conexión con el corazón

El corazón no es solo un órgano que bombea sangre para mantenernos con vida. Es mucho más que eso. Los estudios científicos del HeartMath Institute demuestran que el corazón es un recurso de sabiduría e inteligencia que nos ayuda a estar más equilibrados, a tener más creatividad y a desarrollar nuestra intuición.

El corazón es un centro de procesamiento de la información que comunica con (e influye en) la mente y que dispone de su propio sistema nervioso y hormonal. En este sentido, desempeña un papel clave en nuestra experiencia emocional y mental.

El corazón es nuestro centro emocional. Es el lugar donde nacen los sentimientos, los cuales pueden incidir en la forma en que percibimos nuestra realidad y en que respondemos a las situaciones del día a día.

Hoy en día sabemos, gracias a numerosos estudios científicos, que la harmonía del corazón nos lleva a un estado físico óptimo asociado a un aumento de la función cognitiva, la capacidad de autorregularse, la estabilidad emocional y la resiliencia.

En relación con esto, el concepto de corazonada que oímos tan a menudo es totalmente cierto: tu corazón piensa, aunque de forma distinta a tu cerebro. Tiene su propio sistema neuronal, pero no actúa de la misma forma.

La dualidad y la contradicción son enemigos de la mente, que actúa desde el pensamiento único eliminando a su paso las inconsistencias lógicas. En una disyuntiva, la mente debe decidir cuál es la mejor opción, teniendo en cuenta que ambas —pongamos A y B— son mutuamente excluyentes.

> *¿Sabías que...?*
>
> La disciplina que estudia la conexión entre el corazón y el cerebro se llama neurocardiología.
>
> El corazón tiene un sistema nervioso cardiaco de la misma forma que el cerebro tiene el suyo.[25] Lo curioso es que el circuito neuronal del corazón es totalmente independiente y le permite aprender, tomar decisiones y sentir autónomamente. De hecho, está demostrado que el corazón envía más información al cerebro de la que el cerebro envía al corazón.

En cambio, el corazón actúa desde la inclusión de A y B como opciones posibles o combinadas.[26] La capacidad del corazón para entender la paradoja y sentirse bien en una disyuntiva sin necesidad de resolverla, de protegerse del dolor que produce la ambigüedad de no saber —es decir, su capacidad para navegar la paradoja y la ambigüedad—, constituye su punto fuerte.

En *The Heart of Change*, John Kotter reflexiona sobre el papel del corazón en los cambios producidos en las organizaciones.[27] El autor llegó a la conclusión, a través del estudio de casos de cambio en las organizaciones, de que las personas cambian lo que hacen no porque les sea dado un análisis que modifique su línea de pensamiento, sino porque se les enseña una verdad que influye en sus sentimientos. En definitiva, el cambio se produce cuando el sistema del corazón entra en el juego y capitanea la decisión.

Para aprender a conectar con tu corazón, el primer paso es entrar en contacto con tus emociones y entenderlas. A través de la meditación, las visualizaciones, los mantras o simplemente conectando

----

25 Véase HeartMath Institute: https://www.heartmath.org/research/science-of-the-heart/heart-brain-communication/

26 Wright, S. y MacKinnon, C. *Leadership Alchemy: The Magic of the Leader Coach.* West Group Publishing, Eagan (Minn.), 2003.

27 Kotter, J. *The Heart of Change.* Boston, HBS Press, 2002.

con nuestros sentimientos en cada momento, podemos conectar con nuestro corazón. Cuando procesas todos tus pensamientos y sentimientos incómodos mediante herramientas tales como escribir en un diario o un bloc de notas, estás exponiéndolos sin juzgar. No estás intentando librarte de ellos, sino trabajando para integrar todos los mensajes que recibes de tus sistemas internos.

Así pues, tómate tu tiempo para reconectar con tu propósito, tu misión y tu visión de tu propia vida. Escucha todas las señales de tu cuerpo, de tu corazón, de tu mente y de tu espíritu. Siempre hay una opción alineada con todos ellos. Al tomar la decisión, no habrá resentimiento, no habrá contracción del cuerpo. Te sentirás alineado, te sentirás en paz, serás uno.

¿Sabías que...?

El HeartMath Institute ha comprobado que emociones negativas como el enfado o la frustración están asociadas a un patrón de latidos del corazón incoherente y desordenado. En contraste, emociones positivas como el amor y la gratitud están asociadas a un patrón rítmico coherente, ordenado y suave.

Habrás oído muchas veces el consejo «escucha a tu corazón» cuando buscas respuestas a un problema o un dilema. Pero ¿cómo escucho a mi corazón? ¿Cómo se hace?

No oirás a tu corazón como si de la voz de tu cabeza se tratase, sino que lo sentirás: es tu intuición. A veces nuestra carretera de comunicación entre el corazón y la mente se atasca, tiene retenciones de tráfico. Pero el corazón nos recuerda que lo tenemos todo, que no hay nada fuera de nosotros que necesitemos.

Siente tu corazón:

1. Siéntate cómodamente y concentra tu atención en tu respiración. Tener el cuerpo y la mente calmados son requisitos imprescindibles para llamar a la sabiduría del corazón.

2. Pon una mano en el pecho y simplemente nota el latido de tu corazón. Inhala y exhala sin querer controlar la respiración, sin hacer ningún cambio.

3. Piensa en alguien a quien quieres, ya sea un familiar, un amigo o una mascota. Nota cómo tu corazón se abre y se expande con este pensamiento, como si la idea hiciera abrirse el músculo del corazón.

4. Ahora piensa en una situación que no es buena para ti. Alguien que se fue de tu vida, un trabajo que no te llena... Nota cómo tu corazón se ralentiza, cómo cambia tu respiración y ese músculo se contrae.

Estas sensaciones físicas de expansión y contracción, junto a los sentimientos que percibimos, constituyen el lenguaje del corazón. Conéctate con él y averigua cuál es la respuesta. Cuando necesites una respuesta de tu ser en todo su esplendor, sigue estos pasos y nota cómo tu decisión o razonamiento se siente en tu corazón y en tu cuerpo.

¿Sabías que...?

El HeartMath Institute ha descubierto que nuestros corazones y nuestros cerebros emiten un campo electromagnético que se puede medir a una distancia de un metro y medio del cuerpo. También ha descubierto que la frecuencia del corazón es 5.000 veces más fuerte que la del cerebro.[28]

Qué curioso, ¿verdad? Nos pasamos la vida gastando nuestra energía en darles vueltas a las mismas ideas en nuestra cabeza una y otra vez, cuando en realidad es nuestro corazón quien tiene muchas de las respuestas.

---

28 https://www.heartmath.org/articles-of-the-heart/science-of-the-heart/the-energetic-heart-is-unfolding/

5

EMPODERAMIENTO

¿Sabías que tienes la capacidad de crear tu propia vida? Tu salud, tu felicidad, tu comunidad y la conexión con el mundo que te rodea las decides tú. Decídete a tomar las riendas de tu vida y decidir.

Tenemos tendencia a quejarnos, a repetir una y otra vez todo lo que no funciona, todo lo que no queremos, lo que no debería ser... Pero pocas veces nos planteamos que cambiar las cosas es en realidad elección nuestra. Si algo no te hace feliz, puedes decidir cambiarlo en cualquier momento.

Ser consciente de lo que necesitas, de lo que quieres y de lo que te gustaría hacer te da la oportunidad de decidir. Decidir nos trae esperanza, libertad y es una oportunidad de oro para la transformación, para el cambio.

¿QUÉ ES EL EMPODERAMIENTO?

El término *empoderamiento* proviene del inglés *empowerment*, que significa «conceder poder». El empoderamiento es el proceso a través del cual un individuo analiza y detecta sus necesidades y hace crecer ese poder de decisión para cubrirlas. En consecuencia, es el poder que tienes tú de gestionar tus propias necesidades; si estas cambian, también deberán cambiar las soluciones u opciones que te han funcionado hasta ese momento.

Empoderarte es llegar a darte cuenta de que tienes la posibilidad de influir en tu propia existencia para cambiarla. Por lo tanto, es independiente de tus circunstancias: para tomar las riendas del rumbo de tu vida, solo debes ser consciente de tu dolor y de las dificultades que te impiden ver la luz al final del túnel.

Por otra parte, ser empoderado no equivale simplemente a sentirse imparable y fuerte, sino que también precisa de tu vulnerabilidad. Sin vulnerabilidad no hay fortaleza, no hay cambio real.

> *¿Sabías que...?*
>
> Brené Brown es una académica y escritora estadounidense que actualmente ejerce como profesora e investigadora en la Universidad de Houston, y que durante los últimos quince años se ha dedicado a estudiar la vulnerabilidad, el coraje, la vergüenza y la empatía. Según ella, «avergonzarse corroe la parte de nosotros que cree que es capaz del cambio». En su libro *Más fuerte que nunca* trata en detalle cómo levantarnos cuando caemos en la vida.[29]

 EJERCICIOS PARA PROGRESAR:
El poder que tienes dentro

Tienes más poder del que crees: solo tienes que ser consciente de ello y sacarlo a relucir. A continuación presentamos unos ejercicios prácticos con los que vas a hacer visible tu poder.

Afirmaciones

Cambiar la percepción de ti mismo es posible. Generando afirmaciones positivas sobre ti podrás contemplar tus objetivos, tus metas y lo que has conseguido de una forma objetiva, lo que te ayudará a cambiar tu discurso interno y a apagar tu juez interno.

1. Haz una lista de diez afirmaciones.
2. Deben ser positivas, cortas y específicas.
3. Incluye una palabra que describa el sentimiento.
4. Deben estar escritas en presente.

Por ejemplo:

- Estoy *orgullosa* de mi capacidad para adaptarme.

---

29 Brown, B. *Más fuerte que nunca*. Madrid, Urano, 2016.

- Estoy *contenta* porque aprendo de mis errores.

Un buen ejemplo de afirmación sería: «Estoy dando una charla en público con confianza en mí misma». Se trata de una frase positiva, corta y específica, que incluye la confianza como sentimiento generador y que está escrita en presente.

Un mal ejemplo de afirmación sería: «No tenía miedo de hablar en público». Recuerda que deben ser frases positivas, y por tanto no pueden contener una negación. Asimismo, deben estar escritas en presente y deben ser específicas.

Confianza en uno mismo
- Piensa en una situación en la que estabas lleno de confianza.
- Piensa en una situación en la que te faltaba confianza en ti mismo.
- Y reflexiona sobre qué puedes hacer para cultivar lo que sentías cuando tenías confianza en la primera situación.

Dibuja tus logros y tus obstáculos
Para ser conscientes de nuestra realidad, muchas veces hay que ponerla sobre la mesa y ser completamente honestos con nosotros mismos. Te propongo un ejercicio consistente en dibujar y enumerar tus logros y tus obstáculos en tu vida.

Coge papel y bolígrafo y haz el ejercicio en un lugar tranquilo en el que tengas concentración y paz.

- Dibuja un eje temporal desde que naciste hasta ahora, incluyendo cinco años en el futuro, y marca en cada año los logros y obstáculos que has tenido. Puede que haya años que se te queden en blanco o que haya algunos con muchos eventos.
- Es importante que dejes un espacio para el futuro en tu eje temporal, con el fin de poder especificar allí tus metas y objetivos.
- Valora tus logros y todo lo que has conseguido.
- Enumera tus obstáculos y dales la vuelta. ¿Cómo te han ayudado esos obstáculos a avanzar? ¿Qué ha habido de positivo en ellos?
- Utiliza tu creatividad. Puedes hacerte incluso una leyenda con dibujos o iconos dependiendo del tipo de logro. Por ejemplo, para representar los eventos relacionados con tu vida laboral

puedes usar un dibujo de una maleta de documentos; para los eventos personales, un icono de una persona o un corazón, etc.

- Haz tuyo el ejercicio. Es un eje temporal para ti y para nadie más que te ayudará a ver todo lo que has conseguido y dónde estás ahora.
- Por último, rellena los cinco años del futuro con tus metas, tus objetivos y qué necesitas para alcanzarlos.
- Plantéate qué es lo que quieres lograr y dónde quieres llegar, sin pensar en límites.
- ¿Qué puedes hacer hoy mismo para acercarte a tus objetivos?

❖ ◇ EJERCICIOS PARA PROGRESAR:
¿Quién fuiste y quién quieres ser?

Haz una lista de todo aquello que quieres hacer, cambiar o que ya no te funciona. Tus preocupaciones, tus miedos, tus dificultades cambian con el tiempo, por lo que seguro que ha cambiado la forma en la que percibes lo que te sucede si la comparamos con tu versión de ti de cinco años atrás.

Es importante que seamos conscientes del poder que tenemos para cambiar nuestra realidad. Y, como un gran poder conlleva una gran responsabilidad, acepta tu responsabilidad y ponte manos a la obra para construir el futuro que quieres para ti. Plantéate las siguientes preguntas:

- ¿Estoy bloqueando de alguna forma mi cambio?
- Si pudiera empezar de nuevo, ¿qué haría?
- ¿Qué puedo hacer para acercarme a mis objetivos?
- ¿Qué cosas me daban miedo que ya no me afectan?
- ¿Cómo he cambiado mi percepción de la realidad?
- ¿Qué me echa para atrás al tomar una decisión?
- ¿Cuáles son mis dudas recurrentes?
- ¿Tengo confianza en mí mismo?
- ¿Qué necesito para aumentar mi confianza?

6

ESTAR SOLO: EL MEJOR REGALO

Estar solo está mal visto. Cuando ves a alguien comiendo solo en un restaurante, tienes incluso una sensación como de pena y puedes llegar a pensar que es una lástima que esa persona esté sola. O incluso si eres tú el que está comiendo solo, sientes que todo el restaurante se gira a mirarte, o eso te parece.

La mayoría de las personas no quieren estar solas y solo lo hacen si no hay más remedio. Se diría que estar solo es un castigo, que estar a solas con nosotros mismos nos es realmente incómodo.

Pero yo me pregunto: ¿por qué nos es incómodo estar con la persona con la que pasamos más tiempo a lo largo de nuestra vida? ¿Acaso no me gusto a mí mismo? ¿Por qué me es difícil pasar tiempo conmigo? ¿Por qué lleno mi agenda cuando tengo algo de tiempo para estar solo?

Ahora bien, si no cuidamos la relación que tenemos con nosotros mismos, entonces ¿cómo vamos a cultivar relaciones saludables con los demás? Querer estar rodeado de gente es igual de saludable que no querer estarlo. La clave, en realidad, está en por qué hacemos las cosas.

Por experiencia, sé que evitamos el dolor a toda costa, y a menudo estar solos significa cuestionarnos, reflexionar sobre algún tema que queremos aparcar y con el que no queremos entrar en contacto. Y ahí empieza el juego de las distracciones: si no tengo tiempo para dejar salir estos pensamientos y sentimientos, no pasa nada, estoy bien; si completo la agenda cada día y no tengo tiempo para pensar, entonces estoy bien; si voy en piloto automático y me dedico a seguir mi agenda de citas y voy de un evento social a otro, no tengo tiempo de escucharme, de saber lo que realmente me preocupa; no tengo tiempo de conectarme conmigo porque voy siguiendo esta inercia de no parar para no pensar. Muchas veces, esta ocupación constante del tiempo con el fin de evitar hacernos preguntas nos lleva a estar ocupados a un nivel no saludable.

¿POR QUÉ EVITAMOS ESTAR SOLOS?

Para los empáticos, estar solos es una necesidad básica, como pueda serlo comer, beber o dormir. Necesitamos de nuestro tiempo en soledad y tranquilidad, así como la ausencia de estímulos externos para refugiarnos de la saturación y simplemente ser. Necesitamos refugiarnos en nuestro espacio interno de paz.

Por mi parte, no siempre he tenido la capacidad de poder estar sola y disfrutarlo como tal. Lo tuve que aprender: que estar sola conmigo misma puede ser un gran momento de conexión, de alivio y de tranquilidad. Tuve que perder el miedo a que mi cabeza no parara de pensar y de darles vueltas a las cosas para poder encontrar ese silencio, esa paz que sé que llevo dentro.

Seguro que te ha ocurrido alguna vez que sin saber cómo vas aceptando todos los planes que se te presentan como opción. Lo curioso es que acabas diciendo que sí a planes que en realidad no solo no te interesan, sino que a veces no te encajan, ni tan siquiera las personas con las que planeas quedar. Y entonces, después de haber acudido al evento, te das cuenta de que ha sido un error, pero hay una parte de ti que también se siente aliviada al haber ido. Es como si estuvieras evitando a toda costa estar contigo a solas con tus propios pensamientos. No quieres escucharlos y cualquier excusa es buena para escapar, incluso un plan pésimo con personas que no te aportan nada.

Hay numerosas estrategias que utilizamos inconscientemente para evitar a toda costa estar solos. ¿Cómo vas a querer estar solo si no te gustas? ¿Cómo vas a querer estar solo si has perdido tu esencia, tu ser?

Estar ocupado permanentemente, a nivel personal o laboral, es una de las estrategias más comunes. A decir verdad, esta distracción constante, este no parar y estar siempre en marcha y listo para el siguiente reto, genera ansiedad. No es un ritmo a tu medida: es todo un plan para evitar estar solo.

Por este motivo, estar solo, sin compañía, es una necesidad que nos afecta a todos como individuos. Tener un tiempo de paz y tranquilidad para uno mismo es necesario para conectarnos, para estar alineados con nuestros objetivos, para realizar nuestros bien merecidos descansos del entorno que nos rodea.

Pero ¿qué pasa cuando hemos perdido la noción de quiénes somos, de qué queremos, de nuestra esencia? Estar solo evidencia todas nuestras carencias, y si no estamos preparados para afrontarlas lo más aprobable es que huyamos.

¿Sabías que...?

Arnie Kozak, psicoterapeuta y profesor asistente clínico en el departamento de Psiquiatría de la Universidad de Vermont, afirmaba en una entrevista para la NBC News: «La soledad es una forma esencial de reponer nuestra energía, algo crucial para los introvertidos pero necesario para todo el mundo. Sin soledad, estamos destinados a estar estresados por el ajetreo de la vida, las grandes cantidades de información que recibimos durante el día y las demandas energéticas de las personas que hay a nuestro alrededor. Disfrutar del tiempo en soledad solo es conocernos mejor, sentirnos menos mangoneados por las expectativas de otros y la cultura en la que vivimos».[30]

Por su parte, la psicoterapeuta Kelley Kitley recuerda que desarrollar la capacidad de estar solos tiene efectos positivos probados en los seres humanos, como la adquisición de un mayor conocimiento sobre uno mismo, el incremento de nuestra capacidad para entender a los demás y para solucionar problemas y, en definitiva, el establecimiento de una relación más transparente, empática, pacífica y segura con respecto a uno mismo y los otros.

---

30 NBC News, 27 de abril de 2017, accesible en: https://www.nbcnews.com/ better/wellness/why-you-should-spend-more-time-alone-n750966#anchor-LowerStressandDepression

Para detectar si estás evitando estar solo, pregúntate cuál ha sido la última vez que has disfrutado de un tiempo para ti, ya sea paseando por la calle, escribiendo tu diario, leyendo, meditando, jugando, dibujando, yendo de vacaciones... Poco importa la actividad que hayas hecho, simplemente busca en tu memoria esos momentos en los que has estado en paz contigo mismo estando solo. Si encuentras pocos momentos o te cuesta recordarlos, es posible que no hayan sido muy significativos de cara a conectar contigo mismo.

Te propongo el siguiente ejercicio:

Siéntate y reflexiona durante diez minutos al día sin ruido a tu alrededor. Se trata de que aprendas a ser consciente de ti mismo en esos momentos. Responde a las preguntas siguientes:

- ¿Qué te preocupa?
- ¿Qué te pasa por la cabeza?
- ¿Notas cómo se siente tu cuerpo? ¿Qué notas?
- ¿Qué estás evitando cuando evitas estar solo?
- ¿Qué es lo más duro para ti de estar solo?
- ¿Qué disfrutas cuando estás contigo mismo?

Deja que tus sentimientos fluyan sin juzgarlos, minimizarlos o enterrarlos. Lo que sientes es válido y se merece tener su espacio, ser escuchado.

EL TIEMPO: AMIGO Y ENEMIGO

«Quién tuviera tiempo»... «Cuando tenga tiempo, aprenderé a tocar la guitarra»... «Si tuviera tiempo, estudiaría alemán»...

«No tengo tiempo.» Es lo que me decía yo a todas horas, y lo oigo todos los días saliendo de la boca de alguien. Muchas veces utilizamos la excusa de la falta de tiempo cuando en realidad el problema no es ese, cuando lo que hay es una falta de ganas, una falta de querer hacer lo que te propones.

Te aseguro que si yo quisiera aprender a tocar la guitarra no pararía hasta conseguirlo, pero es más fácil culpar a la falta de tiempo de lo que no hago porque no es una prioridad para mí. Esta sencilla fórmula me permite eludir toda mi responsabilidad, ya que es el tiempo el culpable de que yo no sepa tocar la guitarra. ¿Te suena este discurso interno?

El concepto de falta de tiempo es algo que va muy ligado a vivir constantemente en el futuro. Si estás pensando qué es lo próximo que debes hacer y tienes la sensación constante de que no llegas a ninguna parte, quiere decir que estás viviendo en el futuro. Si te invade el sentimiento de que no puedes hacer todo lo que quieres y que el tiempo se te escapa, no estás viviendo en el ahora.

Cuando vives en el presente, el concepto de tiempo se disipa. Importa mucho menos lo que va a venir porque estás exactamente donde debes estar haciendo lo que debes hacer. Toda tu concentración está en la actividad que te ocupa en ese momento.

Para los empáticos es vital una buena gestión del tiempo, ya que necesitamos de más cuidados para funcionar de manera óptima en el día a día que la mayoría. El hecho de recibir más estímulos, de sentirnos afectados por lo que sucede a nuestro alrededor y buscar técnicas para mitigarlo requiere de tiempo y dedicación. Se trata de una inversión necesaria para mejorar tu calidad de vida, tus rutinas, calmar tu mente y conectar con tu corazón y tu cuerpo. Así, manejar bien el tiempo es una buena forma de vivir menos estresados, más tranquilos y enfocados en lo que es importante para nosotros.

A decir verdad, manejar tu propio tiempo es también la clave para lograr tus objetivos. Como tarea principal, hay que tener claro qué es lo que no es negociable en tu agenda. Seguro que hay ciertas cosas de tu día a día que no puedes dejar de hacer, como comer, ir a trabajar o cualquier tarea concreta que deba hacerse ese día, ya sea ir al médico, presentar los impuestos, etc. Después, hay todo un listado de actividades o tareas que debes hacer por ti, por tu bienestar. Puede ser desde meditar diez minutos por la mañana a cantar en la ducha, desayunar o tener un momento de paz en tu casa antes de empezar el día. Y, por último, tienes otra lista de «si me da tiempo debería hacerlo» pero aún no es tu prioridad principal.

Tener bien estructuradas tus prioridades y en qué quieres invertir el tiempo que tienes te resultará satisfactorio, porque al fin y al cabo tú habrás decidido qué es importante para ti, qué no lo es y por qué. Tenemos muchas razones por las cuales el tiempo se nos escapa. Desde distracciones a conversaciones, pasando por interrupciones o la famosa procrastinación, que tiene lugar cuando buscamos cualquier razón para no hacer lo que debemos hacer.

La procrastinación es un concepto que siempre sale a relucir cuando hablamos del tiempo y de la gestión del tiempo. No es sino el arte de aparcar una tarea que no queremos hacer hasta el último minuto, cuando ya se nos han acabado las razones racionales para no hacerlo. Dejar algo que hay que hacer para última hora tiene una razón de ser, no es aleatorio. Si procrastinas es porque tienes una razón, muchas veces no en el terreno de la lógica sino en el de las emociones que no sabes cómo gestionar.

Cuando estamos desmotivados, tenemos miedo y dudas sobre nuestra capacidad para hacer una tarea, no contamos con instrucciones claras, no sabemos hacerlo o tenemos incertidumbre y queremos apartarnos de estos sentimientos y sensaciones como sea, decidimos no hacer nada. Sin embargo, y aunque sea la más fácil, dejar de lado esa tarea que nos genera dolor y sentimientos negativos es la solución menos efectiva. Al final, siempre llega el momento en el que hay que hacerla, y deberás pasar por el dolor de identificar, procesar y liberar ese sentimiento.

 EJERCICIOS PARA PROGRESAR:
Evitar la procrastinación

Aplazar tus miedos y aparcar tus sentimientos te perjudica, pues el sentimiento y el dolor van creciendo sin poder ser liberados. A fin de evitarlo, entiende por qué te sientes como te sientes y ataca el problema de frente. Por más que aplaces la realización de la tarea, tu sentimiento no desaparecerá.

¿Y si la hiciéramos en cuanto llega sin tener que aplazarla para siempre? He aquí cómo evitar la procrastinación:

- ¿Por qué tengo tendencia a apartar esta tarea?
- ¿Me disgusta la tarea o hay otras razones que me generan repulsión?
- ¿Qué emoción me produce pensar que debo realizar la tarea?
- ¿Tengo alguna sensación en el cuerpo?
- Una vez identificada la emoción, utiliza la técnica de procesamiento y liberación de emociones.
- ¿Qué necesito? (Motivación, herramientas, ayuda...)

Nadie mejor que tú sabe cuál es el problema y la mejor solución al respecto. No procrastines, entiende por qué tienes tendencia a procrastinar y soluciona el problema de raíz.

Gestionar bien el tiempo no es hacer una lista de actividades y luego ir tachándolas a medida que las vas completando. Gestionarlo bien es tomarse el tiempo necesario para planificar, priorizar y también descartar todo aquello que no es necesario.

A continuación identificaremos a qué tareas debemos dedicarles tiempo y a cuáles no a través del modelo de los cuatro cuadrantes de Stephen Covey para gestionar el tiempo.

Coge bolígrafo y papel y coloca tus tareas en cada uno de los cuadrantes de abajo, teniendo en cuenta dos conceptos:

- ¿Es la tarea urgente o no urgente?
- ¿Es la tarea importante o no importante?

	URGENTE	**NO URGENTE**
IMPORTANTE	HACER Hacerlo ahora	DECIDIR Destinar tiempo para pensar y hacer las tareas
NO IMPORTANTE	DELEGAR ¿Quién puede hacerlo por ti?	ELIMINAR Descartar estas tareas por completo

Para priorizar las tareas, el primer cuadrante contiene lo urgente e importante, y es donde se ubican todas aquellas tareas que no pueden ni deben ser pospuestas bajo ninguna circunstancia.

En el segundo cuadrante se sitúa lo importante no urgente. Se trata de actividades que no son decisivas a corto plazo, pero sí a medio y largo plazo. Cuantas más tareas de planificación y reflexión realices en el segundo cuadrante, más se reducirán las del primero.

En el tercer cuadrante tenemos todo aquello urgente no importante, tareas superfluas que a veces se hacen por hábito. Si se pueden delegar en un tercero, mejor que mejor.

En el cuarto cuadrante se encuentran tareas que se pueden eliminar, ya que no cumplen ni el requisito de urgencia ni el de importancia.

Hemos hablado de la integración del ser, con todo lo que eso implica: una total aceptación de toda tu persona. Ahora quisiera profundizar en una parte común a todos nosotros y quizá no tan conocida a la que se ha venido denominando «la sombra».

Nuestra sombra no es un personaje salido de una película de terror, sino tan solo ese lado de nuestra personalidad que contiene las partes de nosotros que no queremos admitir que tenemos. Se trata de esas partes de nuestro ser que han sido silenciadas, apartadas y no aceptadas por nosotros mismos y por los demás. En momentos en los que estamos estresados, enfadados, cansados o cuando se avecina la tentación, nuestro lado oscuro sale a pasear y toma el control de la situación.

Se la denomina «sombra» porque vive en la oscuridad, en nuestro inconsciente. Es esa dimensión de nosotros que consideramos «mala», una dimensión castigada de la que no queremos saber nada y cuya existencia negamos. El mensaje que nos llega de nuestra sombra es que hay algo que no va bien, que algo está mal en nosotros. No merezco que me quieran si muestro esa parte de mí.

En el caso de muchos empáticos, nuestra sensibilidad forma parte de nuestra sombra, ya que hemos aprendido a nivel social que ser sensible significa ser vulnerable y débil, y buscamos esconder esa parte que nos hace diferentes, que nos hace únicos.

¿Qué es la sombra?

El célebre psicólogo Carl Jung desarrolló el concepto de sombra, tras tomar prestado el término del filósofo Friedrich Nietzsche. Jung veía la sombra como esa parte de nuestra naturaleza que es primitiva pero que debemos ver y elevar a la conciencia para estar totalmente integrados como seres humanos. Por ejemplo, si aceptamos que nuestro enfado no es solo una emoción negativa, sino que nos ayuda a generar límites personales saludables, estaremos reenfocando el concepto de sombra y lo estaremos integrando con nuestra conciencia de nosotros mismos.

Integrar esa parte relegada puede suponer aportaciones positivas y negativas. Si, por ejemplo, eres emocionalmente sensible, liberar tus emociones hará que te sientas libre sin necesidad de reprimirte. Puede que en determinadas ocasiones sea socialmente inapropiado ser sensible, pero también te ayudará a ser más vulnerable, a entender mejor a los demás con sus emociones y a ser consciente de las tuyas.

Cuando aceptamos nuestra propia sombra, somos capaces de entender y aceptar la sombra de los demás sin juzgarlos. Seguro que te habrás encontrado en la tesitura de escoger minuciosamente a quién le cuentas lo que te pasa porque sabes que algunas personas no aceptarán tu decisión ya que va en contra de lo que ellas consideran que está bien.

Jung conectaba el hecho de entender tu propia sombra con la creatividad. Cuanto más libre te sientes emocionalmente, más libre eres también de pensar y conseguir lo que te propones sin necesidad de valoración externa. Si intentamos reprimir la sombra, lo que sucederá es que se manifestará en lo que en psicología se ha denominado proyección.

La proyección consiste en la atribución a otra persona de un pensamiento, sentimiento o talento que es nuestro. Un ejemplo de ello sería el considerar a nuestra pareja vaga y egoísta; su comportamiento nos parece inaceptable y la culpamos por ello.

Sin embargo, si miramos hacia dentro nos daremos cuenta de que estamos proyectando en la otra persona la pereza e inactividad que vemos en nosotros.

Hay varias señales que nos ofrece nuestra sombra cuando está manifestándose:

- Juzgas a los demás duramente: indica que nosotros mismos también nos juzgamos por las mismas razones.
- Señalas las imperfecciones de los demás como reflejo de tus propias inseguridades: se trata de un claro ejemplo de proyección.
- Ejerces un poder innecesario sobre aquellos que están en posiciones subordinadas —ya sea en tu vida personal o laboral—: muchas veces lo hacemos como compensación cuando nos sentimos vulnerables e infravalorados.
- Interpretas el papel de víctima: no te responsabilizas de tus decisiones, sientes que no tienes poder y que no puedes controlar el mundo a tu alrededor.

En lugar de intentar reprimir esa sombra, debemos reconocer que nos pertenece. Además, la sombra contiene en sí misma el poder del cambio: puesto que alberga la esencia de lo que somos, cuando la aceptamos somos capaces de vivir en plenitud en nuestra totalidad. Con lo bueno, lo malo, lo claro y lo oscuro.

 EJERCICIOS PARA PROGRESAR:
Conoce tu sombra

Hay varias formas de acceder a tu sombra para entenderla; una de las más usuales es hacer un diario donde expresar tus sentimientos y pensamientos sin ser juzgado. Escribir te ayudará a reflexionar y procesar tus conclusiones. El trabajo con la sombra es un ejercicio profundo y requiere que te enfrentes a tus tabúes y a tus miedos, lo cual no es tarea fácil.

Coge papel y boli y escribe las respuestas a las siguientes preguntas:

- ¿Qué es lo que menos te gusta en otras personas?
- ¿Qué característica de ellos también existen en ti?
- ¿Puedes pensar en algo que has hecho muy similar a otras actuaciones que claramente te molestan cuando las ves en otras personas?
- ¿En qué áreas de tu vida te haces pequeño y no sacas todo tu potencial?
- ¿Qué te molestaría más que los demás pensaran sobre ti?
- ¿Qué emociones reprimes y no muestras a los demás?
- ¿Recuerdas cuando empezaste a reprimir estas emociones y por qué? Piensa en situaciones pasadas en las que has reprimido emociones.
- ¿Cuáles son los motivos principales que te llevan al enfado?
- ¿Has interpretado el papel de víctima alguna vez? ¿Puedes reconocerte como tal en situaciones pasadas?

¿Sabías que...?

Si quieres trabajar en profundidad tu sombra, tienes a tu alcance multitud de recursos que pueden ayudarte. Te recomiendo el cuaderno *Shadow Work Journal. Illuminating the Dark Side of your Psyche*,[31] de los autores Luna y Sol (en inglés).

---

31 Véase https://lonerwolf.com/product/shadow-work-journal/

Para trabajar la sombra en profundidad, debes hallarte en un momento en el que seas capaz de analizar y ver tus fortalezas y no solo tus debilidades.

¿Cómo nace la sombra?

De pequeños nos dimos cuenta de que, para ser queridos y aceptados, había ciertas partes de nosotros que teníamos que enterrar porque no eran aprobadas ni elogiadas por los adultos a nuestro alrededor.

Por lo general no somos conscientes de nuestra propia sombra, precisamente porque está escondida y apartada de la personalidad que mostramos en el día a día. Esa sombra que se halla escondida en el fondo de nuestra personalidad se ve también condicionada por la «sombra colectiva», que son los tabúes y prohibiciones sociales ligados a la cultura y al entorno social, diferentes en cada sociedad. Desde pequeñitos aprendemos qué es lo que se puede hacer y lo que no, y nos mezclamos como individuos con esta sombra colectiva sin ser plenamente conscientes.

El concepto de sombra es diferente para cada individuo, ya que las personas reprimimos partes concretas y diversas de nuestra personalidad. Los elementos más extendidos que forman parte de la sombra serían la tristeza, la rabia, la pereza y la crueldad, pero también pueden ser nuestro poder personal, nuestra independencia o nuestra sensibilidad emocional.

La sombra posee habilidades negativas, pero también positivas. Pongamos por caso que te caracterizan el descaro y la ausencia de vergüenza, pero no quieres mostrar esa parte de ti porque está socialmente mal vista. Sin embargo, ese descaro también lleva aparejadas habilidades positivas, como no tener miedo a nuevos retos, ser valiente y poder arriesgarse. Es por ello que, al reprimir la sombra, no solo reprimimos aquello que consideramos negativo, sino que también relegamos lo positivo que lo acompaña.

Así pues, solo a través de la aceptación de quiénes somos logramos ganar la libertad de quién queremos ser. En la sombra no tenemos poder de decisión: la sombra existe para enseñarnos que la integración es aceptar en nosotros lo bueno y lo considerado malo, sin sentir la necesidad de desvincularnos de esa parte más difícil de asumir.

La sombra individual que acabamos de describir tiene su correlato en las instituciones o las empresas. Podemos hacer un paralelismo con la sombra del Estado, lo que se conoce comúnmente como *Deep State*. El *Deep State* o gobierno en la sombra es ese gobierno amoral en el que no se puede confiar, que trabaja para intereses ocultos y que debe permanecer bajo tierra, ya que a la luz pública solo se muestra el gobierno que es valorado y aceptado por la sociedad.

Quizá te estés planteando que si tener sombra es algo que se considera negativo, cómo podemos evitar tener una sombra. La verdad es que no podemos evitarlo, por mucho que seas feliz o sientas que estás bien contigo mismo. Todos tenemos una sombra, y es una parte esencial de nosotros mismos que nos ofrece información interna muy valiosa y que nos permite sacar nuestro máximo potencial si hacemos el esfuerzo de entenderla en toda su extensión.

En conclusión, la aceptación de la sombra, su integración en nuestro concepto de nosotros mismos, es esencial para vivir plenamente con todas nuestras habilidades y debilidades. Porque ser consciente de tus imperfecciones te hace único y más fuerte que aquellos que pretenden ignorarlas.

EL NIÑO INTERIOR

A veces puede parecer que en el mundo de la psicología todo lo que nos sucede cuando somos adultos tiene que ver con algo que sucedió cuando teníamos 5 años. Es aquí cuando surge el concepto de niño interior, esa versión de ti que aún es un niño, que necesita ayuda y protección, que acarrea todo aquello que no fuimos capaces de asimilar en su momento cuando fuimos verdaderamente niños.

Los niños necesitan protección, sentirse seguros y aceptados. Sin embargo, los padres no siempre tienen estas habilidades o no aceptan esa responsabilidad. Esa protección tan necesaria no solo se manifiesta en el plano físico —que el niño no se haga daño, por ejemplo—, sino que se requiere también en el plano emocional y psicológico.

Cuando somos pequeños, aprendemos a reconocernos o a distanciarnos de nosotros mismos, a aceptarnos o a reprimir partes de nosotros no aceptadas. Ese es el momento en el que se genera el concepto de uno mismo como individuo.

Pero ¿qué sucede cuando no nos hemos sentido seguros de pequeños? ¿Qué sucede cuando nos hemos sentido en peligro constante? Y cuando hablo de peligro no me refiero a que te persiga un oso por el bosque, sino a cosas más mundanas como padres ausentes, carencia de amor y comprensión, la sensación de que nuestras necesidades básicas no están cubiertas —como la ausencia de alimento—, la incapacidad de sentirnos parte de la familia...

¿Qué es el niño interior y cómo podemos trabajar con él?

El niño interior es esa parte de tu psique que se mantiene inocente, que posee mentalidad de principiante, que aprende todo desde cero y que muestra ilusión por aprender. En tu niño interior es donde se encuentran tu creatividad y tus ganas de descubrir. En definitiva, tu curiosidad. Realmente se le denomina niño interior porque no deja de ser el niño que llevas dentro.

Cuando estás conectado con tu niño interior, las experiencias del día a día te inspiran y te sientes motivado por lo que sucede a tu alrededor. Todos albergamos este niño interior, que forma parte del inconsciente y al que en numerosas ocasiones ya de adultos no tenemos en cuenta. Esa es a menudo la razón de muchas dificultades en relación con nuestro comportamiento, nuestras reacciones emocionales o los obstáculos que hallamos en nuestras relaciones personales.

A veces nos encontramos en situaciones en las que no es el adulto que hay en nosotros quien guía nuestros actos, sino nuestro niño interior herido que vive en nuestro cuerpo de adulto. Es como si un niño de 5 años estuviera pilotando tu cuerpo de adulto. Seguro que puedes reconocerlo en alguna situación en la que te hayas sentido herido, asustado como si fueras un niño pequeño, y desde ese niño interior hayas tomado las decisiones. Desprotegido, presa de la ansiedad, asustado, inseguro, inferior, pequeño, perdido, solo... Ni más ni menos que como se sentiría un niño de 5 años que de repente tiene un cuerpo de adulto y debe tomar decisiones en relación con su carrera profesional, sus relaciones personales maduras, etc.

El problema radica en que, al no ser conscientes de nuestro niño interior, le damos de vez en cuando el poder de tomar posesión de nuestra vida adulta. Por ello, antes de nada, cada uno de nosotros debe ser consciente de su niño interior. De esa parte de nuestro inconsciente que se manifiesta sin control y sin entender por qué. Por ello, debemos escuchar a nuestro niño interior: cuáles son sus miedos, qué siente y cómo podemos ayudarle.

Nuestro niño interior viene cargado con maletas de recuerdos y experiencias pasadas. Tiene necesidades infantiles relacionadas con el amor, la aceptación, la protección y la comprensión, que son las mismas necesidades que teníamos de niños. Puede que en el pasado, cuando éramos pequeños, no recibiéramos de nuestro entorno lo que necesitábamos: traumas pasados que acarreamos con nosotros en el momento presente y que en muchas ocasiones están cargados de decepciones y tristeza.

En consecuencia, todo pasa por aceptar que aquello que deberíamos haber tenido y no tuvimos de niños no va a volver ahora de adultos, por muy merecido que fuera. El pasado no se puede rehacer. Como adultos, debemos aceptar nuestro pasado y asumir responsabilidad sobre nuestro niño interior herido y sus necesidades. Mantener abierto un diálogo interno con nuestro niño interior y darle soporte, ayuda y aceptación son elementos indispensables para que este recupere su confianza en nosotros.

El concepto de niño interior puede resultarnos en un principio muy abstracto, pero en realidad nos acompaña en nuestro día a día. Nuestro niño interior padece complejos que adquirió en la niñez y que, mal resueltos y en la sombra del inconsciente, no hemos podido subsanar.

A continuación tenemos algunos ejemplos de las afirmaciones más comunes del niño interior:

- «Siento que hay algo que no está bien dentro de mí».
- «Tengo ansiedad cuando debo empezar una nueva tarea».
- «Soy rígido y perfeccionista».
- «No confío en nadie, incluido yo mismo».
- «Evito el conflicto a toda costa».
- «Me critico por no ser perfecto, no ser adecuado».
- «Me siento responsable de los demás más que de mí mismo».
- «No me sentí nunca cercano a uno de mis padres o a los dos».
- «Me avergüenza expresar emociones negativas como la tristeza o el enfado. Siento que no tengo derecho a sentirlo».

- «Tengo dificultades al empezar y/o acabar tareas».
- «Me cuesta decir que no».
- «Tiendo a acumular posesiones».
- «No me enfado con regularidad, pero cuando lo hago es una explosión sin control».
- «Soy un adicto o he sido adicto a algún tipo de sustancia (comida, alcohol, drogas, tabaco...)».
- «Tengo miedo a que me abandonen en una relación».
- «Tengo miedo a estar solo».

EJERCICIOS PARA PROGRESAR:
Meditación del niño interior

Siéntate cómodamente en un lugar donde puedas estar en silencio y donde no sufras interrupciones.

- Cierra los ojos y respira de manera natural, solo observando tu respiración sin querer cambiarla.
- Visualízate a ti mismo de pequeño. No hace falta que pienses en una edad concreta, simplemente la primera imagen que te viene a la cabeza de cuando eras pequeño sin importar la edad que tenías.
- Visualiza tu habitación de aquel entonces. ¿Qué había en las paredes? ¿Cómo era tu cama? Intenta recordar todos los detalles que puedas.
- Cuando visualices a tu niño interior, recuerda qué actividades te gustaban. ¿Con qué jugabas? ¿Qué dibujos animados veías?
- Piensa en la persona que eres ahora como adulto. ¿Qué características de tu niño interior conservas?
- Visualízate de niño en un lugar conocido que frecuentabas y visualiza tu versión adulta a día de hoy con tu niño interior en el mismo lugar. Visualízate junto a tu niño interior desde el amor y la compasión que tienes por ti mismo.
- Deja fluir la imaginación en ese encuentro.
- Utiliza este encuentro y este espacio para decirle todo lo que necesitas a tu niño interior. Trabaja en sanar las heridas del pasado y hazle sentir que está seguro, protegido y que todo va a ir bien. Piensa que es tu niño interior, trátalo con delicadeza y con cariño.

- Puedes hacerle preguntas a tu niño interior. Pregúntale qué necesita, qué miedos tiene y cómo puedes ayudarle.
- Despídete de tu niño interior y poco a poco vuelve al lugar en el que estás, en el presente.
- Poco a poco vas siendo consciente de tu respiración y de tu cuerpo.
- Con una respiración profunda, abre los ojos.

Después del ejercicio de visualización, apunta qué has visto, qué conversación has tenido y cualquier otro detalle o sensación relevante, para poder mantener un cuaderno de bitácora sobre tu niño interior.

La relación con tu niño interior a través de meditaciones es una forma muy poderosa de conectar con esa figura que todos tenemos en nuestro inconsciente. Puedes practicar esta meditación tantas veces como quieras. De este modo podrás entender mejor a tu niño interior y conseguir la claridad necesaria para trabajar con él desde tu versión adulta e integrada de ti mismo.

7

EL EMPÁTICO Y SU ENTORNO

Para los empáticos, el entorno resulta sumamente importante. Tener una alta sensibilidad hace que la distancia entre nosotros y lo que nos rodea sea prácticamente nula. Si nuestra piel es la protección de nuestro cuerpo con respecto al exterior, podríamos decir que la piel del empático es más porosa y permeable. De ahí que nos afecte profundamente lo que sucede a nuestro alrededor.

El entorno es todo aquello que nos rodea. Es el espacio en el que te encuentras, la luz que contiene, el aire, la temperatura, los olores... Todos ellos son elementos que revisten una gran importancia y que pueden hacer que estés cómodo en un lugar o, por el contrario, que se convierta en tu peor pesadilla. Consideramos como entorno no solo los elementos físicos que hay a nuestro alrededor, sino también las personas de las que estamos rodeados.

Los empáticos tendemos a caer en relaciones tóxicas con vampiros energéticos y narcisistas que explicaremos en detalle en breve. Debido a que nuestros límites con los demás son débiles, atraemos inevitablemente a personalidades que buscan aprovecharse de la empatía y ausencia de límites, y ello con el fin de conseguir lo que necesitan: atención, amor incondicional y alguien a quien manipular para servirles.

¿Cómo no van a ser nuestros límites débiles? Cuando sientes todo lo que sucede a tu alrededor y los sentimientos de los demás como si fueran tuyos, es muy difícil tener claro dónde empiezas tú y dónde acaban los demás, por lo que resulta complicado establecer límites.

Queremos que nos quieran y poder sentir un amor real. Las personas tóxicas crean la ilusión de que son todo lo que nosotros necesitamos, de que pueden darnos esa conexión real y amor incondicional que tanto ofrecemos a los demás pero anhelamos para nosotros... No obstante, las personas tóxicas no están por la labor: tras la ilusión de que pueden ofrecer lo que necesitamos, en realidad lo que hacen es desempeñar el papel de víctimas para sacar hasta la última gota de compasión, empatía y amor incondicional del empático.

De esa manera, cuando estamos en contacto constante con personas tóxicas nuestras grandes virtudes juegan en nuestra contra como debilidades: los individuos tóxicos estimulan a nuestro juez interno contra nosotros a fin de mantenernos dóciles, serviles y manipulados a su antojo.

RELACIONES TÓXICAS: VAMPIROS ENERGÉTICOS

Los empáticos somos como un caramelo para los vampiros energéticos, que se caracterizan por su negatividad y su egoísmo. Son ese tipo de personas que buscan la atención constante y siempre juegan el papel de víctimas culpando a otros de lo que les pasa.

La empatía y la compasión son dos cualidades de las que la mayoría de los vampiros energéticos carecen, aunque las necesitan de otros para poder ser funcionales en su día a día. Se trata de un tipo de personalidades carentes de madurez emocional y que tienden a alimentarse de la energía de otros, en un intento desesperado de curar su dolor y sus inseguridades.

Así pues, los vampiros energéticos necesitan de la empatía, la compasión y el amor incondicional de los empáticos para llenar el vacío que la ausencia de dichas cualidades les produce. Dicho de otro modo, necesitan que alguien les preste atención constantemente como forma de llenar un vacío de amor y un mar de inseguridades que no saben cómo gestionar por sí mismos.

Cómo identificar a los vampiros energéticos

Seguro que conoces a alguna persona que, al poco de estar hablando con ella, hace que te sientas como si todo a tu alrededor se fuera volviendo «borroso», como si estuvieras confundido. Te vas sintiendo cansado, agotado y mentalmente ausente.

La sensación es de que alguien estuviera extrayendo tu fuerza y tu energía y te fueras vaciando poco a poco. De hecho, uno de los síntomas más comunes cuando conversas con ellos es que no parece haber escapatoria. Cuesta mucho salir de esa conversación, como si estuvieras encerrado en una jaula sin una salida a tu alcance.

Algunos de los efectos más comunes que notas cuando interactúas con un vampiro energético son:

- Agotamiento mental o físico.
- Dolores de cabeza o dolencias en el cuerpo.
- Irritabilidad y/o ansiedad.
- Estrés o agobio.

Si te sientes así en compañía de alguien, es muy probable que se trate de un vampiro energético y que seas tú en ese momento su fuente de energía.

Quizá pensarás entonces por qué los empáticos entramos en este tipo de relaciones. La verdad es que para los empáticos también existe un aliciente en estas relaciones: la sensación de ser el salvador, de poder auxiliar, de pensar que dándoles amor y compasión podremos ayudarles a salir de donde están. La consecuencia es que, al sentirnos necesitados, se genera una gran codependencia entre empáticos y vampiros energéticos.

En cualquier caso, lo que hace que la relación funcione es que el empático siempre da altruistamente y la persona tóxica siempre recibe. Si el empático deja de dar es cuando empiezan los problemas, las discusiones, el drama o el distanciamiento y el desprecio.

> ***¿Sabías que...?***
> Decía el Dalái Lama: «Deja ir a personas que solo llegan para compartir quejas, problemas, historias desastrosas, miedo y juicio de los demás. Si alguien busca un bote para echar su basura, procura que no sea en tu mente».

Seguro que tienes una amiga o un amigo que siempre te cuenta todo lo que le pasa, pero que nunca te pregunta cómo estás tú o, si le cuentas algo, parece no importarle en absoluto. Incluso a veces no logras entender por qué a tu amigo o amiga le da rabia que las cosas te vayan bien, lo cual se hace evidente en aquellas situaciones que te generan felicidad: cuando te promocionan en el trabajo, cuando estás contento o haces algo que te hace sentir bien. Parece que cuanto mejor te va a ti peor se sintieran ellos. ¿Te suena?

Es raro, ¿verdad? Que alguien que supuestamente te quiere y desea lo mejor para ti parezca enfadarse cuando te van bien las cosas. Y viceversa: cuanto peor te va, mejor se sienten ellos, porque en ese momento es cuando estás frágil y tienen todas las ventajas para manipularte a su antojo.

Así pues, una de las características más comunes de las relaciones con vampiros energéticos es que funcionan en una sola dirección: el empático da, da y da y raramente recibe.

Características de los vampiros energéticos

Los vampiros energéticos buscan cubrir sus necesidades a toda costa, para lo cual no dudan en utilizar a otras personas. Si te fijas bien, siempre hay algún motivo no altruista detrás de sus actos: obtienen un beneficio personal, quieren algo de ti, no respetan tu espacio, incluso pretenden ayudarte, a veces aunque tú no quieras porque lo que está en juego no es lo que tú necesitas sino lo que ellos necesitan.

Las características principales de los vampiros energéticos son:

- Poseen un gran ego, están centrados en sí mismos.
- Son inseguros, por lo que necesitan validación externa constante y aceptación de los demás.
- Incentivan discusiones y un ambiente negativo.
- Muestran un comportamiento melodramático.
- Tienen tendencias pasivo-agresivas.
- Cotillean sobre otras personas.
- Padecen celos y envidia.
- Se quejan constantemente.
- Albergan resentimiento, rabia e ira.
- Tienen comportamientos manipuladores.

Los vampiros energéticos intentan recibir amor manipulando a los demás para que hagan lo que ellos necesitan. Y en un principio puede que esta relación te vaya bien, porque también cubre algunas de tus necesidades como empático (hacer de salvador y sentirse necesitado).

Déjame que te ponga un ejemplo. Digamos que el vampiro energético es un compañero de trabajo. Siempre que le pides ayuda se queja, está de mal humor o busca una excusa para no poder ayudarte —una excusa que, por buena que sea o muchos argumentos que presente, no justifica su negativa—. Sin embargo, llega el día en el que le pides ayuda y tiene ganas de ayudarte y está contigo. Es un cambio de actitud repentino con respecto a su actitud habitual, pero si te preguntas por qué seguramente encontrarás algo en ese acto aparentemente altruista que supone una ganancia para él o ella. He aquí de dónde proviene la confusión que embarga a los empáticos acerca de lo que reciben por parte del vampiro en este tipo de relaciones.

¿Sabías que...?

Steven Parton, autor y estudiante de la naturaleza humana, explica en un artículo[32] cómo el hecho de quejarse no solo altera tu cerebro de forma dañina, sino que además tiene repercusiones negativas para tu salud mental.

32 Accesible en: https://psychpedia.blogspot.com/2015/11/the-science-of-happiness-why.html

Por su parte, Christiana Northrup, autora del libro *Dodging Energy Vampires* («Esquivando a los vampiros energéticos»), afirma[33]: «Lo que hace a los vampiros energéticos tan tóxicos es que pueden ser una fuente de estrés crónico, en especial si no puedes evitar al vampiro energético porque es tu pareja, tus padres o tu jefe. Estás constantemente caminando con cautela alrededor de esa persona esperando que algo pase».

Y, como la evidencia científica nos muestra, cualquier tipo de estrés crónico tiene efectos sobre el cuerpo, incluyendo aquellos que inciden en el sistema inmune, cardiovascular, neuroendocrino y el sistema nervioso central.

 EJERCICIOS PARA PROGRESAR:
Identifica a los vampiros

Seguro que te ha ocurrido alguna vez que, después de pasar un tiempo con un amigo, al llegar a casa te sientes agotado, como si toda tu energía se hubiera ido con él. Es posible que estemos hablando de un vampiro energético que se halla en tu vida. Veamos un ejercicio práctico para identificarlos.

1. Observa

Es importante observar las situaciones, reacciones e intenciones de aquellas personas de nuestro entorno que sean potenciales vampiros energéticos. En ese sentido, ver cómo actúa cada persona en cada ocasión, guardar ese recuerdo en nuestra memoria y poder sacar conclusiones es el mejor trabajo de campo para entender los indicios.

Haz una lista de las situaciones o reacciones añadiendo:

- Una breve descripción de lo ocurrido.
- ¿Qué te ha afectado? ¿Por qué crees que esa persona no ha actuado bien?
- ¿Cuáles son tus dudas en esta relación y lo que recibes de ella?

---

33 Northrup, C.. *Dodging Energy Vampires: An Empath's Guide to Evading Relationships that Drain you and Restoring your Health and Power*. Sídney, Hay House, 2018.

2. No asumas: evalúa la situación a través de los hechos

Una vez hayas reunido toda la información, mantén una conversación con la persona. Partiendo de los hechos, sin resentimiento ni acusaciones, simplemente explícale cómo te sientes. Ser transparente sobre aquello que no te ha sentado bien no solo te liberará para expresar con libertad lo que piensas, sino que le estarás dando a la otra persona la oportunidad de contestar.

Puede que al hacerlo te encuentres con una disculpa sentida de esa persona o por el contrario haya indiferencia o rabia. Tu sabrás en ese momento si te interesa seguir manteniendo esa relación.

3. Decide qué relación quieres tener

Una vez hayas analizado las situaciones y cómo te hace sentir esa persona, plantéate qué relación deseas tener con ella. A veces es necesario concederse un tiempo de ausencia para analizar lo bueno y lo malo de la relación. Ese distanciamiento no significa que la relación desaparezca por completo, pero puede ser la bocanada de aire que necesitas.

RELACIONES TÓXICAS CON NARCISISTAS

El desorden de la personalidad narcisista se denomina así por el mito griego de Narciso, del que existen diferentes versiones. Los narcisistas tienen un déficit de empatía y de autoestima, aunque se creen mejores que los demás. Son especialmente peligrosos para nosotros los empáticos, ya que se nutren de la empatía, compasión y bondad de otros para satisfacer sus necesidades.

Profundizar en el mito griego de Narciso nos ayudará a entender qué es un narcisista. Veamos el mito según la versión de Ovidio:

La ninfa Eco se enamora de Narciso, un joven de una belleza extraordinaria. De pequeño, Narciso había recibido de Tiresias, el profeta ciego de Tebas, la profecía de que viviría hasta su vejez siempre y cuando nunca se conociera a sí mismo. Así pues, Eco, enamorada de Narciso, le siguió por el bosque mientras él cazaba ciervos. La ninfa no se atrevía a dirigirle la palabra para anunciarle su presencia, pero él oyó unos pasos y preguntó: «¿Quién hay ahí?». Cuando ella se mostró y se vio frente a él, corrió a abrazarle pero él la despreció y la ridiculizó apartándola. Eco se pasó el resto de sus días extrañando a Narciso y su esencia fue lentamente desapareciendo hasta que lo único que quedó de su persona fue su voz. Tiempo después, Narciso se encontró en el mismo lugar; como tenía sed, quiso beber de un charco de agua. En ese momento vio su imagen reflejada en el agua y se enamoró de sí mismo. Sin embargo, cada vez que intentaba besar la imagen de su reflejo en el agua, esta desaparecía. La sensación de sed y la angustia crecían, pero Narciso no quería irse del lado del agua por miedo a que su reflejo desapareciera, hasta que al final murió de sed y en ese mismo lugar nació la flor del narciso.

Se trata de un mito muy conocido, pero ¿qué significa realmente? Narciso no es en absoluto considerado con Eco y el amor que ella le ofrece, y de hecho la trata con desprecio y frialdad. El mito nos enseña que a veces perdemos la visión global porque estamos inmersos en nuestra propia vanidad y nuestro ego. Por ello, puede afirmarse que tratar a otras personas de mala manera es una señal de que estamos atrapados en nosotros mismos, en nuestro ego.

La profecía afirmaba que Narciso viviría hasta su vejez si no se conocía a sí mismo. Porque para Narciso conocerse a sí mismo era conocer el vacío: su ego no era más que una ilusión, un reflejo que nunca podía atrapar. Mientras, la pobre Eco no tenía ego y se dejó llevar por su amor por él, hasta el punto de vivir única y exclusivamente de este sentimiento, lo que la llevó a perder toda su esencia.

Y pensarás por qué te cuento todo esto. La respuesta es porque con este simple mito hemos descubierto lo que es un narcisista de forma muy esquemática y sencilla. Los narcisistas son personas que carecen de empatía y de compasión, por lo que para ellos querer a otra persona siempre va ligado al concepto de poder, de dominio y de control. Inevitablemente, esto significa el control sobre la otra persona, la utilización de cualquier herramienta —incluidos la manipulación y el maltrato psicológico con tal de que la víctima haga lo que desea el narcisista.

Los narcisistas son un grupo más complejo de personas tóxicas, ya que la mayoría utilizan técnicas de manipulación más avanzadas para atar a sus víctimas, entre las que podríamos hablar del abuso psicológico.

Los narcisistas necesitan fuentes primarias y secundarias de energía. Sus fuentes de energía son las personas de su alrededor capaces de proveerles de lo que necesitan: empatía, compasión y amor incondicional. Por ello, siempre buscan personas que hagan aumentar su valor y su autoestima y que además les den el control y el poder para que ellos puedan hacer y deshacer a su antojo. Para conseguir esta sensación de poder sobre los demás, los narcisistas no dudan en devaluar y trocear su autoestima.

Su fuente primaria suele ser su pareja, a la que normalmente aíslan lo más que pueden de sus amigos y entorno para tener un control superior sobre ella. Y las fuentes secundarias suelen ser amigos, compañeros de trabajo, familiares e incluso relaciones extramatrimoniales en muchos casos.

Se las denomina fuentes primarias y secundarias porque en realidad para ellos las personas no dejan de ser una fuente que les provee de lo que necesitan. Las fuentes narcisistas son también denominadas suplemento narcisista. Este suplemento narcisista no es sino la energía emocional que necesitan de los demás, ya que ellos no generan suficiente por sí mismos. El tipo de energía que buscan puede ser en forma de emoción positiva (amor, risa, diversión, humor, alegría...) o de emoción negativa (celos, drama, tristeza, dolor, sufrimiento...).

Los narcisistas utilizan las reacciones emocionales de sus víctimas para extraer su suplemento, que es digamos lo que carga su batería, como si de un móvil se tratase. Necesitan, pues, de la energía de sus víctimas para mantenerse en cierto equilibrio. Tenemos que pensar que ese suplemento o jugo, como yo lo llamo, es lo que los mantiene cuerdos; necesitan de las otras personas y las utilizan para, como los parásitos, exprimir sus recursos.

En realidad, los narcisistas son bastante antisociales y están muy encerrados en sí mismos. Parapetados tras su faceta carismática y de cara a la galería, se trata de personas manipuladoras, chantajistas, faltas de empatía, arrogantes, carentes de humildad y con un sentido de superioridad grandioso. Poseen una visión de sí mismos en la que se contemplan superiores a los demás, en la que los otros les deben algo, en la que ellos siempre merecen más. ¿Crees que conoces a algún narcisista?

Ciclo de abuso narcisista

El ciclo de abuso narcisista en las relaciones personales siempre es el mismo y se repite en el tiempo con más o menos intensidad en las distintas fases. Es un ciclo que resulta confuso por la cantidad de mensajes contradictorios y cruzados que la otra persona recibe del narcisista.

Idealización o bombardeo de amor

Es la fase en la que quieren conocerte, saber cuáles son tus flaquezas y observar todos tus movimientos para determinar lo que les funciona y lo que no. De ese modo, pueden ser y serán la persona que tú necesitas que sean durante un tiempo. Como un camaleón, se adaptarán a ti, irán a los lugares que te gustan, te alabarán, todo serán elogios... Como si de una droga se tratara, provocarán una subida de adrenalina en el empático.

Así, el empático empieza a pensar que el narcisista es la persona perfecta. Todo es un mar de amor incondicional —falso, pero lo parece—, y ahí es donde le atrapan. Recordemos que son personas sin empatía y sin compasión, sin las cuales el amor real no existe. Por ello, la fase de idealización consiste en la construcción de un espejismo personal, de una falsa realidad.

Sin embargo, no pueden aguantar mucho tiempo fingiendo ser quienes no son. La fase de idealización puede ir del mes a los tres meses más o menos. En las relaciones de pareja todo va muy rápido: te presentan a sus padres y amigos, hacen planes de futuro, quedan cada día contigo e intentan atraparte en su burbuja de fantasía Disney para que aguantes todo lo que viene después pensando que la fantasía va a volver. En ese momento te niegas a pensar que esa etapa maravillosa no era nada más que una tapadera y que lo verdaderamente real es el abuso continuado. En las relaciones de amistad, los narcisistas comparten tus *hobbies*, les gusta lo mismo que a ti, van contigo a todas partes, os reís juntos, os lo pasáis bien y compartís confidencias. Por lo demás, los narcisistas se caracterizan por tener mucho carisma, una gran personalidad y ser divertidos. Son precisamente ese tipo de personas que la mayoría adora, sobre todo quienes no las conocen bien. El objetivo del narcisista es ser normal, hacer lo que hace todo el mundo, lo que se considera socialmente aceptado.

En esta primera fase de idealización es cuando generan un futuro ideal contigo. En relaciones de pareja empezarán pronto a hablar de hijos, de tener una casa, de todas las cosas que haréis juntos, en lo que sería la creación de un futuro ideal y falso que se adaptará a lo que la víctima del narcisista más quiera y desee. No obstante, será en esta fase temprana, utilizando la intensidad de la relación, cuando intenten aislarte del resto de personas que te quieren para manipular tu realidad de la mejor manera. En relaciones de pareja, el aislamiento siempre es en nombre del amor, solo nos necesitamos el uno al otro. En vínculos de amistad, puede ser el concepto de alma gemela o de mejor amigo, lo que de cualquier manera depara una relación absorbente. En ambos casos, lo que generan es un sentimiento de dependencia basado en el miedo a la pérdida, en la idea de que sin ellos no podrías ser feliz.

En definitiva, es en el bombardeo de amor cuando aprenden sobre tus vulnerabilidades para poder explotarte mejor en el futuro y sacar más y mejor suplemento narcisista. Recordemos que el narcisista ve las relaciones como una transacción: dan para recibir, nunca altruistamente, siempre esperan algo a cambio.

> *¿Sabías que...?*
>
> En un estudio realizado sobre una muestra de jóvenes adultos-milenials se analizó la relación entre el tipo de sistema de conexión de sus relaciones, la autoestima y el narcisismo como patrones de conducta. Los resultados demostraron que el bombardeo de amor se relacionaba con tendencias narcisistas[34] y una mayor utilización de mensajes de texto y de redes sociales para comunicarse con la pareja. Asimismo, los resultados relacionaban las tendencias narcisistas con un sistema de conexión o vínculo ansioso y una baja autoestima. El bombardeo de amor y su comportamiento se caracterizaban por una comunicación excesiva al principio de la relación romántica como método que el narcisista utiliza para obtener poder y control sobre la vida de otra persona con el fin de aumentar su autoestima y sacar suplemento narcisista.

Si quieres visualizar cómo es la fase del bombardeo de amor, observa el videoclip de la canción *Blank Space*, de Taylor Swift. La canción relata cómo ella, desempeñando el papel de narcisista, consigue seducir a un chico fingiendo ser una persona que no es durante el primer mes. He aquí la magia del narcisista: crear esa ilusión ficticia de ser alguien que no es.

---

34 Strutzenberg, C. *et al.* «Love-bombing: A narcissistic approach to relationship formation». *Discovery Journal*, 18.

Transición

Después de una fase de idealización, inevitablemente empieza el descenso y después la caída. En el momento en el que el empático establece un límite o no da al narcisista lo que este quiere, empieza un periodo de transición en el que normalmente se llega a una discusión o al abuso psicológico e incluso, en algunos casos, físico.

Habrá enfado por parte del narcisista, y la culpa siempre será de la víctima por no haber hecho o dicho lo que aquel necesitaba. Los narcisistas mantienen unas expectativas que en ningún momento contemplan al otro, sino que siempre abordan la realidad desde el punto de vista de sus propias necesidades. Y como son unos maestros a la hora de darle la vuelta a la tortilla, utilizarán todo lo que saben sobre ti para que te cuestiones a ti mismo y acabes viendo que si tú no hubieras hecho ciertas cosas eso no habría pasado.

La discusión puede empezar por cosas tan absurdas como qué película vamos a ver al cine o qué restaurante escogemos. Lo importante es que cada discrepancia y cada diferencia de opinión es para ellos una batalla a ganar, una batalla por el poder que ejercen sobre ti. Cuanto más control, más podrán recibir de ti lo que ellos quieren sin resistencia alguna por tu parte.

Devaluación

El narcisista es en general alguien con poca autoestima que recibe el valor de sí mismo como persona a través del poder que ejerce sobre los demás. En la transición de la etapa de idealización a la de devaluación has puesto un límite. Has dicho no y eso inevitablemente es un desafío para ellos. Has puesto en duda su poder sobre ti y en consecuencia se tambalea su propio concepto de valía.

Para recuperar su valía deben inevitablemente cuestionar tu valor, porque sin autoestima ni amor propio ni empatía, el poder sobre ti es lo único que les da valor como personas: si pierden su valor, su forma de recuperarlo es robarte el tuyo.

Por ejemplo, una persona narcisista cuestionará tu valía en el trabajo, y más si ocupa una posición más elevada. Imagínate que el narcisista es tu jefe. Te dirá que no puedes hacer determinadas tareas.

Intentará a toda costa que cuestiones tu capacidad, que pienses que no eres suficiente, que eres dependiente, que le necesitas, etc.

A nivel personal, el narcisista te hará creer que quienes te rodean no te quieren, que te mereces lo que te pasa, que ahora son ellos los que no quieren estar contigo, que eres egoísta, que solo piensas en ti, etc. Es decir, utilizará todo lo que sabe sobre ti para desplazar tu mundo, para conseguir que cuestiones tus propios principios.

Si eres empático, el primer frente de ataque siempre será que no te has comportado bien con ellos, que eres egoísta, que no piensas en los demás y que por hacer lo que quieres hacer estás siendo injusto. Y si en lo que dicen hay un 1% de razón, ya habrán dado en el clavo para que pienses y le des vueltas sobre si puede ser verdad. Son unos maestros cuando se trata de subir el volumen a nuestro juez interno.

Descarte o aspiradora

La última fase del ciclo narcisista es el descarte o, por el contrario, la aspiradora. El descarte es la fase en que no quieren saber nada de ti. Hay un periodo de abandono, de ausencia de contacto en el que no quieren hablar: no contestarán a tus mensajes o se comunicarán lo mínimo contigo. Estarán castigándote porque no has hecho lo que ellos querían, lo que durará hasta que la idealización empiece de nuevo o bien no volverán a contactar si ya han decidido prescindir de ti definitivamente en la fase de descarte final porque ya no les sirves.

La técnica de la aspiradora, por su parte, es la que utilizarán para succionarte poco a poco hacia ellos; al cabo de un tiempo, y sin darte cuenta, ya te habrán atrapado de nuevo. En ese momento te parecerá ver compasión y empatía en el narcisista: puede que acepten una parte de culpa, que pidan perdón y te aseguren que no lo volverán a hacer más o que han sido injustos.

También puede ser que nieguen el abuso y que de forma muy sutil vayan metiéndote en la cabeza la idea de que en realidad has sido tú, que te lo has tomado mal cuando no era para tanto.

Sea como fuere, su objetivo es volver a controlarte, a tener poder sobre ti, y para conseguirlo, para que aceptes un nuevo ciclo de abuso, tienen que volver a hacerte sentir bien de alguna forma.

El descarte también puede ocurrir por parte de la víctima del narcisista, y en ese caso este último adoptará la actitud orgullosa de que ahora es él quien, ni aunque le suplicaras, querría estar contigo. Ello se debe a que evitan el sufrimiento y la culpa por encima de todo, porque, como en el caso de Narciso, les obligaría a conocerse a sí mismos. Por lo general, les lleva muy poco montarse una vida alternativa sin ti y no tardan en querer enseñarte lo bien que les va. Quizá simplemente desaparezcan del mapa y no sepas nada más de ellos.

Si quieres visualizar la fase del descarte o la aspiradora, te recomiendo el vídeo de la canción *Jar of Hearts*, de Christina Perri, en el que explica muy bien el intento de aspiradora por parte de un narcisista y cómo ella resiste y es ella quien lo descarta. Por otro lado, la canción *So What*, de Pink, explica el descarte desde el punto de vista de la narcisista después de que el marido la deje.

 E J E R C I C I O S   P A R A   P R O G R E S A R :
Técnicas de protección

Es importante que si te encuentras en una relación con un o una narcisista, ya sea en tu vida amorosa o personal, puedas proteger tu energía como un primer paso para mantener tu fuerza. Estos ejercicios se denominan técnicas de protección.

Lenguaje del cuerpo

Una de las cosas más sencillas que puedes hacer es tener un lenguaje corporal cerrado cuando estás interactuando con esa persona, sobre todo cuando la situación se vuelve negativa. Cruza los brazos y las piernas y tómate un segundo para focalizar tu atención en proteger tu energía.

El niño narcisista

La técnica del niño narcisista es perfecta para utilizarla cuando el narcisista te critica, lucha contigo o te hace sentir mal. Dado que los narcisistas están atascados en su niñez en cuanto a madurez emocional:

- Visualiza al narcisista en un rango de edad de 6 a 12 años.
- Intenta imaginarte su misma cara, expresiones faciales adultas, todas sus características, y superpón en tu mente su cara adulta sobre un cuerpo de niño de la edad que escojas.
- Imagínate su altura de niño con su cabeza de adulto mientras el narcisista está hablando contigo.

- No importa lo que te esté diciendo: si visualmente le reduces el tamaño, eso te ayudará a controlar mejor tu estrés y tu nivel de ansiedad y a protegerte de tu propia reacción emocional y hormonal.

EJERCICIOS PARA PROGRESAR:
Visualización armadura

Esta visualización es una técnica de protección que utiliza la imaginación para vernos cubiertos de una armadura. Al imaginar que nos protege la armadura de un caballero medieval, conseguimos conservar nuestra energía en ambientes hostiles.

- Cierra los ojos en un lugar donde puedas sentarte o estirarte cómodamente en una silla o en el suelo.
- Escucha tu respiración sin querer cambiarla, simplemente nota cómo entra y sale el aire, cómo tu estómago y tu pecho se mueven.
- Imagínate que llevas una armadura de metal que cubre toda tu piel.
- Estás protegido, nadie puede hacerte daño, estás seguro.
- Imagínate todos los detalles que puedas de la armadura; es tu nuevo vestuario para salir armado con la protección que necesitas.
- Piensa cómo es, que adornos tiene, de qué materiales está hecha, y observa cómo te sientes si piensas que la armadura genera una protección a tu alrededor.
- Antes, durante y después de interactuar con un narcisista o con personas tóxicas, imagínate que vas protegido con tu armadura.

Técnicas psicológicas de abuso narcisista

Los narcisistas usan y abusan de técnicas psicológicas para conseguir que los demás hagan lo que ellos quieren y poder adquirir así su suplemento narcisista y asegurarlo a largo plazo. Las técnicas psicológicas más comunes que los narcisistas utilizan con sus víctimas son las siguientes:

Luz de gas o distorsión de la realidad

Es una técnica basada en negar una realidad evidente para hacer que la víctima se cuestione su realidad o incluso piense que ha perdido la cordura.

Un ejemplo serían aquellos casos en los que hemos tenido con el narcisista una conversación cuya existencia él niega, o que describe en unos términos muy distintos a los que recordamos. Y no me refiero al típico malentendido que puede ocurrir en relaciones saludables, sino que hay una negación sistemática de una realidad que claramente ha sucedido.

Los narcisistas suelen tener problemas para comprometerse a hacer cosas si otro se las pide y sobre todo si no son de su interés, por lo que a menudo no acudirán a las citas o las cancelarán en el último minuto, o bien se comprometerán a hacer algo y no lo cumplirán. La cuestión es que nunca parecen poder comprometerse con un plan y con unos tiempos determinados, concretando un día y una hora, a no ser que se trate de algo que ellos quieran hacer, en cuyo caso pondrán todos los medios y recursos para hacerlo.

Puede que lo mismo ocurra si les pides hacer una tarea concreta. Intentarán evadirse, poner mil excusas: un día estarán cansados, otro les dolerá la espalda, otro día será porque llueva, y sin saber cómo al final serás tú el desconsiderado al que solo le importa lo suyo. En realidad, nunca llega tu turno; cuando tú necesitas algo, nunca puedes contar con él.

Por ejemplo, has quedado con tu amigo narcisista mañana viernes por la tarde. Una hora antes de veros, le comentas algún detalle del plan que habíais acordado y te contesta que en realidad no había confirmado que ibais a quedar y que no puede. Y tú te quedas confundido: estás prácticamente seguro de que te confirmó la cita, pero él lo niega. Te dice que no entiendes las cosas, que siempre lo culpas cuando él no te había asegurado nada, etc.

Pongamos otro ejemplo, esta vez con tu pareja narcisista. Llevas días pidiéndole colgar unos cuadros en casa, pero parece que nunca sea un buen momento. Después de mucho insistirle, se compromete a hacerlo este fin de semana. Indudablemente, cuando llega el momento algo sucede que se lo impide. Por lo general es algo que genera empatía, como una dolencia física, el agotamiento después del trabajo, etc. Al final, no solo no has conseguido colgar los cuadros y el narcisista se ha librado de la tarea, sino que además ha generado el clima perfecto de víctima para sacar suplemento narcisista de tu empatía hacia él y su situación.

Monos voladores

Los narcisistas siempre tienen un grupo de gente a su alrededor que utilizan como armas arrojadizas para atacar a sus víctimas. Esparcirán rumores sobre ti para volver en tu contra a compañeros y amigos e incluso familiares. Si has cortado una relación de pareja con el narcisista, no te extrañe empezar a oír rumores sobre ti que no son ciertos. Recuerda que su valía solo sube cuando baja la tuya, y la mayoría de las veces necesitan crear una realidad alternativa para conseguirlo.

Los monos voladores serán esas personas que vendrán a convencerte de que estás equivocado en tu percepción del narcisista. Que el narcisista en realidad no es así, que te quiere, que lo has entendido mal, etc. Los monos voladores no dejan de ser otras víctimas que el narcisista ha conseguido encandilar con su falsa realidad y que son utilizados en tu contra para hacer que te cuestiones aún más si el que está equivocado eres tú.

Proyección

Los narcisistas dominan la proyección a la perfección. Te harán culpable de algo que hacen ellos contigo, te dirán que cambias la realidad, que no te comprometes, que no eres capaz de hacer algo por ellos, que no tienes empatía, que no te das cuenta de que están enfermos y no pueden hacerlo, de que eres desconsiderado, y culparán de lo que ellos hacen todo el tiempo.

Un ejemplo clásico es cuando el narcisista te culpa de sus emociones negativas. Imagínate que quieres hablar con él sobre una situación que ocurrió el día anterior en la que te sentiste incomprendido y quieres expresar tus sentimientos. El narcisista empezará a decirte que siempre estás buscando bronca y drama, que no hay nada que hablar, que estás generando otra situación de enfrentamiento... Y, sin darte cuenta, tú eres el culpable no solo de la situación del día anterior, sino también del drama actual simplemente por expresar lo que sientes y piensas.

El silbato del perro

El silbato del perro es una técnica que los narcisistas utilizan para manipularte delante de otras personas. Intentan que reacciones contra ellos en una determinada situación para poder demostrar que en realidad eres tú quien abusa de ellos delante de terceros, a ojos de los cuales el narcisista se mostrará como la víctima.

Para lograrlo, utilizan palabras que revisten significación únicamente para la víctima, mientras que para el resto de personas el mensaje pasa desapercibido. Es decir, se trata de mensajes subliminales, en un lenguaje secreto, gracias a los cuales la persona que lo entiende se sienta atacada. De ahí que esta técnica se denomine el silbato del perro, porque no todos lo oyen, solo el perro, en este caso la víctima. De esta forma, el narcisista consigue ofender a la víctima y así encender una reacción en ella delante de otras personas para hacerla ver como el loco de la colina. Por ejemplo, imagínate que estás en una reunión familiar y tu madre, que sería el narcisista en esta situación, sabe que acabas de romper con tu novio. A continuación, inicia una conversación aparentemente inocente sobre el amor de su vida y cómo el amor verdadero siempre va a quienes se lo merecen, para seguir diciendo que las personas de hoy en día no tienen aguante y se cansan a la mínima porque no saben valorar el amor de verdad, etc.

En este caso, la conversación tendría como único fin que tú reacciones, para que muestres una respuesta emocional negativa de ira delante de todo el mundo y piensen que no estás bien, lo que colocaría a tu madre narcisista como la víctima de esa situación.

Chismear o cotillear

No es que todos los que chismean o cotillean sean narcisistas, pero todos los narcisistas chismean y les gusta hablar de los demás de forma negativa.

Los narcisistas utilizan el cotilleo como pretexto para emplear otra técnica de manipulación que se denomina triangulación. Muchas veces, cuando hablan de forma positiva de una tercera persona, lo hacen para generarle celos y/o envidia a la víctima.

El otro fin con el que utilizan el cotilleo es para aparentar cierta empatía. Inmersos en un bucle en el que hablan y hablan en círculos sobre el mismo tema, intentan sonsacar información sobre terceros que puedan utilizar luego para su propio beneficio.

Los narcisistas muestran una pasión especial por el cotilleo. De hecho, cuando les estás explicando algún chisme parecen esperar siempre más y más e intentan conseguir toda la información que pueden. Les gusta en particular el cotilleo negativo: buscan hablar sobre la parte negativa de la gente, de personas que están en problemas o que tienen secretos sucios.

Lo curioso es que, por lo general, los narcisistas no tienen excesiva pasión por las cosas, pero parece que con el cotilleo se abrieran: se les ilumina la cara, es como si estuvieran jugando a un juego muy entretenido. Quieren saber más, excitados con el tema como con ninguna otra cosa.

Triangulación

Es la utilización de un tercero para cargar contra la víctima de cara a sacar suplemento narcisista positivo o negativo. Las del silbato del perro y los monos voladores que hemos comentado antes son también técnicas de triangulación, ya que utilizan terceras personas para que el narcisista lleve a cabo su plan.

Un ejemplo típico de triangulación en una relación amorosa sería cuando el narcisista empieza a alabar los atributos físicos de otra mujer delante de ti, su novia. Pero no estamos ante un comentario puntual, sino que —mientras alaba a esa mujer— parece existir la intención de sembrar en ti la duda de lo que tú vales para él. De este modo, no te critica, pero al usar una tercera persona para alabarla sin razón aparente por su físico, por las características que esta persona tiene —a diferencia de ti—, va generando una duda razonable en tu cabeza. Los narcisistas tienen tendencia a generar situaciones de rabia y celos en sus parejas o amigos, ya que les proporcionan suplemento narcisista.

 EJERCICIOS PARA PROGRESAR:
Tener razón vs. aceptación

Las conversaciones con el narcisista, a no ser que le des la razón, serán un bucle sin fin, girarán sobre el mismo tema una y otra vez. El principal objetivo del narcisista en la conversación contigo es confundirte, desorientarte y desplazar tu realidad para que dejes de confiar en ti mismo y en los demás.

Analiza tus respuestas a las siguientes preguntas relacionadas con una posible conversación mantenida con un narcisista:

- Cuando estáis en desacuerdo, ¿cómo gestionas la conversación?
- ¿Buscas que reconozca responsabilidad por su parte?
- ¿Es para ti importante que quede claro que tú llevas la razón?
- ¿Cómo te sientes si su conclusión es que él tiene la razón?
- ¿Eres capaz de aceptar que puede que no lleguéis a un acuerdo?
- ¿Compruebas cómo te sientes en los diferentes momentos de la conversación?
- ¿Te sientes ignorado en la conversación? ¿Te interrumpe?
- ¿Cambia de tema cuando le interesa?
- ¿Te castiga con su silencio cuando la conversación no va a su favor?

Las conversaciones con el narcisista normalmente nunca acaban con un acuerdo. Por ello, debes renunciar al deseo de que nadie te dé la razón: simplemente, deja ir la necesidad de validación externa y acepta la situación. No es resignación, es simplemente que nada te hará perder más energía que resistir y pelear contra una situación que no puedes cambiar porque no depende de ti.

 **EJERCICIOS PARA PROGRESAR:**
Analiza cómo te sientes

No dejes que la energía tóxica de otras personas entre en tu espacio mental, físico o emocional. Tómate tu tiempo para comprobar cada día cómo te sientes en cada momento.

- Coge bolígrafo y papel.
- Escribe cómo te has sentido durante el día.
- La emoción que sientes, ¿es primaria o secundaria?
- Escribe sobre cualquier interacción que haya alterado tu paz y/o tus emociones y cómo ha sucedido.

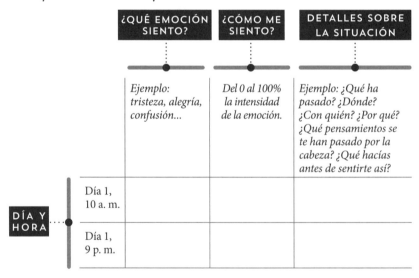

		¿QUÉ EMOCIÓN SIENTO?	¿CÓMO ME SIENTO?	DETALLES SOBRE LA SITUACIÓN
		Ejemplo: tristeza, alegría, confusión...	*Del 0 al 100% la intensidad de la emoción.*	*Ejemplo: ¿Qué ha pasado? ¿Dónde? ¿Con quién? ¿Por qué? ¿Qué pensamientos se te han pasado por la cabeza? ¿Qué hacías antes de sentirte así?*
DÍA Y HORA	Día 1, 10 a. m.			
	Día 1, 9 p. m.			

CÓMO LIDIAR CON PERSONAS TÓXICAS

Una vez hayas detectado a las personas tóxicas que te rodean, deberás decidir cómo quieres interactuar con ellas, si es que quieres o debes seguir haciéndolo.

He aquí algunos consejos que te ayudarán a que este tipo de interacciones sean más llevaderas.

Reduce el contacto visual

Notarás que reduciendo el contacto visual el drenaje de energía será menor. Para los empáticos el contacto auténtico es importante y es casi automático mirar directamente a los ojos. Esfuérzate en no mirar a los ojos a este tipo de personas y notarás la diferencia.

Tiempo de interacción

Si quieres o debes interactuar con esa persona, es importante tener un límite de tiempo marcado y disponer de una batería de opciones para cortar la conversación.

Puedes ayudarte mucho del lenguaje corporal. A veces no hace falta decir gran cosa. Imagínate que estáis sentados hablando. Si dices rápidamente que debes ir a algún lugar y te levantas, la persona verá que es el final de la conversación solo por tu lenguaje corporal.

Lo mismo sucede si te distancias o giras tu cuerpo hacia un lado o miras tu reloj o cualquier otro objeto que pueda ayudarte a salir de esa atención plena de la conversación y cortarla.

 EJERCICIOS PARA PROGRESAR:
No reacciones y no discutas con ellos

Puesto que siempre buscan en ti una reacción negativa o positiva, ya que las reacciones emocionales son una explosión de energía de la que ellos pueden drenar:

- No te inmutes, no reacciones con independencia de lo que digan.
- Sé impasible, escucha e interactúa lo mínimo.
- Que nada de lo que digan te haga reaccionar de forma emocional.
- Responde calmadamente.

Las discusiones tienen idéntico objetivo para el narcisista: agotarte y drenar tu energía. Por lo tanto, tampoco vale la pena discutir.

- Dale la razón. No le lleves la contraria.
- Utiliza frases comodín: ahora mismo no lo sé, puede ser...
- Utiliza el condicional dejando las respuestas abiertas: podríamos, deberíamos...

- Prima conservar tu energía antes que salir con la razón de la conversación.

Es más productivo darles la razón y seguir con tu vida aunque estén equivocados. En este caso, se trata de decidir si quieres tener la razón o bien sobrevivir y quedarte con tu energía. Así de claro.

Repasa situaciones pasadas y hazte una chuleta de qué opciones tienes para conservar tu energía cuando estás en una discusión con el narcisista.

Intenta interactuar en grupo

Si interactúas en un grupo de personas entre las que se encuentra una tóxica, se reparte la toxicidad entre el grupo, a no ser que los demás miembros del grupo sean también personas tóxicas. En ese caso, te convertirás en su festín.

Pero en general, y en la medida de lo posible, interactuar con la persona tóxica en conversaciones grupales siempre será menos drenante que hacerlo individualmente.

 EJERCICIOS PARA PROGRESAR:
Escucha más y habla menos

Hablar o interactuar activamente drena tu energía mucho más que limitarse a escuchar. Cuanto menos hables, mejor. Y si en realidad solo quieres salir del paso, cuanta menos energía des en la conversación a la persona tóxica antes entenderá esta que no puede sacar mucho de ti y cada vez interaccionará menos contigo.

Puedes decidir también qué nivel de escucha quieres mantener en la conversación:

- **Escucha activa:** cuando prestas atención plena a lo que se te está explicando con todo tu cuerpo y tu mente. Vas procesando las ideas y conceptos y entendiendo la situación de manera profunda y detallada.

- **Escucha pasiva:** cuando estás oyendo las palabras de lo que se te está explicando pero todo tu cuerpo no está en la conversación. Serías capaz de repetir algunas frases y hacerte una idea general de la temática, pero no estás invirtiendo toda tu atención y energía en ello.

Practica la escucha pasiva en las siguientes oportunidades de interacción que tengas con el narcisista. Observa y anota los cambios de reacción en el narcisista y analiza cómo te sientes y cómo percibes tu nivel de energía.

Recuerda que no debes solucionar sus problemas

Esta es la parte más difícil, puesto que los empáticos conectamos con otras personas, queremos ayudar y nos caracterizamos por nuestra empatía y compasión. Por ello, permanecer impasible y mantenerse a distancia de los problemas de las personas tóxicas que te rodean es un factor clave.

Cada uno es responsable de su propia felicidad y ellos tienen que tomar sus propias decisiones y solucionar sus problemas. No es tu responsabilidad acarrear con el peso de lo que les ocurre. Libérate de ello. Así pues, no escuches cuando no quieras escuchar, ya que tienes la libertad de no hacerlo. Y si decides hacerlo, no es tu responsabilidad dar soluciones o intentar solucionar sus problemas. Esa es una responsabilidad exclusivamente suya.

No contacto

Si puedes perder el contacto totalmente con la persona tóxica, mejor que mejor. Perder de vista a personas que no te hacen bien es lo mejor que puedes hacer y tras ello te sentirás liberado.

El no contacto significa no responder a correos, mensajes, ni quedar; es decir, contacto 0. Este tipo de personas siempre ganarán en el terreno de la manipulación, por lo que tan solo contestando o queriendo explicarles el porqué de las cosas no llegarás a ningún lugar. Siempre darán la vuelta a la realidad sin que sepas cómo y el ciclo de abuso volverá a empezar. Mantente entonces alejado de este tipo de personas siempre que puedas.

La roca

La técnica de la roca consiste en ser una roca inamovible. Las rocas no se mueven, no hablan, no interaccionan. Si no puedes perder totalmente el contacto con esa persona tóxica por relaciones laborales o porque es parte de tu familia, esta técnica puede funcionarte muy bien.

Las personas tóxicas buscan que reacciones, que les prestes atención, que les respondas para poder sacar lo que necesitan de ti, que les des la razón o, todo lo contrario, que luches para sacar emociones negativas de ti. La solución es sencilla: sé una roca, no les des lo que ellas buscan, conviértete en la persona más aburrida del mundo.

Si preguntan algo, contesta con monosílabos. Cuanta menos información salga de tu boca, mejor. Si intentan provocarte, no reacciones emocionalmente, cuenta hasta diez y responde tranquila y pausadamente con monosílabos.

Te irás dando cuenta de que conforme vayas siguiendo este procedimiento la persona tóxica se irá poniendo más nerviosa. Irá perdiendo la percepción de control de la situación y quizá en un principio sea difícil e insista más y más contigo, pero al final desistirá.

El narcisista piensa que si ha sacado suplemento narcisista de ti en el pasado o ha conseguido lo que quería significa que sigue teniendo el control sobre ti y puede seguir haciéndolo. Sin embargo, si sigues haciendo de roca esa persona desistirá en algún momento, cuando vea que no consigue sacar nada, e irá a por otra víctima más fácil.

En resumen, cuanto menos le des lo que quiere más se alejará de ti de forma natural. Lo que estas personas necesitan es atención, darse importancia, provocar drama y conflictos —emociones negativas— o buscar compasión y empatía —emociones positivas—. Si no les das lo que buscan, dejarán de querer jugar contigo.

CÓMO TE AFECTA ESTAR RODEADO DE PERSONAS TÓXICAS

Estar rodeado de personas tóxicas genera varios efectos en el cuerpo y en la mente que pueden variar de un individuo a otro. Algunos de los efectos más comunes son:

- Sentirse sin energía o drenado.
- Volverse negativo.
- Quejarse constantemente.
- Aislarse de otras personas, ya que las personalidades tóxicas son extremadamente absorbentes.
- No tener confianza en ti mismo.

Muchas personas tóxicas buscan una reacción emocional en las personas y fuerzan discusiones y situaciones violentas. También pueden generar situaciones positivas, aunque mucho más esporádicas.

Puede tratarse de momentos eufóricos y divertidísimos, pero sea como sea buscarán una reacción emocional explosiva.

¿Sabías que…?

Según el psicólogo clínico Albert Bernstein, no hay otra forma de tratar a un narcisista: si quieres comunicarte de manera efectiva con ellos, debes admirar sus logros y sus juguetes tanto como se admiran a sí mismos. Normalmente, no te tomará mucho esfuerzo. Estarán más que contentos dándote razones para admirarlos. Todo lo que tienes que hacer es escuchar y hacer ver que te interesa. [35]

Sin energía

Una de las primeras cosas que notas al estar en contacto con narcisistas es que no tienes energía. Te sientes como si no tuvieras ganas de nada, tienes sueño, te duermes por los rincones y te sientes cansado.

Después de hablar con la persona tóxica —la conversación siempre es sobre ellos—, te llenas de negatividad y sin darte cuenta te notas como si estuvieras arrastrándote por el suelo. Poco a poco, y sin darte cuenta, van succionando tu energía, tu felicidad, tu positividad y, cuando quieres percatarte, es como si les hubieras traspasado todo lo bueno que hay en ti y te hubieras quedado vacío y te estuvieras llenando de su negatividad, su pasividad, su tristeza, su vacío.

Yo llegué incluso a descubrir que hasta tal punto me afectaban estas relaciones tóxicas que mis niveles de magnesio en el cuerpo descendían debido a los niveles de estrés que me producía tener conversaciones con personas tóxicas. El estrés y estar en estado de alarma permanente hacen que los niveles de magnesio puedan bajar.

Negatividad y quejas

Las relaciones tóxicas se caracterizan por las conversaciones cíclicas y negativas. Las quejas constantes son una de las formas que tienen de sacar suplemento narcisista. Normalmente utilizan la queja en temas

---

35 Véase https://hackspirit.com/love-bombing-10-ways-narcissists-use-it-to-control-you/

que compartís y van echando leña al fuego. Al cabo de un rato, no sabes cómo pero estás indignado, enfadado e incluso lleno de ansiedad después de hablar del tema.

Pongamos que estás mal en el trabajo y tu compañero narcisista siempre te habla de lo mal que está él o va corroborando cualquier comentario negativo que haces. Es como si cuanto más negativa fuera la conversación, más quejas hubiera y más enérgico se volviera tu compañero.

Aislamiento social

El aislamiento social es un clásico y puede variar dependiendo de si tienes una relación de pareja o de amistad.

En las relaciones de pareja las personas tóxicas crearán el falso concepto de que ellas son todo lo que tú necesitas, que vuestro amor es tan perfecto que solo os necesitáis el uno al otro. Así, te harán creer que sois almas gemelas y superiores a los demás, que necesitan de otras personas para cubrir sus propias necesidades. No les gustarán tus amigos e intentarán aislarte de ellos haciendo que veas lo malos que son para ti, utilizando cada detalle lógico que pueda convencerte, aunque la realidad no sea así.

En las relaciones de amistad, los narcisistas son esos amigos que cuando expandes tu círculo social, sales con nuevos amigos o haces nuevas actividades en las que ellos no están incluidos empiezan a reclamar su espacio aunque les dediques ya un tiempo. Sienten que tienen la exclusividad de tu amistad y no quieren compartirla. Por ello, no se sienten felices de tus progresos o de las nuevas amistades que hagas —por buenas que sean—, porque van en contra de su interés.

EJERCICIOS PARA PROGRESAR:
Conversación de temas positivos

Con los narcisistas, las conversaciones siempre tienen en algún momento un giro dramático, de queja o negativo en algún aspecto. Es importante mantener un tono positivo para evitar un drenaje de energía mayor.

- Empatiza con la situación de la conversación. «Me sabe mal oír eso» «Qué mala suerte».

- Reconduce después la conversación a un tema que sea positivo y que tengáis en común. «Vamos a hacer un café y hablamos del proyecto X, me gustaría tener tu opinión.»
- Utiliza el humor para desviar la atención y volver al tema.
- Piensa en temas de los que os guste hablar y que sean neutros.
- Hazle preguntas: cuanto menos hables y más escuches, menor será el esfuerzo.
- Cuando tengas oportunidad, felicita el buen comportamiento o las buenas acciones sin reforzar el comportamiento negativo. «Estoy orgullosa de ti por haberlo llevado tan bien.»
- Valida sus sentimientos tomando un rumbo positivo en la conversación. «Entiendo por qué te has enfadado cuando el coche se ha averiado, a mí me pasó lo mismo pero lo llevé a un excelente mecánico que conozco. ¿Quieres su número?»
- Repite las conclusiones del narcisista en voz alta para que se dé cuenta de cuál es el mensaje que llega y lo negativo que es. «Parece que estás enfadado con tu jefe y quieres dejar el trabajo. ¿Lo he entendido bien?»

Piensa que cuanto más positiva sea la conversación, menos energía drenarán de ti, y más drenarán cuanto más negativas sean las emociones expresadas (dolor, sufrimiento, enfado, tristeza...).

Date cuenta de en qué momento la conversación toma un mal camino y saca un tema alegre y positivo para darle un giro de guion. Sin duda, habrá temáticas que le gusten a la otra persona y que puedas usar como comodín para conversaciones positivas.

8

¿POR QUÉ LOS EMPÁTICOS CAEMOS EN LA TRAMPA NARCISISTA?

Los empáticos y los narcisistas son la cara y la cruz de la misma moneda. Si los empáticos se caracterizan por tener empatía y compasión, los narcisistas carecen precisamente de estos dos rasgos. Tres de las características del empático —el sistema de conexión, el juez interno y la necesidad de complacer— se vuelven en su contra y en beneficio del narcisista.

La capacidad de conexión con otras personas activa un flujo de energía entre ellas. Este flujo de energía entre personas, que es lo que muchas veces llamamos tener química con alguien, puede implicar también tener empatía hacia el otro y entenderse muy bien con él a todos los niveles.

El narcisista enciende el sistema de conexión de los empáticos y lo sobreactiva generando la falsa ilusión de que hay intimidad y conexión y amor incondicional. El empático se abre al narcisista y esta apertura de conexión genera un flujo de energía hacia este último que al principio está lleno de amor incondicional y empatía. Este es el suplemento narcisista de emoción positiva que tanto buscan.

El narcisista extrae todo el flujo de energía que puede del empático. Esto también ocurre con otros tipos de personas tóxicas, a las que se denomina vampiros energéticos precisamente porque drenan la energía para su propio beneficio.

Mientras que —en la etapa de idealización— los narcisistas nos hacen creer que ellos son todo lo que buscamos, que saben lo que necesitamos y que pueden dárnoslo, los empáticos somos entregados por naturaleza: abrimos nuestro corazón y nuestro amor incondicional, ponemos las necesidades de los demás por encima de las propias e intentamos que todo el mundo esté bien. Si todos están bien, yo estoy bien.

El problema es que los narcisistas reciben y reciben del empático, pero el empático no recibe nada después de la fase de idealización. Inevitablemente, cada vez está más fatigado y drenado en este desequilibrio de dar sin recibir nada.

Imaginemos que el empático es un vaso que al principio de la relación está lleno de agua y que el narcisista va llenando con más agua hasta que el vaso rebosa —fase de idealización—. Tiene la sensación de poseer todo lo que necesita, el vaso está llenísimo, le sobra el agua.

Sin embargo, el narcisista está conectado al vaso de agua del empático y va chupando tanta como necesita. El nivel del vaso va bajando y bajando y el agua que se va rellenando es cada vez menos. El empático se va quedando sin energía, sin recursos, sin agua. Y la poca agua que va entrando en el vaso el narcisista se la va quedando toda. Al final, lo que nos queda es un empático vacío, apático, sin ganas de hacer nada, que ha perdido el contacto consigo mismo. El empático ha perdido todo contacto con quién es como persona. Se ha vuelto dependiente del narcisista y se ha olvidado de su fuerza y de que puede hacer todo lo que se proponga.

En el momento en el que el narcisista desaparece, toda el agua que se iba llenando en el vaso del empático ya no se desvía hacia el narcisista para su propio disfrute y beneficio. Esta agua es tu energía, es tu luz, es tu fuerza, es tu conexión con tus necesidades, con lo que quieres, con lo que necesitas.

El narcisista también tiene una gran capacidad de sobreactivar tu juez interno: con sus técnicas de manipulación psicológica, consigue que cuestiones tu realidad. Consigue que pienses que eres tú quien no lo ha entendido bien, que en realidad él tiene razón, cuando está distorsionando la realidad. El narcisista hace que tus grandes virtudes jueguen en tu contra para su propio beneficio.

Lo mismo sucede con la necesidad de complacer: el narcisista siempre quiere salirse con la suya y utilizará todos los argumentos que tenga, toda la lógica y todas sus armas para que le des tu amor incondicional. El objetivo del narcisista es que hagas cosas por él, porque le quieres, porque te importa, y poco a poco irás dejando pasar las cosas y sin darte cuenta no le habrás puesto límites. Al no haberle parado los pies cuando debías, poco a poco se habrá ido apropiando de tu vida. Al final, acabarás haciendo lo que a él le venga bien, lo que él quiera, y ni tan siquiera sabrás qué es lo que quieres tú.

El narcisista hace que desaparezcas como persona individual para que vivas exclusivamente por y para él, y utiliza el control y el poder sobre ti para anularte. Tus necesidades no importan; si ellos tienen agua y tú vives en el desierto, no es su problema.

CÓMO DETECTAR PERSONAS TÓXICAS

Es vital aprender a detectar personas tóxicas y reconocerlas lo antes posible para no caer en sus trampas. Si los ves venir, te ahorrarás muchos dolores de cabeza y podrás decidir no entrar en su juego.

No se aprende de un día para otro, sino que hay que caer muchas veces en este tipo de relaciones y conocer bien a esta clase de personas para empezar a ver en ellas patrones de conducta y en nosotros mismos señales de alarma que te dicen que algo no va bien.

PATRONES DE CONDUCTA EN PERSONAS TÓXICAS

Hemos visto los patrones de conducta de los vampiros energéticos y de los narcisistas y sus características. Sabiendo cómo actúan te será más fácil darte cuenta de que lo son, porque verás que las mismas situaciones se repiten una y otra vez.

Contemplar la situación desde el punto de vista de la persona tóxica te ayudará a comprender que su motivación en realidad es tóxica. Utiliza tu empatía y compasión para ponerte en su lugar, de modo que puedas ver de forma objetiva qué es lo que está haciendo y por qué.

Valga el siguiente ejemplo. Imagínate que te estás divorciando de tu pareja y tu amiga vampiro energético te está persiguiendo para ayudarte a mudarte a la nueva casa, para estar contigo, porque quiere estar cerca de ti. Podrías pensar que sin duda se trata de una acción puramente altruista, que realmente le preocupa lo que te pasa y quiere ayudarte. Pero pregúntate qué sucedería si le pidieras ayuda en lo que de verdad necesitas, no en lo que ella quiere ayudarte.

No parece que te esté dando el espacio que necesitas para averiguar lo que quieres hacer, ni que le interese cómo estás. Si lo ves desde su punto de vista, es una oportunidad de oro: te ofrece estar contigo para drenar tu energía en un momento en el que estás emocionalmente más vulnerable.

La realidad es que, con el pretexto de querer ayudarte, está ganando terreno e incrementando el nivel de dependencia de la relación. Y ello no solo para drenarte ahora, sino para que le sea más fácil de aquí en adelante. Lo hace para que veas que puede ser una ayuda para ti y te apoyes en ella cada vez más, pero en realidad si le pides ayuda en otra cosa que no sea lo que tiene por objetivo muy probablemente no esté ahí para ayudarte.

Tu cuerpo se alarma

Cuando estás cerca de una persona tóxica o narcisista notas un vacío en el estómago, como si este se cayera al suelo o albergara en su interior un agujero negro. Es una sensación parecida a la que podrías experimentar cuando vas al parque de atracciones y te montas en la montaña rusa. ¿Te acuerdas de esta sensación en el estómago al descender en caída?

Tu cuerpo usa esta señal de alarma en el estómago para avisarte de que estás en peligro: del mismo modo que no sabe que has pagado una entrada para tirarte desde varios metros de altura en un parque temático y piensa que estás en peligro, tu cuerpo dispara las alarmas cuando conoces a una persona tóxica. Sin embargo, conforme vas estando expuesto a esa misma persona, igual que si te subes en la misma atracción una y otra vez, tu cuerpo se va acostumbrando y la sensación de alarma va desapareciendo.

Así pues, solo las primeras interacciones con esa persona te proporcionarán la mayor alarma corporal, pero hay otras cosas que puedes observar incluso si llevas tiempo teniendo una relación tóxica. Por ejemplo, puede que sufras cambios en tu respiración al estar cerca de ella. Fíjate si dejas de respirar o se te entrecorta la respiración cuando hablas con ella o cuando dice algo que no es verdad o es inauténtico.

Dependiendo de la persona, las señales de alarma pueden ser unas u otras, pero es importante que prestes atención a tu cuerpo. Hay personas que pueden padecer ataques de pánico o de ansiedad e incluso cambios repentinos de temperatura, manifestados en sudor (calor extremo) o temblores (sensación de frío). En cualquier caso, aprende a escuchar las alarmas que tu cuerpo emite y di no a este tipo de relaciones.

Imagínate que tu amiga vampiro energético quiere hacer un viaje contigo e insiste en que ya ha mirado qué podéis hacer, dónde podéis ir y tú aún no has dicho ni tan siquiera que te apetece ir de viaje. Entonces, notas que empiezas a temblar, que en tu mente estás intentando buscar la manera de decir que no, pero estás a punto de ceder. Tu cuerpo te está pidiendo que digas no.

EJERCICIOS PARA PROGRESAR:
Respirar profundamente

No te olvides de respirar y de controlar la forma en que lo haces mientras estás teniendo contacto con una persona tóxica. Respirar profundamente te ayuda a calmar tu sistema nervioso y a focalizar tu atención en ti mismo. Puedes utilizar las técnicas de respiración que explicamos en el capítulo 14, «Técnicas para calmar tu sistema nervioso y la sobreestimulación».

Notarás que cuanto mejor respires más energía tendrás y menos efecto en ti surtirá su drenaje tóxico. Centrarte en tu respiración te ayudará también a estar conectado y enraizado con la tierra y contigo mismo. Enraizar es el acto de concentrar todas tus energías —mental, emocional y física—, a fin de acompasar tus pensamientos y tus sentimientos en calma y equilibrio armónico con tu cuerpo.

La mirada nunca miente

Los narcisistas, más aún que los vampiros energéticos, no suelen mirar a los ojos, que son el espejo del alma: mirar a los ojos exige ser auténtico, y ellos no pueden serlo. Por ello, para conseguir lo que quieren utilizan más bien tácticas psicológicas que no les exigen ser sinceros ni expresar sus sentimientos: no pueden permitirse ser vulnerables porque dejarían de sentirse superiores.

De ahí que la mayoría de los narcisistas no te miren a los ojos y esquiven tu mirada lo más que puedan. Ahora bien, si te miran a los ojos pueden suceder dos cosas: la primera es que estén utilizando una táctica llamada de espejo, con la que copian tu lenguaje corporal para atraerte. Así, cuando te miran a los ojos es como si vieras todo lo bueno que tienes tú reflejado en ellos. Seguro que has visto películas de vampiros en las que desde el momento en que la víctima los mira a los ojos son capaces de manejarla a su antojo, por ejemplo para conseguir entrar en su casa, a la que no pueden acceder sin invitación. Pues bien, el efecto espejo que ponen en práctica los narcisistas es algo parecido: te imitan para que veas empatía y compasión en ellos. Lo segundo que puede suceder es que después de haber mirado a los ojos por un momento al narcisista te sientas vacío, sin energía, sin fuerza o simplemente desconcertado. Si te sientes así, sin duda estás delante de una persona tóxica que no te conviene porque ha drenado tu energía.

Contacto físico

Otro punto clave para detectar personas tóxicas es determinar cómo te sientes con el contacto físico. Cuando una persona tóxica o narcisista establece contacto físico contigo, saltan todas las alarmas de tu cuerpo. Puede ser que notes cómo vas siendo presa de la ansiedad, cómo te cambia el humor, cómo tiemblas, cómo notas cierto cosquilleo en el cuerpo...

En consecuencia, presta atención a los cambios producidos en tu cuerpo y en tu estado de ánimo cuando tienes contacto físico con este tipo de personas. Cuanto más intenso e íntimo sea el contacto físico, más alarma manifestará el cuerpo, ya que el contacto directo genera estresores en este.

No obstante, la atracción por personalidades opuestas, sumada al hecho de sentir su dolor y su vacío, hace que como empáticos nos cueste trabajo desvincularnos de este tipo de personas.

 EJERCICIOS PARA PROGRESAR:
¿Por qué quieres una relación tóxica?

Pregúntate qué es lo que te gusta de esa relación y por qué. Las siguientes cuestiones pueden ayudarte a hacerte una idea clara de tus necesidades y de cómo cubrirlas de forma saludable evitando relaciones tóxicas.

- ¿Qué te aporta esa persona?
- ¿Por qué te gusta estar con ella?
- ¿Está ahí cuando la necesitas?
- ¿Cómo te sientes cuando estás a su lado?
- ¿Hay algo en su comportamiento que no te hace sentir bien? ¿Qué es?
- Observa cómo trata a los demás y piensa si ese mismo trato te lo aplica a ti de la misma forma.
- Observa si se dan en esta persona algunos de los patrones de conducta presentados anteriormente.
- Observa qué opinión de ella tienen los demás.

9

RELACIONES **SALUDABLES:** CONEXIÓN REAL
Y RELACIONES BIDIRECCIONALES

Hemos hablado mucho de las relaciones tóxicas con vampiros energéticos y narcisistas, pero es importante saber cuáles son y qué características tienen las relaciones saludables.

Las relaciones saludables son aquellas en las que dos personas unidas por un vínculo de amistad, familiar o de pareja se encuentran en igualdad de condiciones. Es decir, se construye una relación bidireccional en la que ambos dan y ambos reciben de la otra persona.

Las relaciones saludables se caracterizan por:

- **La comunicación:** se habla abiertamente sobre lo que uno piensa y siente con la otra persona. Ambas se escuchan entre sí, celebran logros y triunfos juntas, y cada una de ellas siente que la otra la apoya en sus intereses y sus sueños.
- **La libertad individual:** se trata de una premisa indispensable. Aunque en tu relación de amistad o de pareja hayáis decidido estar juntos o compartir momentos juntos, eso no significa que tu concepto de ti mismo desaparezca. El control de otra persona sobre ti no significa seguridad ni amor, sino falta de respeto, falta de confianza y el establecimiento de una relación no igualitaria. Sentirse libre y seguir siendo tú como individuo es la clave de una relación saludable.
- **El respeto y la confianza:** ambos se hallan en la base de cualquier relación saludable. Cada miembro debe sentirse tranquilo y seguro ante las decisiones y actuaciones del otro, lo que no significa estar

siempre de acuerdo, pero sí respetar la diferencia sabiendo que existe un espacio para la honestidad y la franqueza, que no hay dobles intenciones y que el otro nunca te haría daño intencionadamente.

- **La compasión y la empatía por el otro:** hay una voluntad de entender a la otra persona, de empatizar con ella en su situación, incluso cuando se tienen opiniones distintas sobre un mismo tema. Existe una política de no criticar al otro ni juzgarle: se puede opinar distinto, pero invalidar los sentimientos o pensamientos de la otra persona va en contra de ponerse en su lugar.
- **Los límites saludables:** por muy íntima que sea una relación, todos tenemos límites de distinto tipo, ya sean emocionales, físicos o de cualquier otra índole, que hay que respetar. Respetar los límites del otro equivale a respetar y dar importancia a algo que, aunque para ti no importe, para él es un elemento fundamental.

Estas características deben ser expresadas por las dos personas. Si es solo una la que cumple con ellas, es probable que te encuentres en una relación tóxica o desequilibrada. Cuando estás en una relación saludable sientes que puedes ser tú mismo con la otra persona.

Una relación saludable es inevitablemente una relación auténtica. Hay apoyo mutuo, hay risas y llantos, pero sabes que siempre puedes confiar en que, aun sin haberos visto en mucho tiempo o estando muy ocupados, si tú la necesitas la otra persona estará a tu lado, y viceversa.

Porque lo que importa en las relaciones saludables son los valores y los cimientos de esa relación, que no están basados en la superficialidad o el interés sino en una conexión auténtica alimentada por el aprecio y respeto mutuo.

¿Sabías que...?

Recientes investigaciones[36] han subrayado la importancia de las relaciones personales positivas para un desarrollo óptimo de la integración del yo, y han demostrado cómo dichas relaciones contribuyen a la mejora de la regulación interna y, con ello, de la salud.

---

36 Kuhl, J. *et al.* «Being Someone: The Integrated Self as a Neuropsychological System». *Social and Personality Psychology Compass*, 9 (3), 115-132.

Hay veces, cuando estás entre amigos, que el tiempo pasa sin que te des cuenta. Te sientes escuchado y entendido y no tienes la necesidad de aparentar ser alguien que no eres. Puedes reír, llorar, sincerarte, ser vulnerable y compartir sin miedo.

Cuando nacemos ya formamos parte de una tribu que no hemos escogido, que es nuestra familia; estamos rodeados de personas que nos quieren incondicionalmente. Con el paso de los años, vamos formando nuestra propia tribu del alma con aquellas personas que nos hemos ido encontrando y que no hemos querido dejar pasar, sino que han pasado a formar parte de nuestro círculo, de nuestra tribu.

La realidad es que somos animales sociales: necesitamos de otras personas para compartir, para aprender, para entender, para hacernos mejores y también para poder aportar más y mejor a la comunidad. Pero encontrar tu tribu del alma no es tarea fácil: conoces a muchas personas en el día a día y no todas formarán parte de tu círculo ni deberían. Pregúntate, cada vez que conozcas a alguien nuevo, si te suscita un verdadero interés, si te aporta algo como persona y si puede establecer contigo ese vínculo que de verdad te llena.

Muchas veces decidimos apartarnos del mundo pensando que no vale la pena emplear tiempo en cultivar estas relaciones. Nos conformamos con aquellas que surgen espontáneamente, que a veces no nos llenan pero que son las fáciles, las que están a mano. No nos planteamos que invertir nuestro tiempo en relaciones que no son auténticas, que no nos permiten sacar a la luz nuestra propia naturaleza, nos limita, nos reduce la autoestima, hasta que acabamos por sentir que no pertenecemos al grupo.

¿Te ha sucedido alguna vez que estás en una reunión entre amigos y te preguntas «qué hago yo aquí»? Produce una sensación de verdadera extrañeza pensar que estando en un lugar libremente —porque nadie te ha obligado a ir— puedas sentirte tan fuera de lugar. Sentir que no perteneces, que la interacción que se está dando allí no va contigo.

Sucede que con el paso del tiempo evolucionamos, crecemos y aprendemos, y nuestros valores y principios, nuestros intereses y lo que nos hace vibrar cambian con el tiempo. A veces, con el paso del tiempo, te das cuenta de que la que tú creías tu tribu del alma cultiva unos valores, principios y objetivos que ya no se alinean con los tuyos.

Es fácil confundirse y pensar que alguien forma parte de tu tribu o familia del alma, cuando en realidad no es así. En ocasiones compartes una afición o un área temática concreta, pero fuera de ese punto que os une no hay nada más profundo en vuestra relación. Incluso puede que hayas compartido una amistad durante muchos años, pero lo que un día os unió puede que ya no exista ahora. Para alcanzar la tribu que quieres tener, puede que tú también tengas que trabajar y hacer cambios en ti mismo a fin de mejorar todo aquello con lo que no te encuentras a gusto.

Con el transcurso del tiempo, del mismo modo que todos cambiamos y evolucionamos, también las relaciones pasan por diferentes etapas y niveles. Tenemos el deber de adaptarnos a lo que venga, no tenemos el poder de dictar cómo serán las cosas, pero sí podemos decidir si queremos participar o no de estas relaciones.

¿Sabías que...?

Se llama efecto Roseto a una tendencia que se documentó científicamente en el pueblo de Roseto (Pensilvania, Estados Unidos) durante los años sesenta.

A principios de esta década, las enfermedades del corazón estaban en auge en Estados Unidos. Sorprendentemente, un médico de Roseto, el doctor Steward Wolf, mencionó que por alguna razón dichas dolencias eran prácticamente inexistentes en su pueblo.

Ante el interés suscitado en numerosos científicos, el alcalde de la localidad dio el visto bueno para que la población fuera estudiada. Así, les tomaron muestras de sangre, monitorizaron lo que comían y estudiaron cómo vivían en su día a día. De hecho, estuvieron años estudiando a la población para entender el porqué de su buena salud cardiovascular.

Una de las primeras hipótesis que emitieron los científicos fue la de que aquel pueblo debía de seguir una alimentación equilibrada y tener una rutina de ejercicios. Pero nada más lejos de la verdad: consumían comida rápida bien frita, fumaban, tenían una tasa alta de obesidad y un elevado índice de colesterol. Además, muchos de ellos trabajaban en las minas, lo que suponía riesgos adicionales en su día a día laboral y les hacía estar en contacto con productos tóxicos.

El estudio longitudinal,[37] que se prolongó durante más de cincuenta años, demostró que el hecho de formar parte de una comunidad donde las personas mayores eran apreciadas por su sabiduría y la gente se ayudaba y se cuidaba entre sí se traducía en un menor riesgo de padecer enfermedades del corazón y otras patologías relacionadas con el estrés. Resulta que el pueblo de Roseto tenía una comunidad muy unida de inmigrantes italianos formada en 1882 cuando estos vinieron de Roseto Valfortore, en Italia. Inmigrantes que, aunque se mudaron a muchos kilómetros de casa, conservaron el tejido comunitario que tenían en su pueblo de origen. En este sentido, Roseto era un pueblito aislado: los habitantes se casaban entre ellos dentro de la misma comunidad, hablaban italiano, compraban en sus tiendas locales y hasta tres generaciones vivían en el mismo techo.

A menudo se infravalora el efecto que produce vivir en comunidad, pero tener la seguridad de que alguien puede ayudarte cuando lo necesitas, de que puedes contar con alguien a tu alrededor y de que vives en una comunidad que te acepta y te aprecia es vital para vivir feliz en todos los aspectos de tu vida.

Así, diversos estudios[38] médicos han corroborado el hecho de que tener un matrimonio fuerte y relaciones familiares afectivas pueden protegernos de ataques al corazón. La calidad de las relaciones familiares es sumamente importante y puede tener un efecto profundo en nuestra salud.

Está comprobado[39] también que la espiritualidad y la religión tienen implicaciones y efectos en la salud. Aunque no seas una persona religiosa, la espiritualidad va más allá de la religión. Tomarte el tiempo de cubrir tus necesidades espirituales con otras disciplinas (yoga,

---

37 Egolf, B. *et al.* «The Roseto effect: a 50-year comparison of mortality rates». *American Public Health*, 82 (8): 1089-1092. Accesible en: https://www.ncbi.nlm.nih.gov/pmc/articles/PMC1695733/

38 Véase, por ejemplo, Compare, A. *et al.* «Social support, depression, and heart disease: a ten year literature review». *Frontiers in Psychology*, 4 (4), 384. Accesible en: https://www.ncbi.nlm.nih.gov/pubmed/23847561

39 Koenig, H. G. «Religion, Spirituality, and Health: The Research and Clinical Implications». *ISRN Psychiatry*, 2012: 278730. Accesible en: https://www.ncbi.nlm.nih.gov/pmc/articles/PMC3671693/

meditación, principios y valores, ética, *mindfulness*, etc.) puede ser una opción para desarrollar tu espiritualidad.

> ¿Sabías que...?
>
> El estudio Alameda[40] hizo un seguimiento a más de 7.000 personas durante cuarenta años y demostró lo siguiente:
>
> - Las personas clasificadas como solitarias tenían una tasa tres veces más alta de mortalidad.
> - Las personas con más contactos sociales tenían las tasas más bajas de mortalidad.
> - En este estudio, la asociación entre los vínculos sociales y con la comunidad en muerte prematura eran independientes de otros factores mucho más comunes como la edad, el sexo, la raza, el estatus socioeconómico y la salud física (fumar, beber alcohol, comer de más, la actividad física y las herramientas preventivas).
>
> Todo indica que estos factores, que dependen de cómo vivimos nuestra vida y que además podemos modificar, son determinantes en según qué enfermedades. El estudio también indica que aquellos que tenían menos vínculos sociales corrían un riesgo superior de morir de enfermedades coronarias, derrames y ataques de distinta índole (ictus, apoplejías...), cáncer, enfermedades respiratorias, enfermedades gastrointestinales, etc.

Podemos concluir que vivir sin una familia del alma que nos aporte a nivel emocional puede tener muchos efectos negativos en nuestra salud mental y física, tales como:

- Mayor riesgo de depresión y ansiedad.
- Cambios en los patrones del sueño.
- Pérdida o subida de peso.
- Abuso de sustancias y aparición de adicciones.

Por ello, estar rodeado de gente que te quiere y te entiende no es

---

40 Housman, J. y Dorman, S. «The Alameda County Study: A Systematic, Chronological Review American Journal of Health Education», *American Journal of Health Education*, vol. 36, núm. 5. Accesible en: https://files.eric.ed.gov/fulltext/EJ792845.pdf

solo un deseo, sino una necesidad. Como humanos, necesitamos conectar con otras personas.

CONVENCIONES SOCIALES

Desde que nacemos, estamos rodeados de personas que tienen unas convicciones, unos valores y unos principios morales. Conforme te haces mayor, vas entendiendo que existen unas normas no escritas culturales y sociales, que son las convencionales.

Son estas normas —las expectativas sociales y comunitarias que otras personas tienen sobre nosotros y nosotros de ellos— las que permiten una convivencia fluida entre individuos: hay que felicitarse el cumpleaños, tienes que decir tal cosa, tienes que ir a tal sitio o hacer aquello que otros esperan. ¿Y si no lo haces? ¿Quedas expulsado de la comunidad?

Las convenciones sociales no dejan de ser expectativas que una cultura o sociedad acepta como normas de convivencia. No seguir las convenciones sociales no está bien visto, pero encorsetarse en unas normas que no te sirven te hará reprimir tus opiniones y deseos.

Por ello, para pertenecer muchas veces hay que estar primero fuera de las convenciones sociales. Y me explico: la mayoría de las ocasiones vamos en piloto automático, no pensamos en qué es lo que vamos a hacer, en qué es lo que queremos hacer. Pensamos en que eso es lo que «hay que hacer», como si fuera una imposición, una norma que no se puede romper. Y es cuando empiezas a preguntarte qué es lo que quieres tú sin importar cuál será la reacción del entorno cuando algo se despierta.

Que los demás tengan expectativas acerca de lo que deberías o no hacer o pensar es algo sobre lo que no tienes control alguno. Pero lo que sí depende de ti es conectar contigo mismo, alinear tu cabeza con tu corazón y escuchar la respuesta.

Expectativas sobre ti y sobre los demás

Las expectativas son el pan de cada día en las interacciones sociales. La mayoría de las personas esperan algo de nosotros. Lo queramos o no, hay algo en nuestro sentido de supervivencia mezclado con una perspectiva egocentrista que nos lleva a generar altas expectativas como una medida de protección contra relaciones abusivas o tóxicas.

La realidad es que mantener expectativas sobre una relación siempre nos sitúa en el riesgo de acabar decepcionados de ella e incluso de perderla. Como es obvio, tratar de que otras personas hagan o digan lo que tú quieres sin haberlo acordado simplemente porque es lo que tú deseas no es la solución.

Pongamos que somos amigos y yo espero que me regales algo para mi cumpleaños, y al llegar el día no recibo nada y me siento decepcionado y dolido por no haber recibido de tu parte un regalo el día de mi cumpleaños. Ese contrato no escrito que yo he firmado contigo y del cual tú no sabes nada solo tiene en cuenta la situación desde mi punto de vista: yo quiero que tú me regales algo porque así me siento querido, siento que te importo; si tú no me regalas nada es que no me quieres, y eso es una gran ofensa y un motivo de decepción. Pero lo cierto es que como amigo deberías tener la libertad de decidir si quieres regalarme algo o no, y que lo hagas o no lo hagas no debería tener relación directa con quererme más o menos.

Hay personas que se sienten queridas a través de regalos, otras a través de muestras de afecto, pero lo evidente es que pretender que los demás hagan algo porque nosotros lo deseamos, lo necesitamos y —además— sin pedírselo no se ajusta a la realidad. Cuando uno no es capaz de ver la situación desde la perspectiva del otro, inevitablemente toma cualquier imprevisto como un ataque hacia a él: «Me han fallado». Para darle la vuelta a estas altas expectativas innecesarias, debemos verlo desde la otra perspectiva: «Como amigo, yo valoro que estés a mi lado y de hecho siempre recibo muestras del aprecio que me tienes. El hecho de que me regales o no algo por mi cumpleaños no determina el vínculo afectivo que tú y yo tenemos». En consecuencia, entender que los demás tienen otras formas de expresar sus sentimientos y de demostrarnos su amor es el primer paso para desescalar este conflicto emocional interno que nos hemos generado.

Otro ejemplo de expectativas que no se ajustan a la realidad: por Navidad, esperaba que mi marido me regalara algo especial; algo que fuera íntimo, pero a la vez que demostrara que había pensado en mí como yo quería. Y me regaló un precioso retrato mío en blanco y negro hecho por un fotógrafo profesional para colgarlo en casa. ¿Y adivináis qué? Me sentí igualmente decepcionada, porque hiciera lo que hiciera no iba a superar mis expectativas, partiendo de que ni yo misma sabía lo que realmente necesitaba.

Muchas veces pretendemos que los demás nos lean la mente, como si pudieran leer lo que ni tan siquiera nosotros tenemos claro. En realidad, todo el mundo intenta hacer lo mejor que puede y nadie desea herirte ni fallarte.

EJERCICIOS PARA PROGRESAR:
Manejar las expectativas

Manejar expectativas de otros es complicado, pero manejar las propias es aún más difícil. Como ya se ha adelantado, en tus expectativas partes de un punto de inicio en el que ya tienes una idea preconcebida de cuál va a ser el resultado de una acción sin haber acordado nada de la misma con todas las partes implicadas.

Cómo manejar tus propias expectativas

- **No asumas, pregunta:** no asumas nada en una situación. Es mucho más productivo preguntar aquello que no entiendes o no sabes. Asumir lo que otra persona piensa o simplemente que va a realizar cierta acción es egoísta por tu parte. Evita el esfuerzo de equivocarte y llegar a conclusiones erróneas. Pregunta.

- **Saca las expectativas de tus relaciones; no solo te hará más sabio sino también más amable:** piensa que eliminar las expectativas de tus relaciones tanto personales como profesionales te liberará. Proyectar tus expectativas en otras personas solo te lleva a estar incómodo, ya que por lo general nunca se cumple lo que no depende de ti.

- **Disfruta de tu vida actual:** no se trata de tener expectativas sobre los demás, sino sobre ti mismo. Al compararnos con otras personas, no llegamos a esos sueños que nos hemos creado en nuestra mente. Por ello, no confundas tus objetivos con tus expectativas: las expectativas solo nos hacen sentir mal con nosotros mismos, ya que están basadas en creencias, en la esperanza de que algo suceda y en nuestra opinión subjetiva de la situación, mientras que los objetivos están basados en la realidad, en hechos.

Cómo manejar las expectativas de otros

Manejar las expectativas de otros es más difícil que manejar las propias, pero también se puede hacer y es importante invertir tu tiempo y energía en ello, ya que mejorará tus relaciones.

- **Comunicación y más comunicación:** comunicarse es el principio de cualquier buena relación. Haz que los demás entiendan cuáles son tus límites personales, en qué eres flexible y en qué no. No dejes nada al azar. Si quienes te conocen no saben qué es lo que te gusta y qué es lo que no, es muy probable que no os entendáis.
- **Anticípate a los problemas:** para planear bien, muchas veces hay que ponerse en el peor escenario posible y a partir de ahí trazar un plan que evite ese resultado. Prepárate para cualquier situación y sabrás gestionar lo que pueda venir.
- **Entiende los expectativas de otros:** en cualquier relación siempre recibes pistas pequeñas o grandes de cuál es la perspectiva de la otra persona y cuáles son sus ideas preconcebidas. Puedes utilizar esas expectativas como oportunidades, ya que entender profundamente a los demás hará crecer tu compasión y empatía por ellos y te hará capaz de comunicarte mejor.

Ahora te toca a ti pensar en cuál es tu relación con tus expectativas y las de los demás:

- ¿Qué expectativas tienes sobre ti?
- ¿Qué expectativas tienes sobre los demás?
- ¿Puedes recordar alguna situación en la que tus expectativas sobre otra persona no se ajustaron a la realidad?
- ¿O, al revés, en la que las expectativas de otra persona sobre ti no se materializaron?

EJERCICIOS PARA PROGRESAR:
Reevalúa tus compromisos

Los compromisos son un espejo de tus necesidades y de tu plan de vida, de qué es lo que quieres hacer. A veces nos sucede que decimos que sí a compromisos sociales, personales o laborales no porque nosotros lo deseemos sino por deferencia a otros.

- Mira tu agenda del próximo mes y/o repasa eventos pasados a los que hayas acudido.

- Evalúa si todo lo que tienes agendado es lo que de verdad quieres hacer.
- Cada vez que alguien proponga un plan, siente si está alineado con tus objetivos, si vas a estar con tu tribu del alma o si por el contrario es un evento social al que no quieres asistir.
- Piensa en qué tipos de eventos y compromisos querrías tener y si estos se ajustan a los que tienes ahora mismo.

Decir que no

¿Por qué es tan difícil decir que no? Es solo una palabra, y fácil de pronunciar, pero nos cuesta mucho decirla.

Estoy en una situación incómoda y en mi cabeza visualizo la película de cómo voy a decir que no, pero algo me frena y no puedo pronunciar la palabra. Dentro de mi cabeza me digo: «Esta vez sí, tengo claro que voy a decir que no, y me repito en mis adentros: "No, di que no, di que no". Y lo que sale de mi boca es un tímido sí que espero que nadie haya oído y me permita correr en dirección contraria».

Ahí es cuando una se pregunta por qué le cuesta tanto decir que no, y llega a la conclusión de que por encima de todo prima el acuerdo colectivo, que todo el mundo esté a gusto. Pero debes aceptar que eso no depende de ti, porque no es tu responsabilidad si los demás están o no a gusto o de acuerdo. Tu responsabilidad es expresar tu más sincera opinión con honestidad y fidelidad a lo que sientes y piensas.

Ahora bien, si decir que no equivale para ti a ser rechazado, no entendido o sentir que no estás satisfaciendo a los demás, eso significa que dicha negativa está ligada a tu autoestima. En este caso, se impone el pensamiento de que no estás siendo bueno cuando dices que no: qué difícil es decir que no cuando sabes que no va a ser aceptado, que vas a decepcionar, que está mal a ojos de los demás.

Sin embargo, estar en contacto con tu esencia —con lo que piensas, con lo que sientes y con lo que quieres— es vital para determinar tu respuesta. Por ello, es importante conectarte contigo mismo y saber cuándo quieres decir que no y decirlo.

Decir que no requiere un trabajo con uno mismo, el aprendizaje de que aunque los demás no acepten tu respuesta eso no significa que no tengas derecho a hacerlo. Cuando aprendes a decir que no, tomas las riendas de tu vida.

Decir que no equivale a poner un límite personal que es necesario pero cuya puesta en práctica requiere confianza. Pensar que tenemos derecho a decidir, que tenemos derecho a decir que no cuando necesitamos hacerlo... No es egoísta decir que no: tan perjudicial es decir siempre que no como decir que sí siempre.

¿Qué ocurre cuando no sabemos decir que no?

Nos parece que decir que no es de maleducados, de personas egoístas. De pequeños aprendimos que decir que no está mal visto. Pero ¿qué hay detrás de la inhabilidad de decir que no?

- Nos sentimos inferiores, sentimos que no tenemos derecho a decir lo que necesitamos en cada momento, y eso mina nuestra autoestima.
- Nos sentimos en una lucha interior constante por no poder decir lo que realmente queremos. Esto confunde a las personas que hay a nuestro alrededor, que no entienden unos sentimientos que desde fuera parecen contradictorios.
- Sufrimos ansiedad, tristeza e irritabilidad.
- Explotamos de rabia por algo que ni tan siquiera tiene importancia, solo que la represión que nos hemos generado por no estar a gusto con la decisión tomada debe salir por algún lugar.
- Estamos insatisfechos porque hemos hecho algo que va en contra de nuestra voluntad.
- Nos reprochamos no haberlo dicho. Nos sentimos culpables por no haber expresado lo que realmente sentíamos.
- Inevitablemente, los demás abusan de nosotros, ya que saben que nos cuesta horrores decir que no y toman nuestra dificultad como una ventaja para ellos.

Cómo aprender a decir que no

Debemos perder el miedo a las consecuencias que tendrá decir que no. El primero que ha de estar satisfecho con esa respuesta eres tú: trabaja por entender qué te impide hacerlo en algunas ocasiones. Tú sabes mejor que nadie lo que te conviene y puedes tomar una decisión por ti teniendo en cuenta lo que te hace bien y lo que no.

Por supuesto, puedes equivocarte. Equivocarse forma parte del proceso de aprendizaje. Pero eres valioso y tu valía no depende de cuántas veces digas que sí o que no. Si tienes en cuenta la opinión de los demás sobre ti por encima de la tuya propia, estarás dejando que la primera dicte tus actos y lleve las riendas de tu vida.

Hay que aceptar que la incertidumbre y la ansiedad pueden formar parte del proceso de decir que no, y eso no debe ser una razón para no hacerlo. Cuando no aceptas la ansiedad como parte del proceso, tiendes a decir que sí para evitar sentirla en tu cuerpo. Al final, lo cierto es que no puedes resolver la situación hasta que tu respuesta no se alinea contigo, y reprimir el sentimiento inmediatamente no hace sino que vuelva más tarde y con más intensidad.

Si tú estás convencido de que la respuesta que quieres dar es no, convencerás a aquellos que lo están oyendo. Pero el primero que debe estar en paz con esa decisión eres tú. Si quieres vivir una vida auténtica alineada con tus valores, con quien tú eres, eso inevitablemente significará decepcionar a los demás algunas veces.

Así pues, cada vez que dices que sí a algo de lo que no estás seguro, pierdes una oportunidad de decir que no. Cada no que pronuncies será una oportunidad para que venga algo mejor, algo que sí esté alineado contigo, con tus objetivos, con quién quieres ser, con todo lo que tú eres.

 EJERCICIOS PARA PROGRESAR:
Aprende a decir que no

Quizá aún no eres la persona que quieres ser, pero lo importante es que no pierdas la oportunidad de evitar ser lo que seguro que no quieres ser. Decir que no es una gran parte de esa construcción de quién eres y quién no eres.

Cuando te encuentres en una situación en la que debas decir que no y tengas un momento para analizarlo y prepararte, haz lo siguiente:

- Ponte frente al espejo y haz un ensayo para practicar y sentirte seguro. Todos los nuevos hábitos, incluido el de decir que no, hay que practicarlos para poder hacerlos automáticamente.
- Observa tu lenguaje corporal, tu tono de voz y las palabras que escoges.

- Si escuchas a tu corazón, podrás dar una respuesta asertiva y fiel a tus sentimientos y razonamientos.
- Di que no al principio con el mínimo de argumentos: «no puedo», «no me va bien» o simplemente «no».
- Sé educado, dale las gracias a la persona por haber pensado en ti o por preguntar, aunque la respuesta haya sido negativa.
- Si la otra persona quiere entender tus razonamientos, podéis hablarlo, pero cuantos menos argumentos des menos información tendrán para convencerte de que renuncies a lo que tanto tiempo y esfuerzo te ha costado.
- No utilices frases comodín para alargar la situación —como «lo pensaré» o «ya te diré algo»— si sabes dentro de ti que la respuesta será no.

Celebra tus logros cuando hayas dicho que no en una situación donde antes hubiera sido impensable. Se trata de hacer pequeños progresos, no de ser perfectos.

RECIBIR DE LOS DEMÁS ES NECESARIO

Nuestra naturaleza empática nos ayuda a entender a los demás de forma profunda y nos lleva a darles lo que necesitan muchas veces a costa de olvidarnos de nosotros mismos. Ya hemos aprendido que nuestra habilidad para descubrir qué necesitan los demás nos permite ayudar a nuestra gente. Pero este don también ha contribuido a que nos olvidemos de nuestras propias necesidades, y que pensemos que arreglar todo lo que está a nuestro alrededor nos hará felices, nos hará completos.

Recibir no solo es una práctica clave en las relaciones saludables, sino que es esencial para tener una relación bidireccional y equitativa. Pero ¿qué significa en realidad recibir? Recibir no es la acción que va después de dar. Tenemos la idea preconcebida de que para recibir hay que dar, y sin embargo recibir es mucho más que eso. Como empáticos, estamos acostumbrados a dar y esperamos muchas veces recibir a cambio, como si de una transacción se tratara.

Es hora de cambiar este concepto. Dar y recibir sin esperar nada a cambio es una experiencia maravillosa. Los días en los que dabas y dabas esperando recibir lo que necesitabas a cambio han llegado a su fin. No hay nadie mejor preparado que tú para darte lo que necesitas: entrena los músculos de recibir guía, amor y soporte de ti mismo y de los demás. Cuando mires la realidad con otros ojos sin esperar nada a cambio, todo lo que recibas no solo será bienvenido, sino que además lo valorarás plenamente.

Para aprender a recibir, primero tienes que recibir de ti mismo. Responde a las siguientes preguntas:

- ¿Qué necesito en este momento?
- ¿Qué me divertiría hacer?
- ¿Cómo puedo darme todo lo que necesito para sentirme bien?
- ¿Cuál ha sido la última vez que he hecho algo solo para mí mismo?

A veces nos olvidamos de que tenemos todo lo que necesitamos en nosotros mismos y de que dárnoslo es un regalo que podemos hacer cada día. Desde salir a pasear y que te dé el sol a coger las maletas y hacer un viaje solo, pasando por tomarte un tiempo para leer o para no hacer nada y mirar por la ventana. Poco importa lo que hagas como actividad, sino cómo te hace sentir y si te ayuda a cubrir tus necesidades.

 EJERCICIOS PARA PROGRESAR:
Recibir de los demás

Al igual que para ser bueno en algo hay que practicar, para recibir de los demás —cuando no estamos acostumbrados a pedir ayuda, ni a aceptarla con naturalidad— debemos acostumbrarnos a su proceso.

Encuentra tres razones en el día de hoy para pedir ayuda, apoyo, hacer algo que quieres, etc. Veamos algunos ejemplos de lo que puedes hacer (puede que algunas sugerencias estén fuera de tu zona de confort, y de eso se trata precisamente, de que entiendas que tienes el derecho de recibir y de que te sorprendas de la buena gente de la que estás rodeado):

- Pídele a un compañero de trabajo que te invite a un café.
- Pide ayuda en el trabajo con una tarea que estés haciendo.
- Pide ayuda en casa para que te puedas tomar el tiempo necesario para hacer algo que llevas mucho tiempo queriendo hacer.
- Pide un día de vacaciones para relajarte y hacer lo que más te guste.
- Pide un masaje a un amigo, a tu pareja o dátelo tú mismo.

DIÁLOGO AUTÉNTICO

Confundimos la autenticidad con la asunción de lo socialmente aceptado. Ser auténtico es ser tú con todos tus defectos y todas tus virtudes, acertando y equivocándote, pero, por bien o mal que lo hagas, siendo fiel a lo que piensas. Decidiendo desde tu autenticidad, desde un punto de conexión con lo que piensas y sientes, podrás ser fiel a quién eres.

Todos queremos con más o menos intensidad formar parte del grupo, ser uno más, no destacar ni por lo bueno ni por lo malo. Así, sin darte cuenta, empiezas a diluirte como persona en lo que los demás quieren o consideran correcto.

En cambio, cuando eres auténtico, todo tu cuerpo, tu corazón y tu mente están integrados, son uno. Hay un mensaje claro, una decisión tomada que concuerda con tus convicciones, tus principios y lo que necesitas en cada momento. En una situación de conflicto en la que debemos comunicar cómo nos sentimos, cuál es nuestro objetivo y cuáles son nuestros límites, la autenticidad es clave.

Pecamos de demasiada racionalidad en nuestras palabras: a veces deberíamos utilizar los sentimientos para expresar cómo nos sentimos en una situación en lugar de los argumentos racionales que nos vienen de la mente. Que diferente sería poder expresar: «Ahora mismo no puedo ayudarte, pero estoy dispuesto a hacer esto por ti mañana si aún lo necesitas. Sé que es importante para ti. Sé de alguien que podría ayudarte hoy si te puede servir de ayuda».

Nadie pretende molestarnos, nadie quiere sacarte de tus casillas. Todos necesitamos ayuda, y a veces simplemente expresando que entendemos la importancia que eso tiene para el otro, pero reconociendo nuestra inhabilidad de hacer lo que nos está pidiendo, hacemos lo más auténtico y honesto que se puede hacer.

Ser auténtico no garantiza un resultado placentero, pero sí que está relacionado directamente con la empatía. Ser auténtico no es solo observar la situación desde la perspectiva de qué es lo que los demás están intentando hacerme a mí, desde una posición de defensa y ataque, sino desde el punto de vista de la otra persona, evaluando cuál es nuestra posición y si lo que pide es algo que estamos dispuestos a dar. La otra persona tiene derecho a pedir y nosotros a decir que sí o que no.

A menudo nos sentimos molestos cuando otra persona nos pide algo, ya que nos pone en el compromiso de tener que decidir entre decir que sí o poner nuestros límites sobre la mesa y decir que no. Para ser auténticos tenemos que cultivar el coraje de ser imperfectos y equivocarnos, y aprender a trabajar con nuestra propia vulnerabilidad y a no tener miedo de mostrarnos tal y como somos: con todas nuestras imperfecciones, merecedores del amor y cariño de los demás.

Así pues, ser auténtico es estar en el presente, conectar con nuestra esencia, conducirse con convicción y naturalidad y hablar con honestidad e integridad sobre lo que pensamos.

 EJERCICIOS PARA PROGRESAR:
Autorízate a ser natural y auténtico

En una situación tenemos muchas posibles respuestas, pero, elijas la que elijas, debes sentirte a gusto con ella y asegurarte de que cumple con tus convicciones y tus principios.

- **Consciencia de uno mismo:** la autenticidad no es un atributo que tenemos, sino un objetivo que hay que tratar de alcanzar. Las presiones sociales de cómo deberíamos ser y no somos dictan la inautenticidad de la que estamos rodeados. Coge boli y papel y define qué significa para ti ser auténtico e incluye también lo que no es ser auténtico.
- **Reconoce la máscara que llevas:** todos somos humanos y llevamos máscaras que nos esconden de nuestro miedo, en busca de ser alguien que no somos por un ratito. No siempre es algo malo, ya que no podemos utilizar nuestro auténtico yo en todos los ámbitos, pero es bueno ser consciente de cuáles son las máscaras que llevamos. Dibuja en un papel la máscara que llevas puesta y escribe en palabras o dibuja lo que esa faceta está mostrando de ti, o bien qué es lo que esconde tu máscara: desde cómo te hace sentir (protegida, segura...), hasta qué es lo que intenta tapar (vulnerabilidad, desprotección...) y en qué te ayuda (humor, soy más atrevida...).
- **Sé vulnerable:** las máscaras nos sirven para tapar quiénes somos en realidad. Por ello, debemos aceptar nuestra imperfección, la posibilidad de equivocarnos: somos humanos, todos cometemos errores y debemos tener la suficiente confianza y vulnerabilidad para admitirlo.
- **Acepta el *feedback* como un regalo:** acepta la opinión que tienen los demás sobre ti. Hay cosas que no eres capaz de ver que sí ven los demás a través de esa máscara que llevas tan bien colocada cada día. Si eres auténtico con los que te rodean, ellos

también lo serán contigo y podrán decirte las verdades sabiendo que independientemente de si estás de acuerdo o en desacuerdo aceptarás agradecido el comentario.

HABLAR CON EMPATÍA

Hemos visto, en el apartado sobre el diálogo auténtico, cómo podemos expresar nuestras necesidades teniendo en cuenta las de los demás de forma empática. Hablar con empatía a uno mismo y a los demás es un ejercicio que nos ayuda a cambiar de perspectiva: dejamos de sentirnos heridos por lo que nos han hecho o nos han dicho, ya que quejarnos y sentirnos impotentes no cambia nada.

Así, podemos decidir, podemos responder y decir que no cuando no nos parece bien o cuando lo que han dicho nos ha herido. Sin embargo, al final la empatía es también responsabilidad, entender que cada situación no admite un solo punto de vista, y que entender a los demás y ser capaces de ponernos en su lugar es el primer paso para el entendimiento.

 EJERCICIOS PARA PROGRESAR:
Habla de tus necesidades

Muchas veces nos sentimos atacados por lo que han hecho los demás; sentimos que nos han herido en nuestro orgullo y nuestro corazón. Y buscamos la respuesta en los lugares equivocados: en la revancha, en ser los merecedores de la verdad única y en la idea de que los demás simplemente son malas personas. Pero lo cierto es que, por más en desacuerdo que estés con alguien, esta actitud herida no te servirá ni estará justificada, ya que siempre podrás entender por qué lo ha hecho esa persona, cómo visualiza el problema en su cabeza.

En cualquier situación:

- Habla de ti y de tus necesidades. Aquí es donde puedes construir este diálogo auténtico.
- No reproches a la otra persona lo que te ha hecho o lo que hubiera tenido que hacer. Es tu ego quien habla.
- Si de verdad quieres solucionar el problema, debes comunicarte, expresar tus necesidades y dar espacio a la otra persona para que haga lo mismo.

Vamos a hacer un ejercicio consistente en transformar nuestras quejas sobre el comportamiento del otro en la comunicación de nuestras necesidades. Aquí tienes algunos ejemplos; haz lo mismo para ti: escribe en un papel las quejas y después reescríbelas desde ti, desde tus necesidades.

- Quejas sobre el comportamiento del otro: «Eres un desorganizado, siempre está todo tirado por el suelo».
Tus necesidades: «Me siento frustrado cuando hay cosas en el suelo».
- Quejas sobre el comportamiento del otro: «Me deprimes y me bajas la autoestima».
Tus necesidades: «Me he sentido deprimido e infeliz últimamente».
- Quejas sobre el comportamiento del otro: «Nunca hacemos nada divertido, siempre estás encerrado en la habitación».
Tus necesidades: «Siento la necesidad de salir y hacer otro tipo de actividades. Hoy por la tarde saldré un rato».

Cubrir tus necesidades en gran parte depende de ti, pero si lo formulamos en voz alta la otra persona tiene la oportunidad de entender tus porqués. Si eliminamos el ataque y el juicio hacia el comportamiento del otro y lo centramos en nosotros, en expresarnos y comunicarnos, podremos tener conversaciones más auténticas y más empáticas.

Por otra parte, comunicar tus necesidades no es un camino de un solo sentido: los demás tienen el mismo derecho y deber de hacerlo. Por lo tanto, escucha, acepta, reflexiona y decide.

LIBRARNOS DEL JUICIO Y EL RESENTIMIENTO

Es muy fácil hacer juicios de valor: alguien ha entrado en un espacio delicado, ha traspasado nuestros límites y nos sentimos heridos y ultrajados. Pero puede que hayas sido tú mismo quien ha traspasado tus propios límites y te juzgas a ti del mismo modo que juzgas a los demás.

Juzgar es la manera más fácil de otorgarnos argumentos lógicos de por qué lo que pensamos es lo correcto: porque solo hay una versión correcta de la historia, y esa es sin ninguna duda la nuestra.

Entonces, con el juicio en el centro, volvemos a la dualidad de lo que está bien y lo que está mal, ganar o perder, yo tengo razón o tú tienes razón. Mientras que la verdad es normalmente un compromiso en el medio, ni tú ni yo. Quizá ambos tenemos razón en distintas áreas y todos debemos reconocer nuestros errores sin miedo a ser juzgados.

Tenemos que ser conscientes de que estamos decidiendo juzgar a otros. Tanto juzgar como tener miedo de ser juzgado son señales de alarma. No es que el concepto de juzgar sea incorrecto; simplemente, observa si te hace daño a ti y a los demás.

- ¿Por qué estás juzgando?
- ¿Qué expectativas no realistas tienes?
- ¿Cómo puedes entender qué es lo que siente la otra persona?
- ¿Cómo puedes averiguar qué hay detrás de lo que dice?
- ¿Qué aprecias de la otra persona?

¿Y cuando nos juzgan a nosotros? Tenemos miedo de que se hagan una imagen de nosotros que no sea verdad, que no sea la que queremos transmitir. No podemos controlar la imagen que otros se hacen de nosotros, pero sí podemos ser auténticos y expresar y comunicar nuestras necesidades de forma empática.

Solo cuando te liberas del juicio puedes ser auténtico. Si aceptas con curiosidad y empatía lo que puedan opinar otros de ti sin que ello defina tus acciones, habrás superado el miedo a ser juzgado. Pregúntate lo siguiente:

- ¿Por qué me importa lo que piense de mí esa persona?
- ¿He hecho lo que me dicta el corazón?
- ¿Estoy en paz con mi decisión?
- ¿Hay algo que no he explicado o dicho que podría ayudar a la otra persona a entenderme mejor?
- ¿Qué pasa si no me entienden y me juzgan?

La verdad es que no puedes evitar ser juzgado, pero sí puedes evitar hacer algo que vaya en contra de tus principios. Cuando haces lo que quieres hacer, siendo justo y fiel a tu verdad, lo que puedan pensar otros sobre ello es secundario. Lo que importa es lo que piensas tú de ti mismo, así como la opinión de la gente que te importa, que es un grupo selecto de personas, tu tribu del alma. Dale un giro radical al juicio de los demás y transfórmalo. Pregúntate:

- ¿Qué puedo aprender yo de esto?
- ¿Por qué tengo miedo de ser juzgado?
- ¿Qué es lo peor que puede pasar? Sin entrar en una espiral catastrófica de pensamientos, reflexiona sobre las consecuencias

que puede tener y te darás cuenta de que en la visión global de las cosas seguramente es una menudencia.

- ¿Qué agradezco de este juicio? Puedes agradecer la honestidad y la valentía de quien te ha contado cómo se siente, por muy opuestas que sean vuestras opiniones.

ESCUCHA ACTIVA

Escuchar es uno de los pilares de la comunicación, pero se trata de algo que no hemos practicado con suficiente consciencia, y que halla su máxima expresión en la escucha activa.

La mayoría de las veces oímos más que escuchamos: nos hablan y prestamos una atención parcial, como si estuviéramos escuchando la radio, pero sin digerir las palabras una a una. La escucha activa es estar presente en el momento, escuchar con la mente, el cuerpo y el corazón. Notar que toda tu esencia está allí, en esa conversación, participando de entender, de empatizar, de escuchar. Cuando notas que en tu cabeza ya está llegando el discurso de lo que quieres decir, escúchate por dentro.

Que se pare todo el mundo que quiero escupir lo que tengo que decir. Un momento, ¿no era tu momento de escuchar? Si estás pensando en qué es lo siguiente que vas a decir en vez de estar escuchando lo que aporta la otra persona, no estás practicando escucha activa.

Te sorprenderás de las conclusiones a las que puedes llegar si de verdad escuchas a la otra persona y haces preguntas para entenderla mejor. Centramos nuestros esfuerzos en querer enterrar el problema, buscar una solución, poner ese pensamiento en una caja con la solución correcta y apartarla de nuestra vista.

Sin embargo, muchas veces la solución a un problema no es la parte importante. La parte esencial es entender cuál es el problema y por qué se da. Intentar solucionarlo viene después.

EJERCICIOS PARA PROGRESAR:
Empatiza sin solucionar el problema

Empatizar no significa estar de acuerdo con todo lo que diga la otra persona. Por otro lado, el juicio interfiere en tu habilidad para empatizar y ponerte en el lugar de la otra persona, ya que juzgar implica tener ya una opinión formada: estás en cierto modo excluyendo la perspectiva del otro y la posibilidad de que su visión pueda formar parte de tu opinión.

Frente a ello, reemplaza el juicio por la curiosidad:

- Haz preguntas abiertas en las que la respuesta no pueda ser sí o no.
- Resume lo que hayas entendido hasta el momento de lo que te ha contado la otra persona.
- Después de tu resumen de lo que has entendido, pregunta si te has dejado algo o si hay algo que no has entendido bien.
- Haz preguntas que no requieran ser respondidas en la conversación, pero que sean un buen punto de reflexión para la otra persona.
- Intenta no hacer juicios de valor a través de tus preguntas, ni que estas confirmen o refuten tu teoría, como en «¿verdad qué...?», ya que estarás opinando implícitamente en la pregunta.

La realidad es que deseamos ser escuchados. Todos tenemos tendencia a querer solucionar los problemas de los demás y a saltar directamente para darles soluciones sin concederles tiempo para pensar, reflexionar y digerir la información sobre la situación.

- Pregunta cuáles son sus necesidades.
- Averigua cómo se siente.
- Intenta detectar la emoción y preguntarle por ello.

Nadie sabe mejor que tú mismo lo que debes hacer, pero sentirte escuchado, valorado y abrazado por los demás es más importante que solucionar el problema en sí.

10

ESPACIO FÍSICO: TU ENTORNO

El espacio que nos rodea, los elementos que lo componen y cómo interactuamos con ellos nos afectan más de lo que podría parecer a simple vista. Cuando llegas a un lugar que huele bien, es diáfano y está ordenado, tiene luz natural y ningún ruido que te impida hablar o hacer lo que estás haciendo, te sientes tranquilo.

Para los empáticos es muy importante tener un espacio propio en el que poder controlar el olor, la luz y los demás elementos para sentirse seguros y cómodos. Puede ser tu propia habitación, un despacho o un pequeño estudio; cualquier lugar de la casa que puedas hacer tuyo. Si vives con más gente, encuentra un espacio en el que te puedas refugiar y sentirte en paz cuando necesites ese tiempo de soledad que el empático precisa para recargarse antes de volver a salir ahí afuera.

Voy a poner dos ejemplos de empresas que se toman muy en serio la experiencia de sus clientes en sus tiendas, y que tienen en cuenta los aspectos del entorno que más nos afectan a los empáticos, quienes percibimos con especial agudeza todos y cada uno de los detalles, olores, sonidos y materiales que nos rodean y que por tanto resultan de vital importancia para nuestro bienestar.

Una de ellas, que ofrece en sus tiendas un claro ejemplo de lo que sería un entorno dispuesto con cuidado, es Natura, cadena muy extendida en Europa que vende ropa y accesorios. Si te fijas en el interior de sus tiendas, no hay una gran cantidad de productos expuestos, sino que disponen de un sencillo sistema de expositores, unos en forma de estanterías a distintas alturas y otros en forma de muebles a ras de suelo, pero siempre dejando un espacio entre un producto y otro, creando de esa forma una sensación de espacio, de orden entre los productos, y la clara impresión de que cada producto tiene un lugar específico designado.

Asimismo, cuando entras en una tienda Natura y percibes la intensidad justa de luz junto al olor tan particular, te sientes como si hubieras llegado a la sala de bienvenida de un retiro espiritual. Por lo demás, los materiales utilizados en sus productos se caracterizan por ser en su gran mayoría naturales: madera, algodón, lino, etc.

Otra empresa que entiende muy bien la manera en que el entorno nos condiciona es Anthropologie, una marca de origen estadounidense, muy extendida en las grandes ciudades de aquel país y que vende ropa de mujer, accesorios y decoración y muebles para el hogar. Nada más entrar en una tienda de Anthropologie lo primero que te llega es ese olor a paraíso difícil de describir pero que te atrapa. Para mí, entrar en este lugar es como encontrar la paz: el olor es lo primero que percibes, pero la distribución de la tienda y cómo exponen los productos en zonas diferenciadas contribuye enormemente a la paz que genera el espacio.

> ## ¿Sabías que...?
>
> Está comprobado[41] que en ambientes donde se halla presente la madera como material esta interfiere en los estados emocionales de las personas.
>
> La evidencia parece apuntar a que las personas tenemos un conocimiento innato de que la madera crea ambientes saludables. De hecho, las habitaciones con madera se perciben como positivas en el sentido de acogedoras, relajantes, naturales... En definitiva, espacios que invitan.

En las tiendas de Anthropologie existe un orden muy claro: ya estén en estanterías, dentro de muebles, encima de mesas, en expositores bajos o altos, los productos están agrupados visualmente de forma que tengan una temática común. Es como si estuvieras visitando la casa de alguien: se con-

---

41 Rice, J. *et al.* «Appearance wood products and psychological well-being». *Wood and Fiber Science*, 38 (4), 644-659.

sigue un ambiente acogedor y todo tiene su lugar. A esa sensación de paz y armonía también contribuyen los materiales usados y sus colores vivos.

Por otro lado, la experiencia es muy diferente de la habitual en otras tiendas de Estados Unidos: nadie viene a molestarte o a preguntarte si necesitas ayuda, te dejan recorrer la tienda con tranquilidad y a tu ritmo. Muchas veces te ofrecen té o algún tipo de bebida en la entrada de la tienda y puedes disfrutar de la experiencia de recorrerla tranquilamente con tu bebida.

En definitiva, al entrar en Anthropologie tienes la impresión de acudir de invitado a casa de alguien, de que no necesitas preocuparte por tus necesidades porque el anfitrión las tiene cubiertas.

LA LUZ Y SU INTENSIDAD

La luz es esencial para sentirse bien en un espacio. Estar en una habitación o sala con luz natural es muy importante para la salud, puesto que la luz del sol es la que estamos acostumbrados a recibir y una estancia con luz natural nos llena de vida.

¿Has ido alguna vez a un restaurante cuya luz es tan intensa que te sientes como en una mesa de quirófano? La luz importa, y mucho, ya que afecta a tu comportamiento, a cómo te sientes en un lugar e indudablemente tiene un efecto sobre tu estado de ánimo.

¿Te has fijado, por ejemplo, en que en los restaurantes de comida rápida la luz siempre es blanca e intensa? Su objetivo es que sus clientes estén poco rato comiendo sentados, o incluso que se planteen llevarse la comida a otro lugar. Así, este tipo de cadenas también tiene muy en cuenta el entorno, pero con la intención de conseguir el efecto contrario: quieren que te vayas rápido de su establecimiento. Y ¿quién no desea huir cuanto antes de esas sillas extremadamente incómodas y esa luz de quirófano?

La luz natural debe ser tu prioridad en una habitación. Si no es posible disfrutar de ella, lo importante es que las luces sean regulables y tenues. Las luces de pie o tener diferentes tipos de luces en un espacio te permitirá regular y utilizar las que necesites en cada momento.

¿Sabías que...?

La luz natural es un elemento de vital importancia en la configuración del ambiente que reina en un espacio. La luz natural del sol y el tamaño y número de ventanas de una habitación pueden incrementar tu felicidad, tu tristeza o incluso agravar tu ansiedad.

Un estudio de 2002 [42] concluía que la presencia de luz natural es uno de los factores más importantes a la hora de incrementar las ventas en establecimientos, así como de mejorar el rendimiento humano.

Por ello, aléjate de las luces blancas fluorescentes y de todo tipo de luces artificiales que sean extremadamente brillantes. Por la noche, es importante que, conforme la luz del día se vaya apagando, la luz de tu casa o del lugar donde estés también vaya adaptándose al momento del día, y que su intensidad vaya descendiendo a fin de prepararte para ir a dormir y descansar.

Tu cuerpo está preparado para levantarse y activarse cuando sale el sol y listo para irse a dormir cuando este se pone. Es recomendable no estar en contacto con aparatos electrónicos al menos una hora antes de ir a dormir, ya que la luz de estos, incluso con filtros específicos, afecta a nuestros ritmos circadianos e interviene en nuestro ciclo del sueño. Prueba a desconectarte de tus aparatos electrónicos una hora antes de ir a dormir y notarás la diferencia. Durante esa hora de desconexión electrónica puedes hacer todas esas cosas para las que nunca tienes tiempo y que disfrutas y te relajan, como leer, escuchar música, pintar, escribir...

RUIDO, SONIDOS Y MÚSICA

El ruido nos acompaña allá donde vamos. En la ciudad, los ruidos están la mayor parte del día en plena ebullición: oímos coches acelerando y frenando, sirenas de ambulancias, móviles que suenan, música en las tiendas o canciones a todo volumen saliendo de coches con las ventanillas abiertas y equipados con el último sistema de sonido del mercado...

---

42 Heschong, L.; Wright, R. y Okura, S. «Daylighting Impacts on Retail Sales Performance». *Journal of the Illuminating Engineering Society*, 31 (2), 21-25.

Sin embargo, también estamos rodeados de ruidos o sonidos agradables que nos provocan emociones: oír a un niño reír, escuchar el sonido de los pájaros, las olas del mar cuando tocan la orilla, una canción que nos gusta...

Como personas sensibles que somos, el ruido nos afecta, y estar en un lugar lleno de ruidos desagradables para nosotros puede hacernos sentir muy incómodos. Por ello, conseguir controlar en cierta medida el ruido del ambiente o los sonidos que nos rodean puede cambiar a mejor nuestro estado de ánimo y aumentar nuestro bienestar. Poder aislarnos poniéndonos los auriculares y decidiendo el sonido o música que queremos oír es importante, ya que nos ayuda a centrarnos y a estar más cómodos.

La música contribuye a mejorar nuestro humor y nuestro estado emocional: al conectarnos con la historia que se cuenta y al adentrarnos en la melodía que suena, nos ayuda a procesar nuestras propias emociones o a inspirarnos y a pensar. Así pues, genera tus propias listas de música para cada ocasión —o utiliza otras ya hechas— y tenlas disponibles para cuando las necesites: para cuando estés triste y necesites procesar esa emoción, para cuando quieras tranquilidad y serenidad...

Te recomiendo que explores más allá del tipo de música y sonidos a los que estás acostumbrado. Quizá no hayas probado nunca a escuchar música de yoga y meditación, sonidos de la naturaleza como cascadas de agua o ruidos de animales —los cuales pueden resultar muy relajantes y placenteros— o melodías con boles tibetanos o boles de cristal.

ASMR (RESPUESTA SENSORIAL MERIDIANA AUTÓNOMA)

La ASMR (Autonomous Sensory Meridian Response, por sus siglas en inglés) es la Respuesta Sensorial Meridiana Autónoma, un fenómeno biológico caracterizado por una sensación placentera como respuesta a estímulos visuales y auditivos que normalmente se localiza en la cabeza o en el cuello, pero que también puede manifestarse difundida por todo el cuerpo.

Muchas personas utilizan la ASMR para dormir mejor, para relajarse o simplemente para experimentar esa sensación de cosquilleo en el cuerpo que producen ciertos sonidos. La ASMR se ha hecho muy popular en plataformas de vídeo *online* en las que puedes oír diferentes tipos de sonidos. Pensemos en la sensación que nos produce que alguien nos susurre en la oreja: notamos el aliento de la otra persona y también la vibración de sus palabras; nuestra piel del cuello reacciona y se eriza, pero es una sensación agradable. Pues bien, este podría ser uno de los sonidos grabados en ASMR, ya que al escucharlo tendrías la misma sensación que si alguien te estuviera susurrando en la oreja.

Los sonidos ASMR pueden ser ambientales, como en el caso de una ceremonia del té con el sonido del líquido al caer y el de la cerámica al tocarse, o procedentes de acciones concretas como susurrar o hacer cosquillas.

Los investigadores aún no tienen todas las claves para entender el fenómeno ASMR: no todas las personas pueden tener una experiencia ASMR en la que sientan lo mismo que si les estuvieran susurrando en la oreja o como si estuvieran de verdad en el ambiente y lugar donde se producen los sonidos. Pero, con independencia de si puedes llegar a tener una experiencia puramente ASMR, vale la pena explorar este tipo de sonidos y ver qué efecto producen en ti. Pueden resultar muy efectivos para relajarte, descansar o incluso para entrar en un estado mental de contemplación y meditación.

> *¿Sabías que...?*
>
> El primer estudio[43] sobre la ASMR reveló que aquellos que podían experimentar dicho fenómeno veían reducido significativamente su ritmo cardiaco a 3,14 latidos por minuto, además de describir sus síntomas: un cosquilleo en el cuerpo y en la cabeza acompañado por sensaciones de calma, relajación y conexión social.

EL ORDEN

El espacio en el que vives es una imagen del estado de tu mente y de tu cuerpo: un cuerpo y una mente desordenados vivirán en un espacio desordenado.

El orden indudablemente trae paz y armonía. Poder ver la superficie

---

43 Universidad de Sheffield. «Brain tingles: First study of its kind reveals physiological benefits of ASMR». *ScienceDaily*, 21 de junio de 2018. Accesible en: www.sciencedaily.com/releases/2018/06/180621101334.htm

de los muebles, no encontrar nada por el suelo, tenerlo todo en el lugar asignado y no toparte con una lista de tareas por hacer cuando miras a tu alrededor es esencial para estar en paz. Es más, te darás cuenta de que cuanto más orden consigas más armonía sentirás, e incluso cambiará la forma en la que vives en tu espacio o en la que lo utilizas.

La clave del orden es que todas las cosas que posees tengan un lugar asignado donde guardarse o colocarse y que todos los miembros de la casa sepan dónde se guardan todas y cada una de las cosas. Cuando no sabemos qué hacer con ellas porque no tienen un lugar asignado, siempre ocurre lo mismo: se van generando montones de papeles, de libros, de lo que quieras, pero montones en el suelo, encima de los muebles... Montañas de cosas que no tienen un lugar asignado.

Lo cierto es que no estamos preparados para tomar decisiones cada día acerca de dónde pongo esto o aquello o cuál es el lugar asignado para ciertos objetos; por ello, estas decisiones tienen que tomarse de antemano.

¿Sabías que...?

El modelo de orden de Marie Kondo, también llamado método KonMari, explicado en su libro *La magia del orden*, reúne una serie de directrices basadas en tener las pertenencias necesarias. Es decir, solo aquellas que te hacen feliz.

Un estudio científico[44] realizado en torno a este método ha llegado a la conclusión de que la relación que tenemos con los objetos que poseemos define nuestra felicidad en tanto que consumidores: puesto que organizar y clasificar los objetos nos permite darles valor y utilidad, ya que tienen un cometido en nuestro hogar, establecer un sistema de organización y clasificación en casa es esencial para nuestro bienestar.

Por otro lado, además de permitirnos ganar control y sentirnos aliviados al deshacernos de objetos innecesarios, este sistema también regula nuestra relación con los objetos, que con el tiempo pasan de un estado al otro —posesión, asentamiento y deshacerse de la posesión—, en un proceso que redunda en beneficio para el bienestar de la persona.

---

44 Hsin-Hsuan, M. L. «In Pursuit of Happiness: Phenomenological Study of the Konmari Decluttering Method». *Advances in Consumer Research*, 45, 454-457.

Un ejemplo clásico de situación en la que tener lugares asignados para dejar las cosas es clave para el éxito es el momento en el que llegamos a casa. Sin duda, la primera decisión tenemos que tomarla a los pocos segundos de entrar por la puerta: ¿dónde dejo las cosas?

En lo que a mí respecta, cuando llego a casa voy con el bolso o una mochila colgada, la chaqueta y en la mano las llaves que he utilizado para abrir la puerta. Lo primero que quiero hacer es poder dejar todas esas cosas, quitarme los zapatos y liberarme de todo lo que llevo en las manos y a cuestas. Antes, normalmente lo que hacía era quitarme los zapatos, cada uno de los cuales salía disparado en una dirección, dejaba la chaqueta y el bolso de cualquier manera en el comedor y las llaves por ahí —de hecho, luego me costaba trabajo encontrarlas—. Entonces empezaba la odisea para buscar mis zapatillas, a ver dónde se me había ocurrido dejarlas el día anterior.

Que fácil es ahora para mí llegar a casa y, nada más entrar, dejar las llaves en un cuenco que hay sobre una estantería, colgar mi chaqueta y mi bolso en sendos colgadores, quitarme los zapatos en un banquito que tiene debajo una rejilla para guardarlos y ponerme las zapatillas.

Parece una tontería, pero automatizar procesos como estos, que son necesarios en el día a día, y asignar un lugar para cada cosa es esencial para mantener el orden y la cordura. Y quizá al principio constituya un gran cambio, pero ahora no solo encuentro las llaves sino que además no debo preocuparme porque sé que llegar a casa y descargar todo lo que llevo es fácil y estaré cómoda en dos minutos.

EL MINIMALISMO

El minimalismo se ha puesto de moda, pero la mayoría de las personas no se plantean la razón que subyace a esta tendencia.

Tener pocas pertenencias no debería ser un objetivo: el objetivo debería ser tener solo las necesarias, ni más ni menos. Estamos acostumbrados a acumular, a quedarnos regalos que no nos gustan, a comprarnos cosas que no nos van bien y a hacer todo lo posible para no tener que tomar una decisión al respecto: esa camiseta feísima que odias que está al final del cajón y que no te has puesto nunca, o ese vestido con etiqueta y todo que en el momento de comprarlo te pareció una buena inversión pero resulta que nunca vas a ningún lugar donde puedas ponértelo.

A veces guardamos objetos con la esperanza de que nuestra vida cambie, de que las cosas sean diferentes, y ello por no tomar una decisión, por aferrarnos a un sentimiento o a un momento que ese objeto nos hace recordar. Sin embargo, la verdad es que lo que te hace recordar, lo que te hace ser feliz, eres tú y no las cosas que posees.

Líbrate, pues, de todo lo que posees que no te haga feliz o que no sea necesario. Cuantas menos cosas tengas, menos lugares deberás asignar, menos decisiones deberás tomar y, en vez de ser esclavo de tus cosas, las cosas que tienes te traerán paz y felicidad.

Ahora bien, para llegar a ese punto debes primero saber qué cosas tienes, pues amontonar y guardar sin ningún tipo de método nos hace perder de vista lo que poseemos, y no ser conscientes de lo que tenemos solo nos lleva a acumular más cosas.

LOS OLORES

Los olores nos transportan a distintos lugares. Hay lugares que se han quedado grabados para siempre en nuestra memoria gracias a su relación con un olor concreto. Seguro que puedes acordarte del olor de tu plato preferido que hace tu madre, o cómo huele la casa del pueblo o el aula de tu escuela cuando de pequeño llegabas por la mañana.

Para los empáticos son muy importantes los olores. Como ya se ha apuntado, tener un sistema nervioso sensible implica que todos los sentidos pueden estar más desarrollados, y el olfato es uno de ellos. Los olores pueden marcar la diferencia entre una experiencia agradable y una nefasta. ¿Has llegado alguna vez al ascensor y un olor a perfume concentrado te repugna hasta el punto de que dejas de respirar o subes por las escaleras? O, al contrario, hueles un aroma que te produce paz y estar envuelto en ese olor te arranca una sonrisa.

En las tiendas de perfumes, la suma de olores entremezclados —los perfumes de la tienda, más los perfumes que llevan los clientes y su olor corporal, más los ambientadores y el aire acondicionado— configura un cóctel molotov muchas veces insoportable para los empáticos.

En resumen, un olor cambia tu percepción de un lugar. Es importante que lo tengas en cuenta y utilices los olores en tu beneficio para cambiar tu estado de ánimo, para relajarte o simplemente para sentirte más cómodo en un lugar.

Aromaterapia: aceites esenciales

Los aceites esenciales son concentrados que contienen los principios activos de flores, raíces, árboles, hojas y hierbas. Estos compuestos son antisépticos y los responsables de dar a las plantas su olor.

Para utilizar los aceites y que difundan su aroma por una habitación puedes utilizar un difusor manual o electrónico. Los difusores manuales funcionan con una vela pequeña, suelen ser de cerámica y tienen un cuenco arriba para poner el aceite y un espacio debajo para poner la vela, que con el calor hará que los aceites se desprendan. Los difusores electrónicos se pueden conectar a la corriente, funcionan normalmente con agua y emiten vapor junto con el aceite esencial.

> *¿Sabías que...?*
>
> Un reciente estudio[45] ha encontrado un efecto positivo relevante de la aromaterapia en la reducción del dolor. Según los autores del estudio, los resultados indican que la aromaterapia debería ser utilizada como complemento en los tratamientos del dolor, ya que se ha comprobado que no presenta efectos adversos y muestra cualidades analgésicas.

Hay cientos de aceites esenciales y miles de marcas: preparados de un único aceite, mezclas de distintos aceites e incluso mezclas especiales para distintos objetivos (aceites para meditar, para relajar...).

Descubre por ti mismo qué aceites te gustan más y los efectos que tienen en ti. He aquí un pequeño resumen de algunos esenciales y sus efectos:

- **Calmar:** jazmín, sándalo, ylang-ylang, bergamota.
- **Dormir:** lavanda, vetiver, camomila, frankincense (incienso).
- **Energía:** albahaca, cítricos (limón, lima, mandarina y pomelo).
- **Atención:** pino, menta piperita, romero, madera de cedro.

Puedes incluir también los aceites esenciales en la bañera o conseguir sales con aceites esenciales. Asimismo, existen productos tales

---

45 Lakhan, S. E.; Sheafer, H. y Tepper, D. «The Effectiveness of Aromatherapy in Reducing Pain: A Systematic Review and Meta-Analysis». *Pain Research and Treatment*, 2016, 8158693. Accesible en: http://dx.doi.org/10.1155/2016/8158693

como cremas y aceites corporales que contienen una dosis de aceites esenciales para usos tópicos, o incluso joyería porosa que viene preparada para añadir aceites esenciales y llevarlos contigo.

Velas, incienso y palo santo

Las velas también cambian la energía de una habitación, y si además tienen olor, mejor que mejor. Para escoger el olor de las velas, puedes seguir las mismas pautas que para los aceites esenciales. Las hay de multitud de colores, formas, tamaños y olores, y además las puedes utilizar como elementos decorativos. Por mi experiencia, te recomiendo las velas con olores de la naturaleza: hay velas con olor a océano, madera, bosque, etc. Pueden contribuir a calmar tu sistema nervioso, ya que el olor te ayuda a transportarte a la naturaleza, a un lugar de paz.

El incienso son unos palitos de olor que se encienden y se van quemando poco a poco, desprendiendo su olor a través del humo que generan. Hay un gran número de olores y esencias; explora los que más te gusten.

El palo santo, por su parte, es un árbol muy típico de Sudamérica cuya madera es muy utilizada por las tribus chamánicas en rituales y en medicina natural. Se puede comprar en pequeños trozos de madera que se prenden y que, al quemarse poco a poco, van desprendiendo un olor muy particular, para muchos relajante y se dice que con capacidad para limpiar la energía del espacio donde se utiliza.

Los químicos

La sensibilidad a los olores, en especial la que demuestran determinadas pieles, puede hacer que los productos químicos generen alguna reacción o que los olores de algunos de estos productos no sean agradables al olfato. Por suerte, existen muchas alternativas entre los cosméticos, los productos de limpieza y los jabones para el lavado de ropa que no utilizan químicos y que están hechos exclusivamente de productos naturales y aceites esenciales.

Los productos naturales, además de ser tanto o más efectivos que los químicos para su propósito, no son dañinos para la salud y desprenden un olor natural que parecerá que hayas puesto el difusor de aceites esenciales. Para mí fue un cambio muy positivo dejar de utilizar quí-micos en cosméticos, jabones y productos de limpieza y de lavado de ropa en casa. Hasta ese momento no me di cuenta de hasta qué punto muchas de las erupciones cutáneas, así como la sequedad y rojeces que sufría, se debían al uso de este tipo de productos químicos.

11

TÉCNICAS PARA VIVIR MEJOR CON TU SENSIBILIDAD

Has llegado a la parte más práctica del libro, donde aprenderás ejercicios y técnicas para trabajar los problemas más comunes que nos encontramos los empáticos en el día a día.

Tómate tu tiempo para analizar cómo cada una de las técnicas y temas presentados a continuación se podrían aplicar a tu caso. Te aconsejo que tengas un papel y un boli a mano y vayas apuntando, en función de lo que sea importante para ti, las técnicas que quieras practicar y los hábitos que desees adquirir.

En este sentido, el presente capítulo no está pensado para ser leído de un tirón, ya que practicar los distintos ejercicios y técnicas te tomará un tiempo.

Paralelamente a la lectura, es recomendable que cuando te encuentres en una situación determinada, o la analices más tarde, puedas ir decidiendo, con arreglo a los patrones de conducta que observes, qué técnicas de entre las presentadas podrían aportar beneficios en dicha situación. Algunas de ellas son complementarias entre sí, e incluso podrían utilizarse indistintamente en cada uno de los apartados. Todas ellas te ayudarán a estar en equilibrio y en conexión contigo mismo.

Verás que también he incluido recomendaciones sobre terapias, apuntes sobre áreas que puedes explorar por tu cuenta y prácticas que no cubro en el libro pero que pueden ayudarte a encontrar nuevos caminos para vivir mejor.

Al final del libro encontrarás un apartado de recursos en el que se recomiendan contenidos audiovisuales (series y música, principalmente) complementarios a las técnicas y conceptos explicados a lo largo de los capítulos.

TÉCNICAS PARA MEJORAR TU RELACIÓN CON TU JUEZ INTERNO

El juez interno es esa vocecita que tenemos en la cabeza, el mini-yo que cuestiona, analiza y juzga todo lo que haces. En mi caso, a mi juez interno lo llamo Pepa, porque es el Pepito Grillo del cuento de Pinocho, siempre dando la vara y persiguiéndome.

Ponerle un nombre a tu juez interno te ayuda a desvincularlo de ti: tu juez interno no eres tú; tu mente no eres tú; tu mente es una herramienta muy valiosa que te ayuda a planificar, a contemplar todas las opciones. Tu mente y tu juez te ayudan a ser crítico y a adelantarte a los problemas que puedan venir... Pero no puedes dejar que tu juez interno lleve las riendas de tu vida. Si estás siempre preocupado por el futuro no puedes disfrutar del presente, y este pasa rápido. Cada momento perdido no vuelve, y es una oportunidad de ser feliz que desaparece.

Veamos a continuación algunas técnicas para mantener a raya al juez interno.

¿Sabías que...?

Varios estudios[46] han demostrado que cambiar el lenguaje del discurso interno de nuestra mente influye en nuestra manera de pensar, sentir y comportarnos, el cual, por otra parte, está sumamente influida por el estrés social (de hecho, también se ha demostrado que el discurso interno influye en nuestras reacciones en eventos que pueden provocar ansiedad social, como las presentaciones en público).

Por ejemplo, referirse a uno mismo mediante su nombre en lugar de utilizar pronombres en primera persona del singular durante el momento de reflexión interna ayuda al distanciamiento y, con

---

46 Kross, E. *et al.* «Self-talk as a regulatory mechanism: how you do it matters». *Journal of Personality and Social Psychology*, 106 (2). 304-324. Accesible en: https://www.ncbi.nlm.nih.gov/pubmed/24467424

ello, a situar a futuros estresores en una posición menos amenazante. «Meritxell, tienes que levantarte a las 7 a. m.», en lugar de: «Debo levantarme a las 7 a. m.».

Así pues, pequeños cambios en el lenguaje que usamos para referirnos a nosotros mismos internamente pueden tener una gran influencia a la hora de regular nuestros pensamientos, sentimientos y comportamientos frente a situaciones socialmente estresantes.

Empatía y compasión por uno mismo

Parecerá una obviedad, pero el tono y el lenguaje de tu voz interna importan, y mucho: tu voz interna tiene un efecto directo sobre tu confianza y tu estado emocional. Por ello, pregúntate:

- ¿Cómo es esa voz interna que oyes en tu cabeza?
- ¿Es regañona?
- ¿Es compasiva y empática con la situación?
- ¿No hace más que echarte la bronca y decirte lo mal que haces las cosas?

Luego, ponle un nombre a tu juez interno para identificar cuándo es él o ella quien habla. Detectarlo te ayudará a desvincularte de esa voz.

Veámoslo con un ejemplo. Te vas de vacaciones a un país que requiere de carné de conducir internacional, y cuando llegas a tu destino te das cuenta de que te has dejado en casa el carné de conducir y tienes un coche alquilado. Sin carné de conducir no vas a ir muy lejos, de modo que tendrás que buscar una alternativa viable. En el momento en que te das cuenta de que te has dejado el carné de conducir, ¿qué dice tu voz en tu cabeza?

a) Me he dejado el carné de conducir, no me lo puedo creer, es que soy idiota; por no comprobar las cosas mira en qué situación me he metido. Soy tonta. ¿Y ahora qué? Menudo viaje, todo se ha arruinado, ahora a planificar todo de nuevo y no podré hacer lo que quería. Vaya viaje me espera. Es que no puedo confiar en mí.

b) Me he dejado el carné de conducir, quizá es porque no comprobé la cartera una última vez antes de salir de casa. No pasa nada, puedo buscar soluciones alternativas. Ahora no puedo hacer nada para cambiar lo que ha pasado. La próxima vez dejaré el carné internacional siempre con el pasaporte para no olvidármelo. ¿Qué opciones tengo ahora? Quizá puede conducir uno de mis acompañantes, podemos cancelar la reserva y coger el transporte público o un taxi...

La opción A es una fustigación constante del pasado. Se trata de algo que ya ha sucedido y no se puede cambiar, pero la voz interna intenta hacernos ver que es por nuestra incompetencia, lo que devalúa nuestra capacidad y trocea nuestra autoestima.

La opción B es la aceptación de una situación que, aunque no sea agradable y se hubiera podido evitar, puede servir para que busquemos mecanismos de cara a prevenir el mismo error en el futuro. Lo que importa es el presente, buscar opciones y seguir con un viaje que seguro que será igual o más divertido de lo que teníamos planeado.

Al final, lo importante es hablarse con cariño, con compasión y empatía, como le hablarías a un amigo, a alguien que quieres. ¿Acaso no te quieres a ti mismo? Porque, si no es así, deberías hacerlo. Nadie está más tiempo contigo que tú mismo, de forma que trátate bien.

Por lo demás, equivocarse no es un problema, y fustigarse y flagelarse por haberse equivocado no solo no garantiza evitar errores futuros, sino que hace que el concepto que tienes de ti mismo se vaya haciendo cada vez más pequeño y negativo. Así, vas cortándote las alas y generándote una imagen de incapacidad, de que ni sabes ni puedes hacer las cosas bien.

Cuando sientas que tu juez interno está en pleno discurso de castigo, hazte las siguientes preguntas:

- ¿Cuál es el problema? ¿Tiene solución?
- Si la tiene, ¿cuál es?
- Si no tiene solución, acepta la realidad y vuelve los ojos hacia lo que sí la tiene.
- ¿Cómo puedes evitar esta situación en el futuro?
- ¿Puedes entender por qué te has equivocado? Si es así, sé empático en el contexto y perdónate y deja ir el sentimiento de culpa y frustración.

Tener sentimientos negativos (frustración, rabia, enfado...) no es un problema. Simplemente hay que sentirlos, procesarlos y dejarlos ir. El problema aparece cuando nos regocijamos en ellos y se quedan a vivir en nuestra mente y en nuestro cuerpo de forma permanente. Pretender quedarnos un largo tiempo en la sensación de castigo no soluciona nuestro problema original, sino que nos crea uno nuevo: machacamos nuestra autoestima.

Por ello, pon atención a aquellas situaciones en las que tu juez interno está fuera de control, no te habla con empatía ni compasión y tiene un discurso negativo y de castigo. Ese es el primer paso: darse cuenta, notar esa voz crítica y castigadora y enderezar la situación. Introduce la empatía, cambia el tono de voz, cambia las palabras, anímate a ti mismo: tú debes ser tu mayor fan. Ser crítico y analizar lógicamente una situación no significa ser un tirano y destrozar tu moral por el camino. Tu voz interna puede a la vez ser justa, honesta, empática y realista; solo es cuestión de práctica.

> *¿Sabías que...?*
>
> La escritora Polly Campbell[47] defiende que podemos conseguir un mejor rendimiento alterando nuestro diálogo interno. Para ello debemos convertirnos en nuestra propia fuente de calma y apoyo.

Debemos ser nuestro propio *cheerleader* dentro de nuestra cabeza, dándonos el ánimo que necesitamos y apoyándonos a cada paso del camino. Automotivarte y ser tu mejor amigo en tu cabeza te llevará a obtener no solo mejores resultados, sino a crear las bases de tu éxito personal y profesional.

EJERCICIOS PARA PROGRESAR:
Háblate con amor

¿Le hablarías a un amigo de la misma forma en la que te hablas a ti? Estos son algunos ejemplos de lo que tu voz interna puede estar diciéndote:

- Estoy gordo, tengo que ponerme a dieta.
- Estos pantalones te quedan fatal, mejor que busques otra cosa para ponerte.
- ¿Por qué dijiste eso? Siempre dices tonterías.

----

47 Campbell, P. «5 Tips to Improve your Self-Talk». *Psych Central*, 8 de julio de 2018. Accesible en: https://psychcentral.com/blog/5-tips-to-improve-your-self-talk/

Identifica tus patrones de pensamiento

- ¿Qué palabras utilizas?
- ¿Cómo te hacen sentir?
- Una vez sepas qué palabras funcionan para ti, piensa en qué vocabulario podrías empezar a utilizar.

Transforma lo negativo en positivo

De entre las frases que normalmente te dices, cambia aquellas que tienen un componente negativo; por ejemplo:

- Frase negativa: «Odio cometer errores, soy tonto».
- Frase positiva: «Aprendo cuando cometo un error, lo haré mejor la próxima vez».

Pasos para sentir un problema desde el diálogo amable

1. Piensa en un problema u obstáculo que te ocupa ahora mismo. Observa cómo se siente en tu cuerpo.
2. Háblate con amor. Responde a la situación como haría tu mejor amigo. Date tiempo para sentir tus emociones, para darles vueltas a las cosas e incluso concédete empatía y compasión en la valoración de tus errores.
3. ¿Cómo te sientes? Ahora que te has hablado con compasión y empatía, ¿qué diferencias notas en el cuerpo, en los músculos y en ti?

Ponle nombre a tu crítico interno

Como ya hemos apuntado, ponerle nombre a tu crítico interno te permite desvincularte de esa voz cuando no te hace bien. Llámala Cruella de Vil o como tú quieras, lo importante es que cuando esa voz resuene en tu cabeza seas capaz de distinguirla y decir: «Ya está aquí Cruella». Ponerle nombre te ayudará a generar una distancia saludable entre la voz y tú para poder analizar cómo piensas y verte desde fuera con objetividad.

Compensa con gratitud

Utilizar la gratitud como medida de compensación cuando tienes un pensamiento negativo te ayudará a expandir tu pensamiento positivo sobre esa cuestión. Así pues, cuando aparezca un pensamiento negativo, déjalo fluir y piensa en dos cosas por las que estar agradecido hoy o dos puntos fuertes que tengas: eso te permitirá cambiar la perspectiva.

Positividad

La positividad es la habilidad de ver el vaso medio lleno. Lo que significa que la visión que tienes de la realidad no depende de lo que sucede a tu alrededor, sino de ti. En consecuencia, solo hay malos días y buenos días dependiendo de la decisión que tú tomes al respecto: ¿cuántos días malos lo han sido solo por un momento que ha durado 30 minutos o menos? (por una discusión, por algo que no ha salido bien...). Si el día tiene 24 horas y has tenido 30 minutos de sufrimiento, de dolor o de pasar un mal rato, ¿crees que ese día lo tienes que recordar como un mal día? ¿Qué ha sucedido en las 23 horas y 30 minutos restantes?

La positividad es, pues, una decisión que tomamos en cada momento acerca de cómo queremos ver la realidad. Muchas veces escogemos el camino de la víctima, de la queja, porque es más fácil. Pensar que es otro quien nos ha estropeado el día es eludir nuestra responsabilidad y nuestra habilidad para decidir. Pensar que alguien nos ha puesto una piedra en el camino y por eso no ha salido bien es más fácil que tomar las riendas de la situación, sentir la emoción negativa, aceptarla y sonreír.

Nadie está diciendo que ante una situación dramática te pongas las gafas de color de rosa y hagas ver que todo está bien y seas un volcán de positividad extrema totalmente fuera de la realidad. Sencillamente, vive cada momento con la emoción que te produce, sin reprimir la emoción pero tampoco alentando las emociones negativas para que dirijan el rumbo de tu día y de tu vida.

Piensa en positivo: mira a tu alrededor con ojos de niño, con la mirada del principiante que aprende todo desde cero sin importarle el desconocimiento, con la alegría de avanzar un paso cada vez. Mira la sonrisa de las personas con las que te cruzas por la calle. Date cuenta de que te has puesto el jersey al revés y ríete por ello, date cuenta de que has aprendido algo hoy. De lo bueno y de lo malo se aprende, y poder decidir qué hacer con lo que te sucede es más poderoso que limitarte a dejarte ir y hacer que los demás decidan por ti.

La felicidad de las pequeñas cosas

Vamos en piloto automático todo el día. El piloto automático es ese estado en el que no ves nada más que lo que tienes a un palmo de tu nariz. Estás totalmente desconectado de lo que te rodea y pareces una marioneta que mueve dos extremidades a la vez en cada momento.

Cuando sales del piloto automático y su pensamiento en bucle —qué es lo siguiente que hay que hacer y dónde debo ir—, te das cuenta de las pequeñas cosas. En ese momento ves con mayor claridad lo que hay a tu alrededor y que otros no notan: durante un descanso en el trabajo, mientras tomo el aire en la calle, de repente veo que un bicho volador se me acerca. Me doy cuenta de que es una mariposa, una mariposa preciosa y muy grande que revolotea a mi alrededor, y no puedo evitar sonreír.

Qué bonito ese momento, poder ver su belleza, la delicadeza del abrir y cerrar de las alas y la sonrisa que me ha producido estar en ese momento. Seguramente si hubiera tenido mi cabeza en otra parte o hubiera estado enganchada al teléfono móvil, me lo habría perdido. Habría perdido la oportunidad de vivir ese momento bonito.

Muchas veces no estamos conectados con nuestro alrededor, ni tan siquiera estamos centrados en lo que estamos haciendo en ese momento. Cuando miras a tu alrededor, ves todas esas cosas que te pasan desapercibidas, y al notarlas se abre un mundo de posibilidades que bien valen una sonrisa, sentirte feliz y agradecido.

Disfruta entonces de ponerte tu jersey favorito, de llevar ese reloj que te encanta porque te produce una sensación de bienestar. Nota los pequeños cambios del día a día en las personas que te rodean. Ríe y sonríe por las cosas que te aportan, por todas aquellas que te traen un poquito de esa felicidad diaria necesaria. Puede ser algo tan simple como empezar a leer un libro, oler sus páginas y tocar el papel, sintiendo cómo una sonrisa te invade, cómo lo estás disfrutando. Aprender algo nuevo, una palabra, una frase o una nueva habilidad.

O bien puede ser algo tan simple como darte cuenta de que una planta está creciendo y le salen ya las primeras flores o los primeros brotes. Cuando estás centrado, cuando estás atento, las pequeñas cosas cobran una importancia mayúscula y pasan a formar parte de lo que de verdad importa, de lo que permanece en tu memoria, porque son más las pequeñas cosas a apreciar y a valorar que los momentos negativos que integran el día a día.

Por este motivo, ejercita tu mente para buscar las pequeñas cosas:

- Cada día, piensa en tres cosas que te hayan hecho sonreír o te hayan provocado una emoción positiva.
- ¿Qué cosas te han traído un momento de felicidad en el día de hoy?
- ¿Qué cosas te producen una sensación placentera al hacerlas?

Pueden ser cosas muy pequeñas, como hacerte un café por la mañana y sentir su aroma de recién hecho. O el ronroneo de tu gato cuando está bien a gusto en tu regazo, que te produce una sonrisa. O quizá darte cuenta de que frente a tu casa han plantado unas flores que se ven preciosas.

EJERCICIOS PARA PROGRESAR:
Quiérete

De la misma forma que prestas atención a todo lo que no te gusta de ti, presta atención a lo que sí te gusta. Haz una lista de las características que aprecias y valoras de ti mismo:

- Características físicas.
- Tu personalidad.
- Tus puntos fuertes.
- Cómo actúas en ciertas situaciones.

Pregunta a tus amigos y familiares, en persona o por escrito (por mensaje o mail), cuál es tu «superpoder»:

- ¿Cuáles crees que son mis tres mejores cualidades?
- ¿Para qué vendrías a pedirme ayuda? ¿Qué crees que puedo ofrecer de valor para otras personas?

Te sorprenderás de todo el *feedback* que recogerás, de lo que piensan los demás de ti. De hecho, verás que hay partes de ti que quizá no sabías que los demás aprecian.

Las emociones del miedo al futuro

Las emociones nos acompañan cada día, son parte de nosotros y debemos aprender no solo a vivir con ellas sino también a comprenderlas. En este apartado vamos a hablar de un tipo de emociones denominadas de miedo al futuro, porque solo cuando te planteas mentalmente una situación futura aparecen. Cuando pensamos en qué es lo que va a pasar, cómo va a pasar e intentamos controlar una situación que aún no tenemos entre manos, aparecen la angustia, el estrés y en algunas ocasiones hasta puede irrumpir una enfermedad.

Lo cierto es que nos cuesta enormemente vivir en la incertidumbre. El no saber nos corroe por dentro. La sensación de no controlar una situación nos produce miedo. Un miedo que no es el problema en sí —es una emoción que todos sentimos—: la cuestión es qué hacemos con este miedo una vez que ha aparecido. Si el miedo te ayuda a avanzar, a ser consciente de lo que tienes y sabes cómo gestionarlo sin que te paralice, lo estarás utilizando para progresar y avanzar en tus objetivos.

Angustia

La angustia es una emoción que aparece cuando estamos pensando en lo que va a depararnos el futuro y la incertidumbre de no saber nos invade y nos produce incomodidad.

A veces no somos conscientes de nuestros deseos y nuestras necesidades, e inevitablemente nos sentimos angustiados por no saber. Es esta ansiedad anticipatoria que aflora cuando en tu cabeza empiezan a surgir preguntas que aún no tienen respuesta.

Llegados a este punto, nuestra capacidad para afrontar la incertidumbre pasa por aceptar que la adversidad es una posibilidad como cualquier otra. La tolerancia a la incertidumbre hay que trabajarla, y asumir que no podemos ni debemos tener todo bajo control: la vida no suele ser previsible; si lo fuera, no habría obstáculos, pero tampoco aprendizaje por el camino.

El miedo y la angustia nos condicionan de muchas formas y en muchas circunstancias, pero la más importante es sin duda la toma de decisiones. El proceso de toma de decisiones que nos dan miedo, que nos generan angustia y ansiedad, puede convertirse en una tortura cuando no tenemos la certeza de lo que va a ocurrir.

Estrés

El estrés es otra de las emociones de miedo al futuro. Se considera también una contraemoción, ya que normalmente aparece frente a dificultades o ante la imposibilidad de expresar otra emoción primaria. Estamos enfadados o insatisfechos por algo que nos ha ocurrido o está por ocurrir y sentimos el estrés en el cuerpo y en la mente.

La imaginación es una herramienta muy poderosa, pero cuando se convierte en una máquina de imaginar catástrofes y los peores escenarios posibles, se vuelve en nuestra contra. El miedo, muchas veces de forma inconsciente, toma las riendas de nuestra imaginación y genera un escenario que nos produce estrés.

La enfermedad

Cuando no estamos alineados con nuestros sentimientos y pensamientos, es posible que la enfermedad llame a nuestra puerta. Emociones reprimidas que no han podido expresarse en su debido momento permanecen en nuestro cuerpo y generan somatizaciones, que no dejan de ser la aparición en el cuerpo de síntomas que no parecen tener un origen físicamente identificable. Por lo general, la somatización se manifiesta mediante problemas relacionados con el dolor y el malestar.

Aceptación

Aceptar la situación en la que te encuentras es primordial para ayudar a acallar tu juez interno. Ahora bien, para ser objetivo y poder analizar la realidad desde un punto de vista racional y no desde una reacción primaria emocional, hay que pasar inevitablemente por un periodo de aceptación.

Cuando pienso en la aceptación, me viene a la memoria un momento durante un viaje a Brasil en el que me di cuenta de que no estaba aceptando lo que había sucedido y me estaba viendo perjudicada por ello.

Habíamos alquilado un coche para movernos por Brasil con libertad, y mientras conducíamos nos paró la policía. La policía en Brasil tiene fama de corrupta, y en este caso fueron fieles a su reputación: en comisaría nos pusieron mil trabas, apoyadas en excusas absurdas, para no dejarnos ir y con ello forzarnos a pagar un soborno.

Ante el riesgo de ponernos en una situación aún más delicada, pagamos un soborno de unos 60 euros, más o menos lo que nos habíamos ahorrado conduciendo por libre en lugar de escoger una excursión organizada. Así, después de la tensión de ver a unos policías corruptos con metralletas negociando con mi marido un soborno, y tras haber pensado en lo peor, nos dejaron ir.

Lo primero que me invadió fue la rabia y la impotencia por haber vivido una situación en la que había pasado miedo pero que era profundamente injusta. No era ni moral ni ético lo que habían hecho con nosotros, por lo que me sentía furiosa y en mi mente me devoraba el concepto de injusticia.

Pero ¿por qué seguía furiosa después de un tiempo? Yo no hubiera podido ni prevenir ni evitar que nos parara la policía, y cuando nos pararon tampoco hubiéramos podido hacer otra cosa que lo que hicimos. ¿Por qué me costaba tanto aceptarlo? Pues porque me parecía injusto y por alguna razón me parecía que tenía todo el derecho a estar eternamente enfadada a causa de ello.

La respuesta era bien distinta: me costaba aceptarlo porque no estaba dejando ir el sentimiento de miedo, enfado, rabia y frustración, sino que me aferraba a él. Sin embargo, eso no iba a cambiar los hechos: sí, nos habían parado; sí, habíamos pagado un soborno, y sí, tenía derecho a estar furiosa. Pero ¿furiosa para siempre?

Con ello, me olvidé del día tan divertido que habíamos pasado antes de ese episodio. Habíamos visitado unas dunas, comido bien y disfrutado de un día fantástico, pero me había olvidado de todo eso y solo me quedaba rabia y rencor.

Podemos admitir que el sentimiento que yo tenía era justificado, pero no había por qué hacerlo grande para equipararlo al tamaño de la injusticia que había vivido. Vivir la sensación, tener una respuesta emocional es entendible y humano, pero regocijarse en ello es perjudicial, puesto que estas emociones no digeridas se quedan en tu cuerpo como nudos emocionales que hay que dejar ir.

Así pues, luchar contra una realidad inamovible es una pérdida de tiempo y energía y un sufrimiento innecesario. Lucha por las cosas que puedes cambiar y deja ir las que no, porque a pesar de tu esfuerzo y empeño no podrás cambiarlas.

Aceptar no significa conformarse. A veces no queremos aceptar algo y nos sentamos encima de nuestro propio victimismo y rechazamos nuestra responsabilidad. Si la culpa es de otro, yo no tengo responsabilidad, puedo quejarme eternamente y no hacer nada al respecto.

Aceptar significa abandonar una lucha que no tiene solución para focalizarse en otras que sí la tienen y pueden transformar tu vida.

Que diferente habría sido ese día de frustración si, tras el episodio en comisaría, hubiera pensado: «Me siento frustrada y llena de rabia, pero no puedo hacer nada para cambiar lo que ha sucedido. Lo que sí puedo cambiar es mi humor para impedir que 30 minutos del día de hoy estropeen toda la jornada. Caminar por la playa y tomar una buena cena harán que mi día mejore y podré recuperar esa sonrisa».

Desde el momento en que la cultives, la aceptación será tu mejor aliada en el combate contra el estrés. Te aseguro que te volverás adicto a aceptar. En el momento en que decides luchar con todas tus fuerzas en lo que depende de ti y abandonas la lucha en cosas que no puedes cambiar, todo cambia, porque tú decides que cambie.

Por lo tanto, cuando te des cuenta de que no estás aceptando una situación, piensa en qué hay detrás de ello. ¿Por qué te sientes así? ¿Puedes hacer algo para cambiar la situación? ¿Qué es lo que sí puedes hacer para sentirte mejor?

 EJERCICIOS PARA PROGRESAR:
El camino a la aceptación

Incluso en situaciones en que estamos pensando en cómo de bien nos irá cuando tal cosa suceda —cuando deje el trabajo, todo irá mejor; cuando me toque la lotería, todo se arreglará—, esperamos que cierto milagro venga y se lleve el problema. Cuando estés haciendo el cuento de la lechera en tu cabeza generando una situación ideal, pregúntate:

- ¿Qué es lo que quiero?
- ¿Tengo un problema que tiene solución?
- Si tiene solución, ¿cuál es? ¿Hay algo que pueda hacer ahora?
- Si no la tiene, acéptalo.

Valida tus sentimientos, sé amable contigo. Sentir emociones negativas es parte del día a día, pero aceptar la situación también lo es. Toma las riendas de tu vida y actúa. Lucha por lo que puedes cambiar y acepta lo que no puedes cambiar.

Gratitud y agradecimiento

La gratitud y el agradecimiento sincero son algo poco común. Damos las gracias sobradamente cuando alguien nos pasa la sal en la mesa, pero lo hacemos de forma automática, sin sentirlo de verdad en el corazón. La gratitud, por el contrario, es la capacidad de poner atención en las cosas que apreciamos. Estar agradecidos es un acto generoso y noble. Apreciar desde el corazón algo o a alguien que tenemos a nuestro lado es no dejar pasar la oportunidad de poner en valor algo que apreciamos.

Dar las gracias se ha convertido en un acto social que llega a la transacción sin que tu corazón sienta la más mínima apreciación sincera, pero dar las gracias de verdad es un acto sincero y auténtico que valora todo lo que conlleva la acción de otra persona y que por ello debes expresar en voz alta.

Damos por hecho todo lo que los demás hacen por nosotros: es lo normal, es lo que toca y no tiene nada de especial. Esto se debe a que esperamos ciertos gestos de los demás y nos enfadamos cuando no suceden, ya que estamos convencidos de que deberían haber hecho otra cosa. Otra cosa que es la que nosotros queremos.

Dar las gracias es gratis, y lo bueno es que cada día tienes la libertad de dárselas a una infinidad de personas con las que has interactuado, por una infinidad de cosas que te han sucedido, que has visto, que has aprendido.

> ### ¿Sabías que...?
>
> Un estudio[48] del año 2009, realizado por el Instituto Nacional de Salud de Estado Unidos, descubrió que el hipotálamo se activa cuando sentimos agradecimiento o al realizar actos altruistas. La investigación concluía que los humanos no podemos funcionar adecuadamente sin expresar gratitud, ya que el hipotálamo regula importantes funciones corporales, entre ellas el sueño, la temperatura, el metabolismo, el crecimiento, etc. De modo que apliquémonos el cuento y practiquemos la gratitud.

 EJERCICIOS PARA PROGRESAR:
Gratitud diaria

La gratitud es un músculo que hay que entrenar y un hábito que hay que adquirir y tener presente a diario. Vamos a ver diferentes formas de practicar gratitud en el día a día:

---

48 Zahn, R. *et al.* «The neural basis of human social values: evidence from functional MRI». *Cerebral Cortex*, 19 (2), 276-283.

- Apunta cada día tres cosas que aprecies en una libreta o en tu diario (si lo utilizas). Es importante que al principio te tomes un momento para escribirlas; cuando domines la práctica de la gratitud, puedes pensar esas tres cosas sin necesidad de anotarlas.
- Verbaliza de vez en cuando las cosas que aprecias en quienes te rodean. Que sepan que eres consciente de lo que hacen y que solo lo ves, sino que te llena de satisfacción.
- Escribe una carta a aquellos que aprecias. Puedes decidir dársela para que la lean o simplemente escribirla para ti como una reflexión sobre el agradecimiento hacia esas personas.
- ¿Qué has aprendido hoy?
- ¿Qué momento te ha hecho más feliz hoy?
- ¿Qué te ha sorprendido hoy?

Ejemplos de gratitud:
- Dar las gracias por un comentario bonito que alguien ha hecho sobre ti o sobre tu trabajo.
- Dar las gracias por haber aprendido gracias al *feedback* de alguien.
- Dar las gracias a tu pareja por encargarse de la casa, de los niños, de fregar los platos o de ir a comprar el pan.

No importa el tamaño del acto que aprecias en los demás: tenemos que pensar que ellos no tienen ninguna obligación de hacerlo. Apreciar una acción, una palabra, una muestra de afecto es valorar aquello que nos importa y que los demás deben saber que valoramos.

Y una última puntualización: a veces nos vamos al otro extremo cuando intentamos adquirir un nuevo hábito, de modo que cuidado con pasar de no apreciar nada a sufrir una sobredosis de apreciación, que puede ofrecer a los ojos ajenos la sensación de que tu mensaje es falso o que carece de autenticidad.

Celebra tus logros

Siempre hay una razón para celebrar algo cada día. Por ello, debemos ceder espacio a lo positivo que nos pasa y celebrar nuestros logros por pequeños que sean. Y, puesto que celebrar es una parte importante de aceptar que algo bueno ha sucedido, cualquier primer pasito, por pequeño que sea, en el camino a tus objetivos es digno de celebración.

Pensamos que celebrar es algo que implica un derroche de recursos o que requiere un gran tiempo para planificar, pero la verdad es que las mejores celebraciones son aquellas que suceden en el día a día y de las que no somos ni conscientes. Celebrar puede ser desde hacerte un té que te gusta y disfrutarlo hasta hacer tu baile de la victoria cuando estas comiendo algo que disfrutas, o simplemente cantar aquella canción que te hace sonreír o regalarte un rato para ti para pintar o para hacer aquello que más te gusta.

EJERCICIOS PARA PROGRESAR:
El libro de tu vida

Si tu vida fuera un libro y tuvieras que escribir el título de cada uno de sus capítulos, ¿cuáles serían? No hace falta que lo hagas por años o por épocas, sino en función de los momentos, eventos o aprendizajes que te han marcado a lo largo de tu vida.

- Piensa en cómo se titularía el libro. Puedes imaginar que se trata de una novela, un libro de no ficción o cualquier otro género literario.
- Escribe el título de los capítulos de tu vida que has vivido.
- Escribe el título de los capítulos de tu vida que estás viviendo en este momento.
- Escribe el título de los capítulos de tu vida que crees que están por llegar.
- No hay formas correctas o incorrectas de hacerlo. Usa tu imaginación.

EJERCICIOS PARA PROGRESAR:
Cronología de tu vida

No nos tomamos el tiempo necesario para revisar el camino que hemos hecho y adónde hemos llegado. En lugar de eso, nos quedamos anclados en aquello que no ha ido bien, a pesar de que ha habido miles de buenos momentos que han cambiado el rumbo de nuestra vida y que al ser recordados y puestos en papel nos ayudan a tener perspectiva de todo lo vivido.

Haz una lista en orden cronológico de aquellos momentos de tu vida que te han marcado:

- Las ocasiones en que te has mudado de ciudad, barrio o casa.
- Dónde has estudiado.
- Las amistades que has tenido.

- Las parejas y relaciones amorosas.
- Los puntos cruciales de tu vida personal.
- Los puntos cruciales de tu vida laboral.
- Los trabajos que has tenido.
- Los lugares a los que has viajado.
- Una vez tengas clara la lista de eventos de tu vida que quieres plasmar, haz una leyenda para cada tipo de evento. Veamos algunos ejemplos:
  - Las ocasiones en que te has mudado de ciudad, barrio o casa (dibuja una maleta).
  - Dónde has estudiado (dibuja un libro o un gorro de graduación).
  - Las amistades que has tenido (dibuja una persona, unas manos...).
  - Las parejas y relaciones amorosas (un corazón).

Una vez tengas los eventos cronológicamente ordenados y la leyenda pensada, ponte a dibujar y traza un camino en zigzag para poder utilizar toda la extensión del papel.

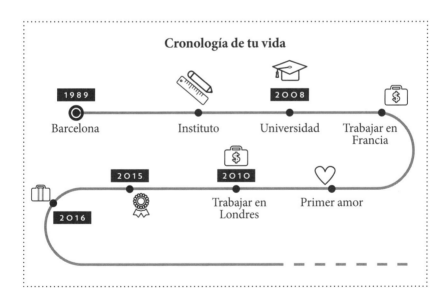

Cronología de tu vida

1989 — Barcelona
Instituto
2008 — Universidad
Trabajar en Francia

2015
2010 — Trabajar en Londres
Primer amor
2016

Vivir en el presente

*«El presente es el preciso instante
en el que el futuro se convierte en pasado.»*

Yassin Bennani

El presente es el aquí y el ahora, pero muchos de nosotros estamos tan preocupados por lo que está por venir, por controlar el futuro, que el presente pasa sin darnos cuenta.

Cuando estás tomando algo con un amigo pero tu cabeza está repasando la lista de tareas por hacer, estás viviendo en el futuro. Cuando estás pensando en lo que vas a hacer después de lo que estás haciendo ahora, ya te has perdido el presente. En realidad, no estás pasando tiempo con tu amigo ni disfrutando de su compañía. Ese tiempo con él pasa de largo y no puedes recuperarlo. Si tienes mucho que hacer, es preferible que no quedes con tu amigo, pero si lo haces tanto tú como él os merecéis estar presentes el uno con el otro.

Escuchar, estar en la conversación en cuerpo y alma y no dejar que tu mente divague en opciones de futuro es la clave para vivir en el presente. Cuando tu mente divaga, estás dejando escapar lo más inmediato, que en el caso anterior es pasar un buen momento con tu amigo.

Sin embargo, vivir en el presente requiere práctica. Requiere de un entrenamiento mental que, una vez te des cuenta de que tu mente empieza a subir la montaña de las preocupaciones e incertidumbres del futuro, te permita parar. Porque para disfrutar de las vistas desde la montaña tienes que detenerte a contemplar el paisaje.

Si, en cambio, estás más preocupado por lo que va a venir que por lo que estás viviendo en ese instante, ese momento desaparece. Tu presente no existe porque vives en el futuro, y solo hay una manera de cambiar el rumbo de las cosas: dándote cuenta de dónde estás y cómo quieres vivir en el presente, en el ahora.

Mediante la transición a un estado contemplativo, la meditación ayuda a ese entrenamiento que permite a la mente liberarse de los pensamientos que la aprisionan para volver al momento presente. Porque tu mente es parte de ti pero no es todo lo que tú eres, lo que viene a decir que si dejas que conduzca el coche de tu vida ella siempre estará viviendo en el futuro para evitar problemas. Y vivir en el futuro significa cultivar ansiedad, estrés y, en muchos casos, infelicidad.

EJERCICIOS PARA PROGRESAR:
El poder del ahora

Practica vivir en el presente con unos mantras sencillos. Puedes hacer tus propios mantras o afirmaciones con los que te sientas cómodo y que te ayuden a estar en el momento presente. Veamos unos ejemplos:

- Acepto las cosas que no puedo cambiar y las dejo ir.
- Estoy agradecido por el momento presente y lo que tiene que ofrecer.
- Estoy aquí ahora, estaré en otro lugar luego.
- Estoy aquí. Soy el ahora.
- Soy suficiente.
- Dejo ir mi miedo y mis dudas.
- Estoy a salvo, estoy exactamente donde debo estar, estoy «practicando yoga».[49]

Como ya se ha adelantado, la meditación es una excelente manera de practicar vivir en el presente. Puedes buscar meditaciones guiadas *online*, asistir a clases de meditación o acceder a la meditación guiada gratuita y/o al guion incluido en el apartado de recursos. También los ejercicios de respiración explicados más adelante en las técnicas para calmar tu sistema nervioso pueden ayudarte a estar en el presente.

RUTINAS DIARIAS

Como empáticos, es importante que generemos ciertos hábitos y rutinas para enfrentarnos al día con energía y desde un lugar de paz. Ya sabemos que debemos cuidarnos y darnos todo aquello que necesitamos para funcionar mejor.

Las rutinas son un conjunto de hábitos que desempeñamos en el día a día. Ser rutinario, hacer lo mismo todos los días puede parecer aburrido, pero en realidad nos aporta muchos beneficios.

Tardamos 21 días en asentar un hábito como parte de nuestra rutina diaria. Los hábitos y las rutinas se desarrollan con éxito porque no los

---

49 Sustituye el texto entrecomillado por lo que estés haciendo en ese momento.

pensamos, son automáticos. Simplemente tenemos esas decisiones ya tomadas, sabemos lo que debemos hacer y cómo hacerlo y dominamos la práctica a la perfección. De ahí que cueste 21 días formar un hábito: porque hasta que tu mente y tu cuerpo no se acostumbran a las acciones, el horario y el hecho de hacerlo, requiere esfuerzo arrancar.

Sin embargo, una vez que la acción se ha convertido en hábito es muy fácil mantener la rutina, ya que no requiere de mantenimiento sino que se trata de una repetición continuada. En los hábitos y las rutinas, nuestro cerebro funciona en piloto automático: no necesitas pensar para lavarte los dientes o para ponerte los calcetines; son acciones que ya has incorporado a tu memoria y a tu cuerpo y que puedes desempeñar de forma automática.

Si de verdad quieres conseguir realizar algo concreto (ir a yoga, hacer ejercicio, meditar durante 5 minutos al día, etc.), una forma muy efectiva de conseguirlo es convertirlo en hábito. Veremos cómo mejorar los hábitos que ya tienes, cómo empezar otros nuevos y cómo crear tus rutinas de mañana y de noche.

¿Sabías que...?

Según Laura Vanderkam, autora del libro *What the Most Successful People do Before Breakfast*, existen 12 acciones recurrentes en las rutinas matinales de los CEO más exitosos, y son las siguientes:
1. Se levantan temprano.
2. Hacen ejercicio.
3. Trabajan en un proyecto profesional importante.
4. Trabajan en un proyecto personal importante.
5. Pasan tiempo con la familia.
6. Conectan con su esposa o marido.
7. Hablan con gente mientras hacen un café.
8. Meditan.
9. Escriben (a menudo ejercicios de gratitud).
10. Hacen planes y estrategia.
11. Revisan el correo electrónico.
12. Leen (a menudo las noticias).

Mejorar tus hábitos

Tenemos hábitos de todo tipo, algunos que van en contra de nuestro bienestar y otros que son beneficiosos para nosotros. Hacer un análisis de tus hábitos actuales te permitirá saber cuáles quieres conservar, cuáles eliminar y cuáles son mejorables, así como emprender las acciones necesarias para continuarlos, ajustarlos o abandonarlos.

Así pues, haz una lista de los hábitos que tienes actualmente y categorízalos en función de si los quieres conservar o cambiar. Cambiar hábitos existentes puede ser una buena manera de empezar: si ahora mismo, después de comer, siempre tomas café y deseas reducir su consumo, te será más fácil cambiar una sustancia por otra —por ejemplo, café por té— que empezar un hábito completamente nuevo.

Empezar nuevos hábitos

Empezar un nuevo hábito siempre es lo más difícil. Tener la determinación y la planificación necesarias y poner en práctica el hábito que te has propuesto no es tarea sencilla. No obstante, nuestro cerebro es capaz de automatizar aquellos procesos que nos hacen la vida mucho más fácil. Debemos, pues, utilizar ese poder en nuestro propio beneficio, y convertir en hábitos aquellas actividades, rutinas y ejercicios que queremos que formen parte de nuestro día a día.

Para poner en marcha nuevos hábitos es importante que seamos conscientes de la realidad y del tiempo de que disponemos, a fin de organizarlo de una manera eficaz. Es decir, hay que ponerse objetivos y metas que sean alcanzables. Una vez hayamos fijado dichos hábitos alcanzables, deberemos poner los medios y recursos precisos para poder realizarlos: adquirir la técnica, el material, los espacios necesarios, etc.

Por ejemplo, si yo me cepillo los dientes por la mañana y por la noche cuando llego a casa, pero quiero incorporar como hábito cepillarme los dientes también al medio día, deberé asegurarme de que tengo todo lo necesario para poder hacerlo. En este caso, habré de tener un cepillo y pasta de dientes a mano en el trabajo o en casa para poder adoptar este hábito. Cuanto más fácil sea lavarme los dientes en el momento que me he propuesto, más posibilidades tendré de asentar este hábito y adoptarlo con facilidad. Si, por ejemplo, después de comer me tomo un té, y es algo que siempre hago, este hábito ya asentado puede ayudarme a añadir uno nuevo —lavarme los dientes— si lo hago justo seguido del té.

Por lo tanto, de cara a incorporar nuevos hábitos, es recomendable determinar antes o después de qué hábitos ya adquiridos podemos colocarlos, lo que facilitará nuestro aprendizaje del nuevo hábito.

 EJERCICIOS PARA PROGRESAR:
Plan de hábitos

Para mejorar o cambiar hábitos, vamos a organizar un plan de hábitos. En la siguiente tabla verás, en la primera columna, el listado de hábitos que quieres implementar, mientras que en las restantes, una por cada día de la semana o del mes, irás monitorizando si consigues realizar con éxito los hábitos que te has propuesto.

Si hay algo que ha entorpecido la ejecución de un hábito, escríbelo en el correspondiente día de cara a poder mejorarlo en ocasiones sucesivas.

HÁBITOS	DÍA 1	DÍA 2	DÍA 3	DÍA 4
YOGA a las 8 a.m. lunes y martes	☑ *Sí* *Necesito dejar la ropa de yoga preparada la noche antes.*	☑ *Sí* *Colocar la esterilla de yoga y el material ya preparados en el suelo.*		
Hábito 2				
Hábito 3				
Hábito 4				

En el ejemplo, el hábito que se quiere implementar es hacer yoga a las 8 de la mañana los lunes y los martes. Durante los primeros días del plan de hábitos he puesto en marcha el nuevo hábito y he hecho yoga. El primer día me he dado cuenta de que debo preparar la ropa de yoga la noche de antes para que me sea más fácil levantarme y no tener que pensar dónde está la ropa que me tengo que poner. El segundo día, después de haberme dejado ya la ropa preparada, me he dado cuenta de que si dejaba la esterilla y el material de yoga ya preparados en el suelo del comedor, donde voy a practicar, eso me ahorraría tiempo y me ayudaría a consolidar el hábito.

Así pues, se trata de analizar qué podemos mejorar para ser más efectivos en nuestros hábitos e ir encontrando la fórmula perfecta para nosotros.

Rutinas de mañana

Suena el despertador, abro los ojos y no quiero levantarme. Me quedaría todo el día en la cama, pero hay que ganarse la vida, así que me levanto y empiezo mi rutina de mañana.

Las rutinas de mañana son una serie de hábitos sucesivos que nos ayudan a alcanzar una estabilidad que nos permita tomar pocas decisiones en las primeras horas del día. Y es precisamente porque las primeras horas del día muchas veces dictan cómo te va a ir la jornada por lo que estos hábitos son importantes. Si quieres que el día vaya bien, empiézalo bien, y qué mejor manera que no ir con prisas, poniendo en tu rutina algo que te llene y que nada más abrir los ojos te haga desear salir de la cama para empezar un nuevo día con buen humor.

Te recomiendo que en tu rutina de mañana, por poco tiempo que tengas, incluyas estas actividades en mayor o menor medida:

Haz ejercicio

Una rutina matinal de ejercicio es perfecta para reducir los niveles de estrés, ya que este nos ayuda a controlar la presión sanguínea. No hace falta que sea una práctica larga: puedes optar por una sesión de cardio de 10 o 15 minutos poniéndote música y bailando, pasear al perro a marcha rápida o subir y bajar las escaleras de casa.

Escribe tu diario

Escribir es una buena forma de procesar nuestras ideas y sentimientos, y ponerlos sobre el papel nos ayuda a entender mejor nuestra línea de pensamiento. Según la Universidad de Rochester,[50] escribir un diario nos facilita la identificación de aquello que nos estresa o nos produce ansiedad. Una vez hayamos identificado cuáles son nuestros estresores, podemos trabajar en crear un plan o un hábito que nos permita resolver el problema y reducir el estrés.

Haz una lista de tus tareas

Planificar tus tareas del día te ayuda a ser realista sobre lo que puedes hacer y a ser más productivo en lo que te propongas realizar. Escribir lo que queremos hacer en una lista de tareas nos acerca mucho más a hacerlo.

Practica el mindfulness

Practicar *mindfulness* contribuye a una mejor gestión de la ansiedad. Dedicar 15 minutos cada mañana simplemente a sentarte contigo mismo y prestar atención a tu cuerpo, tener una práctica de meditación del tipo que sea, nos ofrecen el tiempo necesario para reconocernos, calmar nuestra mente y aceptar los pensamientos y sentimientos que afloran en el día a día.

No dejes nada al azar

Puede parecer una obviedad, pero no dejar nada al azar será tu aliado: si no quieres mirar el móvil mientras lees, no dejes tu teléfono a mano, así de simple. Si hay algo que no quieres hacer, haz tus planes alrededor de esa idea para no hacerlo. No quiero comer patatas fritas en casa: si no las compro, seguro que no me las como.

La fuerza de voluntad está sobrevalorada, mientras que la constancia, el método, la disciplina y el plan lo son todo. La fuerza de voluntad y la motivación vienen y van, pero no las estructuras de comportamiento que tú mismo generas y te hacen brillar.

---

50 Universidad de Rochester, «Journaling for Mental Health», *Health Encyclopedia*. Accesible en: https://www.urmc.rochester.edu/encyclopedia/content.aspx?ContentID=4552&ContentTypeID=1

Haz algo que te guste

Es importante dedicar tiempo a aquellas actividades que nos llenan, que nos hacen sonreír y, con ello, alimentan nuestro humor y nuestras ganas de salir a empezar el día. Ya sea pintar, cantar, patinar, ir en bici o bailar, encuentra el tiempo para hacerlo poniéndolo como prioridad en tu rutina.

Es importante para mí tener el control de mi tiempo y empezar el día con hábitos que deseo hacer, como lavarme los dientes, pero siempre tengo otros que son para mí, mi tiempo de encontrarme. Es mi momento de empezar el día con algo que quiero hacer, como leer, disfrutar de pasar unas páginas con tranquilidad o meditar un rato y centrar mi mente. También bailar me conecta: mover el cuerpo y poder liberar la tensión, estirarme bien después de haber dormido toda la noche e incrementar la energía que necesito para enfrentarme a un nuevo día.

Mi rutina de mañana consiste en los siguientes hábitos:

- 6.30 a. m.: ducharme.
- 6.30 a. m.: lavarme los dientes.
- 7.00 a. m.: hacer mi baile de la mañana (música a todo volumen y bailar durante 15 o 10 minutos).
- 7.00 a. m.: ponerme crema hidratante de la cara.
- 7.30 a. m.: hacerme el desayuno y un té.
- 8.00 a. m.: leer un libro o meditar.
- 8.30 a. m.: repasar mi lista de quehaceres del día.

EJERCICIOS PARA PROGRESAR:
Crea tu rutina de mañana

Aprovecha esta oportunidad para crear tu propia rutina de mañana que te ayude no solo a ser más productivo sino también a añadir esos hábitos que te harán estar más centrado y conectado contigo mismo. Analiza cuáles son tus necesidades y haz diferentes listas:

Tareas obligatorias

- Tareas que debo hacer: lavarme los dientes, ducharme...
- Tareas que quiero hacer: meditar, hacer ejercicio, desayunar saludable...

Tareas opcionales

- Leer un libro.
- Ir a dar una vuelta.
- Ir a correr.

Una vez tengas las tareas organizadas y priorizadas, y de cara a hacer un seguimiento, colócalas en tu plan de rutinas matinales siguiendo el plan de hábitos anteriormente expuesto. Organiza las tareas en tu horario según la disponibilidad que tengas por las mañanas, tomando como modelo la rutina que he compartido contigo.

Rutinas de noche

Después de pasarnos el día corriendo de arriba abajo, por la noche llega nuestra oportunidad de calmar nuestro sistema nervioso, prepararnos para un sueño reparador y finalizar el día con calma y serenidad.

Para los empáticos es esencial que nuestra rutina de noche esté alineada con nuestros objetivos, ya que durante el día estamos expuestos a luz artificial, delante del ordenador, el teléfono móvil, el estrés, la energía de otras personas... Calmar nuestro sistema nervioso al final de la jornada debe ser una prioridad, y tener una rutina de noche efectiva puede ayudarnos a hacerlo.

> *¿Sabías que...?*
>
> Un estudio de Harvard[51] ha demostrado que los aparatos que emiten luz, al ser utilizados antes de ir a dormir, afectan directamente a nuestros ritmos circadianos, lo que reduce la producción de melatonina y el estadio REM del sueño, y por lo tanto nos sentimos menos alerta al levantarnos al día siguiente.

Por la noche, en casa tranquilos ya después de todo el día, encontramos nuestro momento de recuperar fuerzas y prepararnos para dormir y empezar con energía al día siguiente. Algunas de las recomendaciones para incluir en tu rutina de noche son las siguientes:

---

51 Chang, A.-M. *et al.* «Evening use of light-emitting eReaders negatively affects sleep, circadian timing, and next-morning alertness». *PNAS*, 112 (4), 1232-1237. Accesible en: https://www.pnas.org/content/112/4/1232

No utilizar aparatos electrónicos

Generar una rutina que nos permita no utilizar los aparatos electrónicos como mínimo una hora antes de ir a dormir es vital para tener un buen ciclo del sueño. De hecho, cada vez más personas están adquiriendo el hábito de ni tan siquiera tener ningún aparato electrónico dentro de la habitación para evitar distracciones involuntarias.

Preparar todo para el día siguiente

Cuantas menos decisiones tengamos que tomar cuando nos levantemos, mejor que mejor. Preparar todo lo que necesitamos para el día siguiente es una forma de dejarlo ya todo pensado y dispuesto para ser simplemente ejecutado por la mañana. Puede ser desde preparar la ropa para el día siguiente hasta tener el desayuno semipreparado o cualquier otra tarea que facilite salir por la puerta más rápido y con menos preocupaciones de última hora.

Reflexionar y expresar gratitud

La noche es un buen momento para reflexionar sobre el día que hemos tenido, sobre qué hemos pensado y con quién nos hemos relacionado. El poder que nos otorga escribir nuestros pensamientos y sentimientos es enorme: solo con plasmar en un papel nuestros sentimientos somos capaces de descargar todo lo que llevamos a cuestas: el simple hecho de escribirlo nos libera.

Los ejercicios de gratitud son asimismo una buena forma de acabar el día, pues hacemos balance de lo que hemos aprendido, lo que hemos apreciado y lo que valoramos.

A modo de ejemplo, he aquí mi rutina de noche:

- 8.00 p. m.: desconectar los aparatos electrónicos y dejar el móvil y el ordenador fuera de la habitación. Preparar la ropa para el día siguiente y planear la lista de quehaceres.
- 8.30 p. m.: baño con sales Epsom, música relajante.
- 9.00 p. m.: leer un libro.
- 9.30 p. m.: ejercicios de gratitud y escribir mi diario.
- 10.00 p. m.: ir a dormir.

Crea tu rutina de noche colocando tus necesidades en el centro. Acabar el día poniendo toda tu atención en lo que ha sido importante durante la jornada, relajándote y dejando ir la tensión y la negatividad, es crucial para dormir bien.

Empieza por escribir cómo sería tu rutina de noche ideal, y después haz cuatro grupos de actividades:

1. **Actividades de crecimiento personal:** es importante tener alguna actividad asociada a tu crecimiento personal. Para cada persona es diferente y tú sabes mejor que nadie qué te hace vibrar.

2. **Tareas de casa:** siempre hay tareas que desempeñar, y cuando llegamos a casa es nuestro momento de ponernos a trabajar en esas tareas del día a día. Es importante que las tareas tengan su espacio y su momento, pero que no abarquen todo el tiempo disponible por la noche.

3. **Descanso y relajación:** tan importante es desempeñar las tareas obligatorias como lo es descansar y relajarse. Debes encontrar un momento para ti, es decir, darte tiempo de dejarlo todo y simplemente sentirte en tu cuerpo, y liberar toda la tensión del día.

4. **Salud y bienestar:** hay cosas muy pequeñas que podemos hacer para nuestro bienestar y nuestra salud: hacerte un masaje en los pies, darte un baño relajante, tomarte una infusión, etc.

Organiza las tareas en tu horario según la disponibilidad que tengas por las noches, tomando como modelo la rutina que he compartido contigo.

12

TÉCNICAS PARA TENER UN SISTEMA DE CONEXIÓN SALUDABLE

Somos humanos, y como tales la conexión con otras personas es parte de nuestra naturaleza. Interactuamos con los demás creando vínculos afectivos y desarrollando relaciones personales.

A menudo se confunde tener una buena relación o conectar con alguien a nivel personal con tener una relación dependiente. Como hemos visto en el capítulo sobre las relaciones tóxicas, este tipo de vínculos de dependencia son la antítesis del concepto de relación saludable o de conexión humana saludable.

TRANSFORMACIÓN DE UNO MISMO: SER CONSCIENTE DE TUS PATRONES DE CONDUCTA

El primer paso para establecer un sistema de conexión saludable con otras personas es ser consciente de tus patrones de conducta y de cuáles son tus necesidades.

Imagínate que cuando estás con tus amigos siempre intentas que todo el mundo esté cómodo y buscas cubrir las necesidades de los demás. Sin embargo, ser el amigo atento que siempre sabe lo que necesita todo el mundo es agotador. Y no solo eso: en ese proceso de querer estar ahí para todos te olvidas de qué es lo que necesitas tú. Estás tan preocupado por cubrir las necesidades de los demás que te olvidas de quién eres tú y qué necesitas.

Por ello, ser consciente de tus patrones de conducta, saber qué haces y por qué lo haces, te ayudará a entender cómo relacionarte con los demás de forma saludable. La felicidad siempre proviene de tu interior, y las necesidades que tienes en su gran mayoría también debes satisfacerlas tú mismo. Tienes que saber cuáles son tus miedos, qué es lo que te mueve y lo que te paraliza y cómo reaccionas a ciertas cosas y por qué.

Observarte, analizarte y, con ese autoconocimiento, ayudarte a mejorar y estar en paz contigo mismo te ayudará a relacionarte mejor con otras personas y a mantenerte alejado de relaciones tóxicas. Tú conduces el coche de tu vida y tus necesidades son un elemento más a tener en cuenta en tu ruta.

¿Sabías que...?

El eneagrama es un mapa de la personalidad que contiene 9 eneatipos o caracteres. No solo es una herramienta útil como camino de autoconocimiento, sino que según han comprobado diversos estudios científicos favorece el crecimiento personal. Uno de ellos[52] llegó a la conclusión de que el eneagrama promueve el desarrollo del ego en la edad adulta y facilita la consecución de un crecimiento personal postconvencional (el último nivel de crecimiento adulto según Lawrence Kohlberg).

El eneagrama explica de forma muy clara las relaciones entre los 9 eneatipos, las afinidades e interacciones que tienen lugar entre ellos y las estrategias básicas para tratar sus problemas más comunes.

Te recomiendo que explores el sistema del eneagrama para profundizar en la comprensión de tu personalidad y trabajar con tus patrones de conducta, lo que ayudará no solo a entenderte mejor a ti mismo sino también a quienes te rodean.

PRIMERO TÚ

Los empáticos tenemos tendencia a poner a los demás por delante de todo. Su bienestar es nuestra prioridad. La razón es sencilla: cuando sientes todo lo que ocurre a tu alrededor a nivel emocional y senso-

---

52 Daniels, D. *et al.* «Advancing Ego Development in Adulthood Through Study of the Enneagram System of Personality». *Journal of Adult Development*, 25 (4), 229-241. Accesible en: https://www.ncbi.nlm.nih.gov/pubmed/30416328

rial, tu sexto sentido parece convertirse en un poder que te hace responsable de lo que percibes. Sin embargo, cada uno es responsable de sus propias decisiones. Cada cual debe cubrir sus necesidades, y por más que nosotros detectemos qué es lo que necesitan no tenemos el deber de proveerlo.

«Primero tú» es una norma que parece sencilla pero que muchas veces es difícil de aplicar. Si debes parar y dormir un rato porque estás cansado, hazlo. Si necesitas escuchar música y ponerte a bailar para descargar la energía negativa del día y volver a tu equilibrio, hazlo. Si necesitas cogerte una tarde libre para dar un paseo por el bosque para calmarte, hazlo. Tu lista de tareas por hacer seguirá allí cuando vuelvas, pero sin hacer lo que debes hacer por ti, para estar tú bien, muy probablemente no podrás ser efectivo.

Ten en cuenta que lo primero eres tú, tu salud y tu estado de ánimo. Si no tienes fuerzas, si estás cansado, si te sientes como si te hubiera atropellado un autobús, no podrás ser todo lo efectivo que deberías y todas las tareas que te plantees hacer serán arduas. Cuando estás en equilibrio y en tu estado óptimo, brillas y eres capaz de comerte el mundo. Pero recuerda que tus necesidades son prioritarias, y que si las olvidas o las relegas al final de tu lista notarás las consecuencias.

¿DE QUIÉN ES LA ENERGÍA?

Uno de los problemas más comunes que tenemos los empáticos es que a veces, sin darnos cuenta, percibimos y absorbemos la energía de los demás. Sin ser consciente de ello, sientes en ti una energía que no es tuya. No es tan fácil concretar de quién es la energía que sientes, pero una vez determinas que es externa puedes liberarte y dejarla ir.

Un ejemplo de absorción de la energía externa en el día a día tiene lugar cuando notas que tu humor o tus emociones cambian muy fácilmente sin razón aparente y sin saber por qué. De repente, tus emociones se van mezclando con las de tu alrededor y te cuesta separar y entender de quién es cada emoción. Puede que te suceda al entrar en una habitación y notar el ambiente, al ir a lugares concurridos o simplemente mientras tienes una conversación profunda con un amigo y atrapas con tu sensibilidad sus emociones como si fueran tuyas.

Veamos un sencillo ejercicio para determinar si la emoción o la energía que sientes en el cuerpo es tuya o de otra persona:

1. Cierra los ojos y centra la atención en tu cuerpo. Intenta detectar en qué lugar de este se encuentra la emoción o la energía cuyo origen quieres determinar.

2. Una vez la tengas localizada, centra toda tu atención en ese punto.

3. Si la energía es tuya, mantendrás la sensación de la emoción con toda su intensidad o incluso se ampliará. Si por el contrario la energía no es tuya, en cuanto concentres tu atención en el punto de origen la sensación irá disminuyendo.

4. Si has determinado que la energía o emoción que tienes en el cuerpo no te pertenece, libérala y déjala ir. Para procesar una emoción —ya sea propia o externa— y liberarla del cuerpo hay diferentes técnicas:
   - Posturas de espacio: crea espacio manteniendo una postura abierta. Por ejemplo, poniendo las manos en alto o apoyadas en tus caderas como si fueras una jarra de dos asas. Permanece en esa postura unos minutos.
   - Meditación chakra corazón: siéntate en un lugar cómodo y tranquilo e imagina que un rayo de luz de color verde va hacia el punto donde tienes localizada la energía. Visualizar es una técnica muy efectiva para liberar la energía.

5. En el caso de que hayas determinado que la energía es tuya, siente cómo es esa energía. Observar y estar atento a los cambios energéticos del cuerpo te ayudará a saber cuándo hay cambios y por qué suceden.

EJERCICIOS PARA PROGRESAR:
Sé consciente de tu energía

Rara vez nos paramos a escuchar a nuestro cuerpo y cómo nos sentimos. Es importante que aprendamos a conectar con nuestra propia energía y detenernos un momento para sentirla libremente. Cómo nos sentimos en el día a día está condicionado por nuestras horas de sueño, nuestra alimentación, por las posibles preocupaciones, por el entorno, etc. Conocer e identificar tu energía es una herramienta muy poderosa para saber cuándo esta se ve afectada por las energías de otros a tu alrededor o cuándo necesitas hacer algo para equilibrarte o calmarte.

Utiliza una alarma o un recordatorio para dedicar un momento cada día a comprobar tu energía, notarla y hacerte las siguientes preguntas:

- ¿Cómo te sientes?
- ¿Qué emociones tienes a flor de piel?
- Nota tu cuerpo. ¿Puedes reconocer alguna contracción o sensación de expansión en alguna zona?
- ¿Te has sentido así todo el día? ¿O en algún momento algo ha cambiado?

Sentir tu propia energía, dónde está localizada, qué sentimientos estás experimentando, es crucial para saber determinar cuándo hay energía externa que te está afectando al entrar en contacto con la tuya.

LÍMITES PERSONALES

Los límites personales son las barreras necesarias que ponemos a nuestro alrededor. Son las líneas rojas de tu terreno personal que no estás dispuesto a que otras personas traspasen. Los límites personales protegen tu libertad, tu espacio, tus principios y tu moral. Ahora bien, los demás no tienen por qué conocerlos de antemano, y es trabajo nuestro comunicarnos y expresar lo que no es aceptable para nosotros.

Hay diferentes tipos de límites personales:

- Límites intelectuales: tienes derecho a tener tus pensamientos y opiniones.
- Límites emocionales: tienes derecho a tener tus sentimientos en cada situación.
- Límites físicos: tienes derecho a tener tu espacio físico.
- Límites de valor social: tienes derecho a tener tus amigos y realizar actividades sociales.
- Límites espirituales: tienes derecho a tener tus propias creencias espirituales.

Ser asertivo

Sé honesto y directo con aquellos que han cruzado tus límites personales, verbalizando que estos han sido traspasados. Es decir, sé asertivo.

Si no estás acostumbrado a hacerlo, mostrar asertividad y decir lo que piensas puede que te dé miedo. Empieza poco a poco: conforme vayas expresando tus límites personales y tus convicciones, serás capaz de decirlo en voz alta con serenidad, respeto y tranquilidad, y en el momento justo.

Empieza por situaciones pequeñas:

- En el restaurante. ¿No te sirvieron lo que habías pedido? Reclámaselo al camarero.
- ¿Alguien insiste en hablar de un tema personal tuyo del que no quieres hablar? Díselo abiertamente.
- ¿Un compañero de trabajo te está asignando tareas que no deberías hacer? Recuérdale que esa no es tu misión.
- ¿Un amigo te hizo algo que te ha dolido? Ábrete y explícale lo que has sentido y por qué te ha herido.

Práctica y más práctica

Cuando empiezas a poner límites personales y a ser asertivo, tienes miedo de que los demás te perciban como maleducado o carente de modales. Nada más lejos de eso, poner encima de la mesa tus límites personales significa valorarte, tener en cuenta tus necesidades y tus sentimientos más que la opinión de los demás o su reacción. Tú primero. Ser honesto, claro y justo diciendo en voz alta lo que piensas mientras mantienes tu paz, dignidad y respeto es una gran liberación personal.

La mejor forma de establecer límites personales es practicando cómo comunicarle a alguien que ha cruzado tus límites. A continuación se enumeran varias señales indicadoras de que tienes límites no saludables:

- Vas en contra de tus valores y derechos para satisfacer a los demás.
- Das a los demás por el hecho de dar.
- Recibes por querer recibir de los demás.
- Dejas que el concepto que tienen los demás de ti te defina.
- Esperas que los demás cubran tus necesidades automáticamente y sin tener que pedirlo.
- Te sientes culpable o mal cuando debes decir que no.
- No hablas cuando no se te ha respetado o has percibido que te han tratado mal.

Por el contrario, cuando tenemos límites personales saludables todo cambia:

- Somos capaces de mejorar nuestra autoestima.
- Estamos conectados con nosotros mismos y con la realidad.
- Somos capaces de comunicarnos mejor con otras personas.
- Tenemos más estabilidad y control sobre nuestras vidas.
- Somos capaces de canalizar lo que sentimos desde el respeto a nosotros mismos y a los demás.

Ejemplo de límites personales

Imagínate que es el cumpleaños de tu tía y tu madre te está persiguiendo para que la llames y la felicites. Puede que eso signifique para ti que tu madre ha traspasado un límite al querer que tú llames obligatoriamente a tu tía para felicitarla.

Una situación muy distinta sería que tu madre te dijera, para tu conocimiento, que es el cumpleaños de tu tía sin tener expectativas de que tú realices ninguna acción al respecto. Si tu madre da por supuesto que debes llamar a tu tía no se está planteando que puedas decir que no. Que ella tome esa decisión por ti va en contra de lo que tú sientes que debes hacer.

En ese momento, si crees que tu madre ha traspasado tus límites personales tienes varias opciones:

a) Puedes llamar a tu tía para que tu madre te deje en paz, pero dentro de ti algo no acaba de cerrar el tema, te notas resentido. Porque harás algo que va en contra de lo que sientes que quieres hacer. Si llamas, será solo para satisfacer a tu madre o para no afrontar una conversación más difícil con ella.

b) Tienes una conversación sincera con tu madre en la que le explicas que agradeces que te haya hecho saber que es el cumpleaños de tu tía pero que has decidido no llamarla por la razón que sea. Puede que no tengas una buena relación con ella, que normalmente no llames para los cumpleaños o que simplemente no seáis tan cercanos y llamarla no sea algo que necesites o quieras hacer.

Si no haces lo que se espera de ti o lo que el otro quiere, muy probablemente la conversación acabará aterrizando en la tierra de «pero si no te cuesta nada» o «hazlo por mí». Pero el hecho es que ir en contra de lo que sientes que debes hacer sí que te cuesta. Ir en contra de tus principios sí que te cuesta. No te sale gratis porque las emociones negativas y de repulsión por hacer algo que va en contra de ti mismo las sientes en el cuerpo y en la mente. E inevitablemente aparece un sentimiento de culpar al otro, como si la otra persona te hubiera forzado a hacer algo en contra de tu voluntad.

La verdad es que eres tú quien decide dónde quiere gastar su tiempo y energía y con quién, y nadie excepto tú toma esa decisión. Nadie toma esa decisión por ti, pero es más fácil culpar a otro ya que así nos libramos de nuestra propia responsabilidad en nuestras decisiones.

Por eso, comunicar lo que sientes a la otra persona es la primera piedra para entenderse: hablar desde la honestidad, desde la autenticidad y desde el corazón, sin resentimiento alguno y sin acusar al otro por pedir algo de nosotros que no estamos dispuestos a dar. Los demás pueden pedir, es nuestro deber decidir si decir sí o decir no con la misma naturalidad.

Puede que cuando empieces a poner tus límites personales y a decir que no a ciertas cosas que no quieres hacer, la respuesta de aquellos que quieren forzarte a hacerlo no sea de compasión y entendimiento. Eso significa que vas a tener algunas conversaciones difíciles en las que deberás posicionarte y ser firme. Independientemente de la reacción de los demás frente a tu decisión, debes tener claro que tienes el poder de decidir. Y si la otra persona insiste en decidir por ti o se manifiesta en contra de tu derecho a decidir por ti mismo, es porque cuando no habías puesto límites ella sacaba una ventaja de ello.

Ciertamente, hay situaciones en las que no va a ser posible tener una conversación fluida y sincera sobre tus sentimientos. No siempre podrás decidir, y quizá por desgracia en situaciones laborales a veces deberás ir en contra de tus principios y no tendrás opciones alternativas.

En caso de que no tengas más remedio y vayas en contra de tus principios y de tu voluntad, se generará una emoción negativa en ti. Se activarán el resentimiento, la rabia, el enfado, e incluso esa situación puede encender a tu juez interno y afectar a tu autoestima. En esa circunstancia, siente la emoción negativa, acepta la situación y libera la energía con algunas de las técnicas explicadas en el apartado «¿De quién es la energía?».

Definir tus límites

Definir tus límites es un ejercicio de honestidad contigo mismo muy necesario para mantener una relación saludable contigo y con tu entorno.

Escribe cuáles serían tus límites personales en cada categoría:

- Límites intelectuales: tienes derecho a tener tus pensamientos y opiniones.
- Límites emocionales: tienes derecho a tener tus sentimientos en cada situación.
- Límites físicos: tienes derecho a tener tu espacio físico.
- Límites de valor social: tienes derecho a tener tus amigos y realizar actividades sociales.
- Límites espirituales: tienes derecho a tener tus propias creencias espirituales.

Conoce tus límites

Vas a definir tus límites intelectuales, emocionales, físicos, de valor social y espirituales con gente que no conoces, así como con compañeros de trabajo, amigos, familia y pareja.

Piensa en situaciones pasadas en las que te has sentido resentido, frustrado o a disgusto con alguien. Luego, crea una tabla de límites personales como la que se muestra abajo (con una columna para cada categoría de relación) y rellénala con tus criterios y los principios que necesites para sentirte cómodo y seguro.

Tus límites personales cambiarán con el tiempo. Mantén tu tabla de límites personales al día y no tengas miedo de cambiar o eliminarlos si ya no te sirven.

CATEGORÍA LÍMITES PERSONALES

	COMPAÑEROS DE TRABAJO	PAREJA	AMIGO A
Límite emocional	*No me siento cómodo cuando mis compañeros de trabajo me preguntan sobre mi enfermedad.*	*No me siento cómodo cuando mi pareja me dice que soy muy sensible, que siempre me afectan mucho las cosas, y no quiere entender lo que me pasa.*	*No siento que mi amigo preste atención a mis sentimientos cuando estoy triste. Evita hablar cuando necesito hacerlo de tristeza, rabia, frustración...*
Límite intelectual			
Límites físicos			
Límites de valor social			
Límites espirituales			

QUERER CONTROLAR LAS EMOCIONES DE LOS DEMÁS

Cuando no tenemos claros nuestros límites personales y confundimos las emociones de los demás con las nuestras, inevitablemente las primeras nos afectan, nos molestan. Sus emociones son un peso que no queremos cargar a cuestas.

Las emociones de los demás nos afectan más a los empáticos que a otras personas. Somos capaces de absorber su tristeza, su alegría, su cansancio y su emoción, de ahí que muchas veces queramos controlar sus emociones; controlar en el sentido de manejar o ayudar a la persona a salir de una emoción negativa hacia otra más positiva guiándola en el proceso. Sin embargo, regular las emociones de los demás cuando no sabemos autorregularnos puede ayudarnos solo momentáneamente y no es el buen camino.

Por eso es tan importante aprender a regular nuestras propias emociones, para ser libres y poder mostrarnos al mundo tal y como somos entendiendo cada faceta de nosotros.

EJERCICIOS PARA PROGRESAR:
Reconoce tu estado emocional

Es inevitable que entremos en contacto con las emociones de los demás, pero no tenemos ninguna necesidad de hacerlas nuestras ni tampoco de querer controlarlas. La regulación de nuestras propias emociones y su identificación es la clave del éxito.

- Siente tu emoción. Reconoce cuál es, en qué parte del cuerpo la notas.
- Identifica qué emoción has querido controlar en la otra persona.
- ¿Por qué quieres controlar esa emoción? ¿Cómo te afecta?
- Identifica si hay alguna emoción de otra persona que has absorbido.

Utiliza los ejercicios que aparecen en las secciones anteriores «¿Cómo identificar la emoción?» y «Limpia tu energía y accede a tu paz interior».

LAS EMOCIONES SOCIALES

Hay emociones que van ligadas a nuestro estado emocional y personal, pero hay otras que tienen una dimensión social, lo que significa que sentirlas implica necesariamente la existencia de terceros. Las emociones sociales son otra capa adicional que hay sobre las emociones primarias y secundarias, junto a las que forman parte de nuestro estado emocional.

---

53 Schnarch, D. «People Who Can't Control Themselves Try to Control Others». *Psychology Today*, 23 de mayo de 2011. Accesible en: https://www.psychologytoday.com/us/blog/intimacy-and-desire/201105/people-who-cant-control-themselves-try-control-others

Somos animales sociales, necesitamos vivir en comunidad y estar rodeados de otras personas. Las emociones sociales son aquellas que se desarrollan en un entorno social (amor, orgullo, admiración por aquellos con los que interactuamos). Es cuando las normas sociales se transgreden cuando las personas sentimos emociones sociales negativas, como la vergüenza y la culpa.

Veremos que las emociones sociales aparecen cuando una emoción primaria o secundaria real no se manifiesta. Así pues, son la consecuencia de una represión emocional que sale al exterior en forma de celos, culpabilidad, ansiedad, vergüenza u orgullo como sistema de defensa.

Celos

Los celos son una emoción realmente compleja que contiene una mezcla de miedo al abandono, rabia y humillación. Puede que la amenaza que se siente sea real o no, pero se nota cuando una relación valiosa se puede ver amenazada por un tercero.

Los celos muchas veces se asocian a las relaciones de pareja, pero no se limitan a ese terreno: podemos estar celosos de un amigo, de un compañero de trabajo, de nuestros hermanos... Los celos se distinguen de la envidia en que en los primeros siempre se requiere a una tercera persona, a la que vemos como un rival afectivo.

Culpabilidad

La culpa nos paraliza: cuando nos sentimos culpables por algo que hemos hecho a otra persona, tenemos remordimientos. En muchas ocasiones nos sentimos arrepentidos después de sentirnos culpables y queremos pedir perdón a la persona a la que han afectado nuestros actos.

Vergüenza

La vergüenza es un sentimiento que va muy ligado a la culpa. No obstante, la vergüenza está relacionada con un sentimiento más interno (sentirnos avergonzados por nosotros mismos de reconocer que algo es cierto), mientras que la culpa es una emoción relacionada con terceros (sentirse con responsabilidad sobre algo que ha sucedido con otra persona).

Orgullo

El orgullo es una emoción que puede ser positiva o negativa. Puedes estar orgulloso de algo que has hecho, pero el orgullo también puede albergar un sentimiento de superioridad.

No hay nada malo en estar satisfecho cuando conseguimos un objetivo o hacemos algo que nos llena o que queremos celebrar. Si dejamos que nuestros logros definan quiénes somos o sean el punto de comparación con los demás, no disfrutaremos de lo que hemos conseguido.

Nuestro valor no viene definido por lo que hacemos, sino por lo que somos. Tu valor como persona está totalmente separado de tus objetivos y de lo que consigues en la vida. No tenemos que demostrar nada a nadie, incluidos a nosotros mismos. Nuestros fallos y nuestros aciertos son parte del camino de la vida, pero no nos definen como personas.

 EJERCICIOS PARA PROGRESAR:
Diario personal

Llevar un diario personal, escribir en papel lo que piensas y lo que sientes, es vital de cara a tomarte un tiempo para reflexionar. La reflexión es clave para entender a un nivel interno lo que nos pasa, por qué nos pasa, qué sentimos y por qué lo sentimos.

Y no solo es una herramienta para poder entendernos mejor, sino que también nos ayuda a descargar nuestras preocupaciones en una hoja de papel y a aclarar y organizar nuestras ideas. De ese modo, te beneficias tú al organizar tus pensamientos y sentimientos, pero también quienes tienes alrededor, ya que los vivirás menos a flor de piel y con más distancia gracias a la reflexión interna ya trabajada.

Empieza un diario en el que puedas responder a las siguientes preguntas:

- ¿Cómo te ha ido el día?
- ¿Cómo te sientes?
- ¿Cuáles son tus objetivos?
- ¿Qué quieres cambiar?
- ¿Cuáles son tus ejercicios de gratitud del día?
- ¿Qué has aprendido hoy?
- ¿Has pensado algo y quieres desarrollar la idea?

La técnica Bullet Journal es un procedimiento sacado del libro *El método Bullet Journal: Examina tu pasado. Ordena tu presente. Diseña tu futuro*, de Ryder Carroll.

El material que necesitas para organizar tu pasado, tu presente y tu futuro es un diario de hojas blancas con puntitos que se utilizan como guía en la hoja.

El método sigue 4 módulos:

- Índice.
- Plan futuro.
- Plan mensual.
- Plan diario.

El método Bullet Journal (BuJo) consiste en crear en tu cuaderno las secciones específicas que hemos mencionado:

- La primera doble página será para el índice.
- La segunda doble página será para el Plan de Futuro. Divide la página en 3 para crear 6 meses.
- La tercera doble página está dedicada a los meses. Es la vista mensual que contiene el listado de tareas y el calendario de días.
- La cuarta página es la vista diaria. Cada día tendrá una entrada que contendrá las tareas principales del día por categorías (tareas, eventos y notas).
- Si una tarea es prioritaria, se añade un símbolo de una estrella.

Al final de cada mes se genera un nuevo plan mensual. Se revisan las tareas del mes anterior y hasta que no se hayan completado se pueden traspasar al siguiente mes. También es un buen momento para hacer balance del mes anterior, qué tareas hemos realizado, cuáles hemos procrastinado o completado.

13

TÉCNICAS PARA
RECUPERARTE DE TU
NECESIDAD
DE COMPLACER

La necesidad de complacer nos acompaña a los empáticos principalmente porque notamos todas las emociones a nuestro alrededor: captamos los detalles emocionales y somos capaces de ver lo que los demás necesitan en cada momento. Sabemos qué hay que hacer para que todo el mundo esté cómodo y eso nos genera cierto sentido de responsabilidad. Nos parece que depende de nosotros el resultado porque somos capaces de leer la solución.

Cuando asumimos este rol del salvador o del héroe que solucionan un problema que no es suyo manteniendo a todo el mundo contento, estamos arrebatando una oportunidad a la persona que tiene el problema. Ni más ni menos, la oportunidad con que cada uno cuenta para solucionar sus propios problemas, para aprender, para saber qué es lo que necesita hacer para su propio beneficio. No les hacemos ningún favor salvándolos de sí mismos.

Estar pendientes de las necesidades de los demás hace que nos olvidemos de las nuestras, y nadie sabe mejor que tú qué necesitas y cómo conseguirlo.

AUTORREFERENCIA

De pequeñitos aprendemos dónde empezamos nosotros, nuestro sentido del yo, y dónde acaban los demás. Para los empáticos es un poco más complicado tener un sentido claro de nosotros mismos como personas, ya que por el hecho de sentir emociones externas la línea entre nosotros y lo que nos rodea se hace más borrosa.

Es probable que hayas aprendido más de los demás y de lo que necesitan de ti que de tus propias necesidades. Puede que pienses que si los demás son felices tú también eres feliz. Pero solo tú puedes cubrir tus necesidades. Solo tú eres capaz de hacerte feliz y tu felicidad no depende de nadie más que de ti.

Debes preguntarte qué es lo que tú quieres y necesitas. Debes ser capaz de ver dentro de ti y saber qué es lo que quieres hacer. Complacer a los demás es una forma de ser validado externamente: quieres ser un buen chico o una buena chica y portarte bien a ojos de los demás. Pero este «portarse bien» puede estar destrozándote por dentro y alejándote de todo lo que quieres hacer, de lo que te importa y de quién eres tú.

Pongamos por caso que en tu trabajo te ofrecen una promoción, un trabajo con más dinero y más poder. A ojos de los demás, esto es una victoria, y ¿cómo vas a decir que no? En tu cabeza piensas que es más dinero y ese dinero te permitirá tener y hacer lo que quieres.

Si de verdad lo piensas bien, quizá no quieres un trabajo con más sueldo y más responsabilidad. Quizá lo que quieres es dedicarte a pintar, tener tu propio horario y poder trabajar desde tu casa, y no te importa ganar menos dinero porque no es tu objetivo.

Ya sabes que si no aceptas esa promoción tu decisión no va a ser aceptada socialmente. Todo el mundo pensaría que estás loco al dejar escapar un trabajo de éxito. ¿De verdad vas a aceptar un trabajo que no quieres y que va en contra de lo que necesitas?

Tú sabes mejor que nadie qué es lo que te conviene y qué es lo que necesitas. Y aunque tener el apoyo y la aceptación de los demás puede ser reconfortante, hacer lo que de verdad quieres hacer aún lo es más.

Qué miserable sería todo si el rumbo de tu vida lo decidieran los que están a tu alrededor dependiendo de si están de acuerdo o no con tus decisiones. Pregúntate:

- ¿Es esto lo que yo quiero?
- ¿Es esto lo que necesito?
- ¿Qué me hace feliz?
- Si pudiera hacer cualquier cosa y no hubiera ningún impedimento, ¿qué haría?

PRINCIPIOS VS. FALSOS PRINCIPIOS

Tus principios y tus creencias son la base de los límites personales que tienes como individuo. Tu concepto de lo que está bien o mal hecho, de lo que es justo o injusto, de lo que se debe o no se debe hacer rige tus normas internas y cómo te relacionas con los demás. Los principios son el fundamento de cómo ves la realidad a tu alrededor. Pero ¿eres en realidad consciente de cuáles son tus principios fundamentales?

A veces utilizamos el estandarte de nuestros principios para justificar una acción que de otra forma no aceptaríamos, y con ello nos creamos una visión ficticia de lo que implica tener este principio. Imagínate que para mí el respeto es un principio fundamental. Lo primero que tengo que hacer es definir qué es el respeto y qué significa para mí. En nombre de mi principio del respeto, puedo convertirme en una persona inauténtica que no expresa su opinión o que no comunica lo que siente porque quiere preservar a la otra persona de injerencias externas. Este falso concepto de lo que significa el respeto equivaldría a un falso principio: construcciones mentales ficticias sobre un principio real.

Déjame que te ponga un ejemplo. Pongamos por caso que estás teniendo una conversación con tu amiga, que está pensando si dejar a su novio o no. Tu eres muy respetuoso y no quieres que tu opinión sobre su pareja haga decantarse la balanza de tu amiga hacia una decisión u otra.

Por tu principio del respeto, no quieres dar tu opinión porque crees que ella debe llegar a su propia conclusión. El principio del respeto es muy válido, pero el principio ficticio dice que estás siendo respetuoso sin implicarte o sin ser auténtico con tu opinión. El hecho de que no participes o no quieras expresar lo que piensas es probable que sea tomado por tu amiga como una falta de implicación en el tema, es decir, que no te preocupas o no tienes un interés genuino, cuando en realidad es todo lo contrario. Pero el respeto que quieres mantener con relación a su decisión se ha convertido en un falso principio y acaba generando distancia y una barrera emocional con tu amiga que te hace ser inauténtico en lugar de respetuoso.

Piensa en cuáles son los principios fundamentales para ti y en un ejemplo real en el que hayas aplicado uno de ellos. ¿Se corresponde la acción con el principio fundamental? ¿Ves algún principio falso que has generado?

La otra cosa que debes tener en cuenta es que los principios también pueden cambiar con el tiempo: no tienes por qué sentirte inseguro si algo que antes era primordial para ti ahora no lo es. Si haciendo la lista de principios fundamentales hay alguno que ya no te sirve, con el que ya no te identificas, no tengas miedo de enviarlo a la papelera.

Identificarlos

Los principios de cada uno están relacionados con sus tradiciones y sus valores internos, y ellos gobiernan nuestro comportamiento y nuestras relaciones personales. Steven Covey, en su libro *Los 7 hábitos de la gente altamente efectiva*, menciona que los principios representan la realidad objetiva que trasciende la cultura y a los individuos.

El autor cita varios principios como la integridad, la honestidad y la justicia. Los principios son leyes naturales, y los nuestros determinan las consecuencias y resultados de nuestras acciones y comportamientos.

Determina e identifica cuáles son tus principios y cuáles tus falsos principios en los que escondes tu autenticidad. Tus principios son tu brújula para decidir qué es lo que no estás dispuesto a comprometer y te ayudan a evaluar una oportunidad o una situación. Además, tus principios pueden determinar tus valores y tus objetivos.

Procesarlos

Una vez has determinado cuáles son tus falsos principios que pensabas que regían tu mundo, hay que procesar que ya no forman parte de lo que necesitamos. Así, tenemos que asumir que cambiar de principios, reconsiderarlos y dejar ir todo aquello que ya no nos sirve porque no se ajusta a quienes somos, es una tarea esencial.

Creemos saber cuáles son nuestros principios, pero muchas veces los confundimos con esa historia que nos contamos a nosotros mismos. Los falsos principios son aquellos que crees tener, pero que no son tu esencia, ya sea por convenciones sociales o porque crees que es lo correcto conceptualmente.

En definitiva, estar en contacto con tus principios de verdad es necesario para despertar nuestro verdadero yo, ese que no está condicionado, que sabe lo que quiere y que no tiene miedo de decirlo en voz alta.

Dejarlos ir

Una vez detectados los falsos principios que tenemos, debemos dejarlos ir para dar paso a principios reales. Es difícil deshacerte de algo que te ha servido, que te ha acompañado durante mucho tiempo, pero la honestidad con uno mismo es una buena manera de empezar a vivir la vida que quieres vivir y no la que está impuesta o viene dada.

Deja, pues, ir sin rencor estos falsos principios que te hacen mal, que no van alineados con quién quieres ser.

 EJERCICIOS PARA PROGRESAR:
Identifica tus falsas creencias

Haz una lista de tus 10 principios más importantes, luego priorízalos por orden de relevancia y finalmente destaca los 5 más importantes. Desgránalos en situaciones, acciones o personas que representen esos principios.

Los diez principios más importantes para mí

1.
2.
3.
4.
5.
6.
7.
8.
9.
10.

Los cinco principios más importantes para mí ordenados por relevancia

Principio 1

Principio 2

Principio 3

Principio 4

Principio 5

Ahora que ya has identificado tus principios más importantes en orden de prioridad, debemos analizar qué comportamientos demuestra cada uno de los principios y qué nuevas creencias.

En cuarto lugar, una vez hayas identificado tus cinco principios más importantes, pregúntate de qué forma están presentes en tu vida. Para ello, describe dos o tres comportamientos para cada principio que demuestren que están realmente rigiendo tu vida.

Comportamientos:

Principio 1
_____

Principio 2
_____

Principio 3
_____

Principio 4
_____

Principio 5
_____

En quinto lugar, pregúntate si quieres que estos principios sigan presentes en tu vida o si has decidido cambiarlos. Si decides cambiarlos, escoge cinco principios que quieres que rijan tu vida a partir de ahora y anótalos a continuación:

Principio 1
_____

Principio 2
_____

Principio 3
_____

Principio 4
_____

Principio 5
_____

¿Cómo vas a concretar estos valores en tus comportamientos?

LA NECESIDAD DE VALIDACIÓN EXTERNA

Todos necesitamos palabras bonitas, todos necesitamos sentirnos aceptados y valorados por los demás: necesitamos asegurarnos de que los demás están con nosotros.

Decía Oprah Winfrey en un discurso que en sus miles de entrevistas a lo largo de los años siempre hay algo que todos los entrevistados le dicen al acabar la entrevista: «¿Estuvo bien?». Todos queremos ser validados, conectar con otras personas, saber si nos han oído, si nos han escuchado o si lo que hemos dicho significa algo para ellas. Y no importa quién sea, ya que Oprah mencionaba al presidente Bush, al presidente Obama o a Beyoncé entre los que le habían formulado esa pregunta. Porque todos y cada uno de nosotros queremos ser escuchados y sentir que lo que hemos dicho importa, que alguien al otro lado nos está escuchando.

La conexión con los demás es lo que nos hace humanos, y la validación externa forma parte de ello. Queremos saber qué piensan los demás de nosotros, cuál es la relación que tenemos con ellos y cómo nos ven desde fuera. La validación externa, no obstante, es un arma de doble filo si la usamos para definir quiénes somos y no como complemento de nuestro propio concepto de nosotros mismos: si lo que los demás piensan de nosotros es la única verdad que existe, sin atender a nuestros pensamientos y sentimientos, perdemos nuestra esencia, nuestra autenticidad, y nos convertimos en lo que los demás quieren que seamos, olvidándonos de quiénes somos en realidad, en busca desesperada de aprobación. Así, muchos de nosotros olvidamos que nuestra autoestima y nuestro valor personal vienen de nuestro interior, y que nuestro valor lo definimos nosotros y no la opinión externa.

CONSIDERAR TU VALOR INDIVIDUAL A TRAVÉS DE LOS DEMÁS

Si no exploramos nuestro valor desde dentro de nosotros mismos, estamos condenados a depender de las opiniones, los juicios y las percepciones de otros sobre nosotros. En ese caso, necesitaremos la validación externa y la aprobación de los demás para sentir que somos buenas personas, regular nuestras emociones o simplemente sentir que pertenecemos a un grupo.

Si la validación externa no existe o no es suficiente, eso nos lleva a sentirnos solos, avergonzados e incluso confundidos cuando alguien nos invalida o no aprueba lo que hacemos. Podemos pasarnos la vida buscando y necesitando la aprobación y validación de otras personas para sentirnos bien con nosotros mismos. Esta dependencia plena de validación externa nos convierte en dependientes y complacientes a toda costa, porque vivimos aterrados de que nos rechacen. Queremos que nos cuiden, que nos quieran y a veces hacemos todo lo posible para que sea así, olvidándonos de quiénes somos. Queremos complacer a los demás porque dentro de nosotros nos sentimos vacíos, inseguros, solos, avergonzados o culpables. Intentamos erróneamente regular nuestras emociones a través de los demás, buscando su aprobación y su aceptación.

Debemos aprender a entendernos, a regular nuestras emociones, a saber qué queremos y quiénes somos. Y en este proceso no necesitamos confiar en la percepción que los demás tienen de nosotros; al final, lo que piensen los demás, sea bueno o malo, lo más probable es que sea equivocado.

Podemos validarnos, aceptarnos y darnos cuenta de que ya no somos niños que necesitan de cuidado y atención. Tenemos la capacidad y el deber de querernos desde dentro, aceptar nuestras imperfecciones y trabajar para mejorarnos.

Podemos cambiar nuestras falsas creencias, nuestra dependencia de otras personas y dejar ir poco a poco todo aquello que no nos sirve. Estos mecanismos de supervivencia tan poco saludables que creamos con el tiempo no tienen lugar en la mejor versión de ti mismo.

PODER Y CONTROL

El poder existe, en mayor o menor medida, en todas las relaciones. Tener poder nos da una sensación de control, de seguridad: sabemos que somos capaces de tomar nuestras propias decisiones e influir en nuestro entorno.

Desear tener poder para conseguir lo que queremos es un instinto natural. ¿Qué sería de nuestra existencia sin el poder? Cuando nos sentimos empoderados, podemos manejar nuestras emociones, tenemos el control de nuestra vida en las manos. Algunos otorgamos nuestro poder a otras personas cuando nos sentimos incómodos, como si el hecho de tenerlo con nosotros ahuyentara a los demás. Así, en lugar de ser conscientes de nuestro poder y utilizarlo —a menudo, cuando expresas alto y claro lo que sientes y lo que piensas, notas que estás siendo injusto o que lo que vas a decir no va a gustar—, entramos en una espiral de complacer a los demás, nos entregamos a ellos y a sus necesidades y tenemos problemas a la hora de tomar decisiones porque hemos perdido contacto con lo que queremos, con nuestro poder.

Cuando ignoramos nuestro poder y lo cedemos a otras personas, se dan unos fenómenos concretos:

- Centramos nuestra atención en nuestro entorno y alejada de nosotros.
- Baja autoestima.
- Dependencia (una necesidad excesiva por tener una relación de pareja).
- Falta de asertividad.
- Miedo al rechazo y al abandono.
- Negamos sistemáticamente nuestras propias necesidades, deseos y sentimientos.
- Necesidad del amor y la aprobación de otros para ser feliz.
- Tenemos expectativas irrazonables sobre otras personas.
- Falta de responsabilidad de tus propias acciones.

Muchas relaciones tienen desequilibrios de poder. Si nosotros negamos nuestro propio poder y no nos expresamos, es natural que otra persona tome las riendas de nuestro poder, lo que nos lleva a relaciones tóxicas, adictivas, dependientes y abusivas.

En una relación saludable, el poder se comparte. La pareja se reparte la responsabilidad, las decisiones se toman conjuntamente y ambas personas se sienten seguras a la hora de abrirse y ser vulnerables. El control es uno de los síntomas de la codependencia y se confunde muchas veces con el poder.

Las personas dependientes padecen una falta de sentido del poder en sus vidas que intentan compensar manipulando a otros. En vez de responsabilizarse de su propia felicidad que las empodera, las personas codependientes ponen su atención en lo exterior y, sin tener en cuenta sus necesidades, intentan ejercer su poder sobre otros y controlarlos como modo de sentirse ellos bien.

Este pensamiento erróneo parte de la idea de que podemos cambiar a los demás, pero en el momento en que nuestras expectativas no se cumplen y no conseguimos manipular o controlar al otro, inevitablemente perdemos nuestro sentido del poder.

Tu personalidad es la base de tu poder. Tu poder vive dentro de ti y solo necesitas liberarte del miedo que te impide ser tú, que te impide sacarlo todo afuera.

- **Conócete bien:** ofrécete cada día un momento para estar contigo mismo. Puede ser tomar un té a solas, leer, escribir o caminar.

- **Pasa tiempo en silencio:** ruidos por todos lados, distracciones, interrupciones... Para calmar tu caos interno debes desconectar del entorno y encontrar la paz. Puedes hacerlo fijando un día al mes sin televisión, email ni aparatos electrónicos y utilizar ese día para conectar con la naturaleza y tus pensamientos.

- **Crea tus rutinas:** identifica tus tareas repetitivas y añádelas a tu rutina diaria. Te darás cuenta del tiempo y el espacio mental que recuperas solo automatizando tus tareas.

- **Pasa tiempo con tu tribu del alma:** relacionarse con la gente equivocada nos drena nuestra energía y nos aleja de nuestro poder. Acércate a aquellos que traen positividad a tu vida.

- **Coge las riendas de tu cuerpo:** es difícil sentir tu poder interno si no te sientes bien por fuera. Comer bien, hacer ejercicio y vestirte de forma que te satisfaga hará que te sientas poderoso.

- **Pon tu poder al servicio de los demás:** utiliza tu poder para ayudar a otros que aún no han encontrado el suyo. Ayuda a un amigo, apúntate a un banco de tiempo, échale una mano a alguien en apuros, ayuda a estudiar a tus primos o sobrinos... Hay miles de formas de servir a los demás y no solo es beneficioso para ellos. Además, habrás compartido un momento de calidad y habrás sacado tu poder para servir a otros.

- **No te hagas pequeño:** sentirse pequeño, que todo nos viene grande, es a veces inevitable. Cuando estamos en nuestro poder, brillamos, somos auténticos, no juzgamos a los demás y nos sentimos bien con nosotros mismos. Decide sacar la mejor versión de ti mismo. No te hagas pequeño, hazte grande siendo auténtico, siendo tú.

14

TÉCNICAS PARA CALMAR TU SISTEMA NERVIOSO Y LA SOBREESTIMULACIÓN

En un mundo que camina a toda velocidad, nuestro sistema nervioso entra en alerta y acaba sobreestimulado o sobreactivado por el entorno.

Es importante que seas consciente de qué situaciones, lugares o ambientes te generan sobreestimulación. Puede ser desde ir al supermercado o estar en grandes almacenes rodeado de gente, a asistir a reuniones familiares, tener muchas tareas por hacer, no tener control sobre tu tiempo, vivir días estresantes en el trabajo, notar altibajos emocionales... Tanto los empáticos como los no empáticos somos susceptibles al estrés, pero la sobreestimulación es una sobrecarga de estímulos que pueden ser visuales, físicos o emocionales. En una situación de sobreestimulación es importante pararse y tomarse el tiempo necesario para volver a un punto de equilibrio, a un espacio de tranquilidad.

Hay diferentes técnicas y maneras de abordar la sobreactivación. A continuación veremos algunas de ellas.

LA MEDITACIÓN

La meditación ayuda a conectar el cuerpo con la mente y a conseguir un estado de paz interior. Una paz interior que no es sino ese instante en el que la mente no conduce el coche de tu vida, sino que va sentada en el asiento de atrás.

Muchos piensan que la meditación es la ausencia de pensamiento, que para meditar hay que conseguir dejar la mente en blanco. Pero meditar es en realidad un ejercicio del poder del presente, del ahora: dejar que nuestra mente centre sus esfuerzos en estar en el momento presente, escuchando tu respiración, notando tu cuerpo, sintiéndote en lugar de focalizándote en lo que vendrá en el futuro.

Durante la meditación, es el cuerpo quien está presente. Estás en el aquí y en el ahora, donde no existe el concepto de tiempo que impone la mente, donde no hay prisa. La meditación ayuda a entrenar la mente a no dejarse llevar por una corriente de pensamientos que, como un rayo de luz, van entrando en nuestra cabeza sin orden ni control.

Mitos sobre la meditación

Meditar no es un ejercicio reservado a monjes budistas, personas calmadas, *hippies* o profesores de yoga. Meditar es una práctica que te ayuda a calmar tu mente, que baja el volumen y la velocidad de tus pensamientos hasta que eres capaz de oírte por dentro y notar tu paz interior. Desde ese lugar de paz puedes escuchar mejor tus pensamientos, tus emociones y pensar con claridad.

Uno de los mitos más extendidos sobre la meditación es que consiste en dejar la mente en blanco y no tener pensamientos. Por ello, algunas personas que empiezan a meditar piensan que no lo hacen bien porque no pueden dejar de pensar. Sin embargo, la meditación no consiste en dejar de pensar sino en dejar ir la necesidad de desarrollar esos pensamientos.

Imagínate que tu mente es una carretera y tus pensamientos son los coches que circulan por ella. Puedes dejar pasar cada pensamiento como si fuera un coche sin necesidad de subirte en él. Estás meditando y empiezan a aparecer pensamientos en la cabeza: tengo que llamar a mi madre, debería comprar jabón para el lavavajillas... Tener estos pensamientos es normal, tu mente se dedica a evitar problemas futuros y quiere tener cubiertos todos los ángulos. No puedes evitar pensar en comprar jabón para el lavavajillas, pero puedes aceptar que ese pensamiento ha aparecido y dejarlo ir sin pensar cuándo irás o dónde irás a comprar el jabón.

Al meditar generas músculo mental para que tus pensamientos no se apoderen de tu realidad, sino que sean tus aliados con el fin de crear la realidad que tú quieres. Conseguir ese silencio y paz interior está muy relacionado con cómo nos relacionamos con nuestros pensamientos y el tratamiento que les damos. Observa tus pensamientos como si los estuvieras mirando desde fuera, sentada en el margen de la carretera de tu mente, y míralos pasar.

Te aseguro que te darás cuenta de cuándo estás pensando de forma tóxica o si esos pensamientos no te hacen bien, y podrás manejar la situación más rápidamente.

 EJERCICIOS PARA PROGRESAR:
Meditación guiada

Puedes practicar una sencilla meditación en pocos pasos. Te recomiendo que la grabes en audio para poder escucharlo mientras sigues las instrucciones hasta que te familiarices con los pasos.

- Siéntate en el suelo o en una silla. Tómate tu tiempo para colocarte bien y sentirte cómodo.
- Empieza a respirar profundo inhalando y exhalando por la nariz.
- Nota cómo la superficie en la que estás sentado soporta tu peso.
- Imagínate que estás entrando en un estado de relajación profunda mientras continúas respirando.
- Deja que tu cuerpo se deje ir, déjalo fluir. Nota que estás en el presente.
- Imagínate que empiezas a derretirte poco a poco como si fueras mantequilla y te vas fundiendo.
- Si en algún momento tu cabeza se va con algún pensamiento, con empatía y compasión vuelve a centrar tu atención en tu cuerpo.
- Escanea tu cuerpo paso a paso desde la cabeza a los pies. Si notas un punto de tensión, libérala.
- Relaja tus cejas y tu mandíbula.
- Deja ir la tensión de tu cuerpo.
- Esparce este sentimiento de calma y de seguridad y soporte por todo el cuerpo.
- Tómate tu tiempo para permanecer en esta sensación de paz, de estar presente.
- Cuando estés listo, empieza poco a poco a salir de este estado meditativo.
- Puedes empezar por mover los dedos de los pies y de las manos. Estira tu cuerpo y cuando estés listo abre los ojos sintiéndote renovado y fresco.

Puedes descargarte una meditación gratuita en audio aquí: https://meritxellgarciaroig.com/8-beneficios-comprobados-cientificamente-sobre-la-meditacion

EL YOGA

El yoga se ha convertido en una actividad de moda en los últimos años. Se trata sin lugar a dudas no solo de un tipo de ejercicio físico que puede ayudar a fortalecer los músculos y aumentar la flexibilidad, entre otras ventajas, sino que es un trabajo energético muy importante.

El yoga se basa en la filosofía hinduista, que considera que el cuerpo contiene la energía vital, llamada *prana*. A través del yoga se pretende canalizar, liberar y equilibrar el *prana* para estar en armonía con nosotros mismos y con el entorno. Tanto el yoga como la meditación te permiten pasar tiempo en el modo parasimpático de tu sistema nervioso, que es el estado de tranquilidad y de rejuvenecimiento.

Te recomiendo que investigues los distintos tipos de yoga que existen para ver cuál es el que más podría ir contigo. Puedes practicar unas simples posturas de yoga en casa mientras ves vídeos gratuitos *online*, apuntarte a un curso *online* o asistir a un estudio de yoga que tengas cerca de tu casa.

Si quieres consultar las recomendaciones para practicar yoga en casa y de forma gratuita, las encontrarás en el apartado de «Recursos».

BAILAR

Bailar es una buena manera de conectarse con el ritmo de la música. Seguro que tienes cantantes favoritos o estilos musicales que hacen que quieras saltar a la pista de baile. A veces, 5 minutos bastan para devolverte a la realidad y para estar conectado con tu cuerpo y tu mente. No subestimes, pues, el poder de la música para calmar tu sistema nervioso.

Podemos poner en práctica los siguientes ejercicios:

- Sentado en una silla, ponte música y mueve los pies y las caderas en círculos. Mueve asimismo la cabeza y los hombros. Se trata de un ejercicio fácil y rápido de ejecutar.
- Por la mañana, al levantarte, escoge esa música que te invita a moverte y durante 5 minutos acompasa las caderas y las piernas

al son de la música mientras haces el desayuno o limpias la casa, o bien dedica esos 5 minutos de forma exclusiva a tu baile matinal.

- Busca un día para salir a bailar con tus amigos o incluso montar una pista de baile improvisada en el salón de casa.
- Sigue una clase de baile gratuita *online* o apúntate a clases de baile durante la semana.

> *¿Sabías que…?*
>
> Un estudio de 2007[54] descubrió que bailar hip hop mejora la energía, incrementa el humor y disminuye el estrés de forma parecida a otros tipos de ejercicios aeróbicos. De modo que, si te gusta bailar, utiliza el baile para cambiar tu humor cada vez que puedas.

BAÑOS DE NATURALEZA Y ENRAIZAMIENTO

Rodearse de naturaleza tiene un efecto calmante sobre el cuerpo. Cuando nos hallamos en un momento de sobreactivación de nuestro sistema nervioso, debemos utilizar cualquier actividad que nos calme y nos haga reconectar de nuevo.

El baño de naturaleza es la actividad consistente en equilibrar nuestro cuerpo y nuestra mente rodeándonos de un entorno natural. Un baño de naturaleza puede ser pasear por el bosque, hacer una excursión por la montaña, nadar o estar cerca del mar.

Otro concepto importante y ligado al anterior es el enraizamiento, que se produce cuando tocamos el suelo con nuestros pies descalzos. Como si fuéramos árboles y echáramos raíces al tocar el suelo, el enraizamiento nos ayuda a estar en equilibrio con nosotros mismos y conectados con la tierra. La razón es que la superficie de esta se encuentra poblada de electrones negativos, de modo que cuando caminamos descalzos en contacto directo con ella nos cargamos de dichos electrones, que son los que más necesitamos ya que estamos rodeados de

---

54 Kim, S. y Kim, J. (2007). «Mood after Various Brief Exercise and Sport Modes: Aerobics, Hip-Hop Dancing, Ice Skating, and Body Conditioning». *Perceptual and Motor Skills*, 104 (3, pt. 2), 1265-1270. Accesible en: https://www.ncbi.nlm.nih.gov/pubmed/17879660

electrones positivos: los teléfonos, las televisiones, la contaminación y la red wifi generan electrones positivos, y estamos faltos de los negativos para alcanzar el equilibrio.

¿Sabías que...?

Un estudio publicado en 2012[55] defiende que los efectos del enraizamiento son un elemento esencial para la salud humana, como lo puedan ser la luz del sol, el aire limpio, el agua, la alimentación nutritiva y la realización de algún tipo de actividad física.

En el momento en el que pisamos la tierra, nos deshacemos del exceso de carga energética mediante un intercambio de electrones con el suelo. Se trata de un proceso de reequilibrio de la carga eléctrica que nos ayuda a equilibrar nuestro propio cuerpo.

Así pues, y como ha demostrado la ciencia, caminar descalzo por la playa, en un campo de hierba o tocando la tierra con los pies aporta numerosos beneficios al cuerpo debido a que nos recargamos de iones negativos y dejamos ir el exceso de iones positivos.

Los beneficios de los iones negativos son los siguientes:

- Reducen la inflamación.
- Mejoran el sueño.
- Disminuyen los estresores que se hallan presentes en el cuerpo, como el cortisol.
- Alivian el dolor.
- Calman el sistema nervioso.

Los electrones negativos son en realidad antioxidantes sumamente beneficiosos para nosotros, puesto que neutralizan los radicales libres que dañan nuestro cuerpo acelerando el envejecimiento —oxidación celular— y en el peor de los casos causando graves enfermedades.

Por ello, siempre que puedas, camina descalzo, y principalmente cerca del agua, la hierba o la arena, que son los elementos con mayor saturación de iones negativos.

---

55 Chevalier, G. *et al.* «Earthing: health implications of reconnecting the human body to the Earth's surface electrons». *Journal of Environmental and Public Health*, 2012, 291541. Accesible en: https://www.hindawi.com/journals/jeph/2012/291541/

- Puedes utilizar un humidificador o un difusor que ayude a eliminar los iones positivos del aire.
- Puedes probar unos huaraches, zapatos con una fina suela de menos de medio centímetro que te hacen estar lo más cerca posible del suelo sin ir descalzo.
- Utiliza una lámpara de sal del Himalaya, que ayuda a equilibrar los electrones del entorno.

De forma que la próxima vez que estés en la naturaleza o que veas hierba, ya sabes, quítate los zapatos y a caminar descalzo. Ayuda a tu cuerpo a equilibrarse.

 EJERCICIOS PARA PROGRESAR:
Técnicas de visualización para enraizar

Cuando no tenemos la posibilidad de estar en contacto directo con la naturaleza y tocar la tierra con nuestros pies, podemos realizar ejercicios de visualización para enraizar como el siguiente:

- Siéntate con los pies tocando el suelo, ya sea en una silla o sobre el mismo suelo, en un lugar tranquilo en el que nadie te moleste.
- Cierra los ojos y concentra tu atención en tu respiración.
- Imagínate que de tus pies salen raíces que se adentran en la tierra. Como si fueras un árbol, las raíces te anclan al suelo.
- Nota cómo estás conectado con la tierra, cómo tus raíces están en contacto con el suelo y te ayudan a sostenerte en pie.
- Imagínate que te crecen ramas en los brazos, ramas que salen de tu tronco, y poco a poco van creciendo hojas.
- Hojas de distintas tonalidades de verde se van moviendo de un lado a otro con el viento.
- Imagina que puedes ver desde la altura de las ramas más altas por encima de tu cabeza.
- Puedes observar todo a tu alrededor desde esta vista privilegiada. Las ramas más altas parecen tocar el cielo.
- Nota los rayos de sol en las ramas, las hojas, el tronco y cómo esa luz va bajando hasta llegar a tus raíces.

EL EFECTO DEL AGUA

El agua es fundamental para nuestra salud. Seguro que habrás notado cómo caminar junto a un lago, por la orilla del mar o incluso tomar un baño parece tener un efecto calmante en ti.

Hay una razón científica que lo explica: flotar en el agua puede estimular la producción de ondas theta en el cerebro, lo que causa una profunda sensación de relajación e incluso algo similar a un estado hipnótico. Según un estudio,[56] el solo hecho de vivir cerca del agua se asocia con una mejor salud.

> *¿Sabías que...?*
>
> Según la doctora Elaine Aron, «el agua ayuda de muchas formas». De ahí que cuando estamos sobreestimulados, beber agua, caminar cerca de la playa o de un río, mirar el agua o incluso escuchar su sonido, tenga un efecto calmante.

Así pues, nadar en una piscina o en el mar, o incluso tomarte un simple baño o una ducha, gracias al efecto calmante del agua, te ayuda a volver a tu punto de equilibrio. Y el agua limpia no solo nuestro cuerpo, sino también nuestra energía: sumergir el cuerpo en agua puede limpiar tu vibración y ayudarte a deshacerte de energía negativa y restaurar tu equilibrio.

Además, si utilizas sales con el agua, la sal te ayudará a liberar toxinas del cuerpo, del mismo modo que las liberamos de forma natural a través de las lágrimas y el sudor. En la bañera puedes utilizar sales de baño o exfoliantes de sales para el cuerpo.

Por lo demás, el océano es una gran bañera con sales de baño que se encuentra en la naturaleza. La misma brisa del mar contiene partículas de sal, todo lo cual nos ayuda a calmar nuestro sistema nervioso, y a equilibrar los iones positivos y negativos del cuerpo como lo hace el enraizamiento.

Para estar en contacto con el agua:

----

56 Wheeler, B. W. *et al.* «Does living by the coast improve health and wellbeing?». *Health and Place*, 18 (5), 1198-1201. Accesible en: https://www.ncbi.nlm.nih.gov/pubmed/22796370

- Marca en tu calendario tu momento semanal de contacto con el agua, ya sea tomarte un baño, ir a la piscina o darte una ducha larga por la mañana.
- Considera ir a la sauna, ya sea en un gimnasio o en centros especializados.
- Date un baño con sales de magnesio (Epsom salts).
- Cuando necesites sentir el efecto calmante del agua, si no puedes tocarla o estar cerca de ella en ese momento, puedes beber un vaso cada hora y/o escuchar el sonido del agua (río, cascada, olas del mar, etc.) en un vídeo o canción de sonidos de la naturaleza.

LA RESPIRACIÓN

Respirar es algo básico para la supervivencia que hacemos todos y todos los días, pero muchas veces no lo sabemos hacer bien. Cuando estamos nerviosos, lo primero que se acelera es nuestra respiración, que empieza a entrecortarse produciéndonos incluso la sensación de que no nos llega el aire al estómago, sino que respiramos con el tórax solamente.

Esta respiración entrecortada nos origina tensión muscular, mareos y un aumento de la frecuencia cardiaca. Cómo respiras está en tu poder, y si tu sangre no puede oxigenarse correctamente a través de la respiración contribuyes a la ansiedad, que llegada a un límite puede provocar ataques de pánico. En cambio, si respiramos desde el estómago utilizando el diafragma con respiraciones profundas, llegamos a un estado de relajación. Así es como respiran los recién nacidos.

Respirar es sumamente importante y una de las claves para mejorar nuestro estado físico y mental. La respiración es, en su mayor parte, inconsciente, pero podemos aprender a regularla y convertirla en una actividad consciente. Se trata, por ello, de una actividad única, ya que la podemos realizar de forma inconsciente pero también consciente si la practicamos. De hecho, la regulación consciente de la respiración es una de las formas más efectivas de relajación.

Aprender a respirar a través de técnicas simples puede aportarte numerosas ventajas, como disminuir tu presión arterial, calmar tu corazón e incluso ayudar a la función de tu sistema digestivo. Curiosamente, la forma de respirar tiene conexiones directas con tu humor y con tu estado emocional: si te das cuenta, cuando alguien está enfadado, tiene miedo o está de mal humor, su respiración es rápida, poco profunda, irregular y muchas veces ruidosa (de hecho, hasta podemos oírla). En cambio, cuando estamos calmados tenemos una respiración ligera, profunda y sin prisas que permite que el aire llegue a todas las partes de nuestro cuerpo.

En resumen, si aprendemos a controlar nuestra respiración también podremos mejorar nuestro estado emocional: te va a ser muy difícil enfadarte si tu respiración es calmada, profunda, silenciosa y tiene un ritmo regular.

Aprender a respirar

Puedes pensar que ya sabes respirar, y de forma inconsciente está claro que sí, puesto que debes hacerlo cada día. Por el contrario, aprender a respirar de forma consciente es adquirir la capacidad de influir en tu respiración para relajar tu cuerpo, lo que además, y de paso, mejorará tu respiración inconsciente.

Prueba este sencillo ejercicio para conectarte con tu respiración:

- Cierra los ojos durante unos minutos.
- Mantén tu espalda recta y erguida.
- Empieza con una respiración profunda en la que puedas oír el ruido del aire saliendo por la nariz.
- Inhala por la nariz y observa cómo puedes modificar tu respiración hasta conseguir un ritmo regular, una cadencia profunda, lenta y relajada.

Deberías sentir que te llega suficiente aire. Realiza este ejercicio por lo menos durante 8 ciclos de respiración (inhalar y exhalar). Puedes llevarlo a cabo en cualquier lugar, cuando notas que tu sistema nervioso está a punto de estallar o simplemente para relajarte y practicar la respiración consciente.

La inhalación es el momento en el que solemos poner la mayor parte de la atención, pero el punto clave de la respiración está en exhalar. Cuando expulsamos el aire, podría parecer que se trata de una acción puramente pasiva a la que no hay que prestar demasiada atención y que incluso toma menos tiempo, como si fuera más sencilla.

Nada más lejos de la realidad: cuando exhalas rápidamente y sin esfuerzo aparente, no mueves todo el aire que podrías. Piensa que el buen funcionamiento del cuerpo se basa en el reparto de oxígeno por el cuerpo y expulsión de dióxido de carbono. Por lo tanto, para albergar más aire dentro de los pulmones, concéntrate en expulsar más aire de estos. Es decir, presta más atención al momento de la exhalación.

Así, al final de cada respiración, fuérzate a expulsar todo el aire que puedas. Cuando creas que no puedes expulsar más aire, expulsa un poco más. Para liberar el aire de los pulmones utilizarás los músculos intercostales, y con ese esfuerzo notarás cómo se van vaciando.

Respirar en la meditación

La respiración consciente está muy relacionada con la meditación, ya que implica poner tu atención dentro de ti, en tu respiración. Si pones todos tus sentidos en respirar, inevitablemente te relajarás y dejarás de lado el ruido de la mente. Muchas técnicas de meditación se centran en la respiración como parte principal para conseguir este estado contemplativo de calma, de paz interior.

Presta atención a tu respiración, limitándote a observar el ritmo y cómo el aire entra y sale de tu cuerpo. Sé consciente del camino que recorre el aire y simplemente obsérvalo sin querer cambiar el ritmo.

EJERCICIOS PARA PROGRESAR:
Técnica de respiración 4-7-8

Se trata de una técnica sencilla que no requiere mucho tiempo ni equipamiento para realizarla. La posición óptima para ejecutarla es con la espalda erguida, aunque puedes hacerlo en cualquier posición.

- Coloca la punta de la lengua justo detrás de tus dientes superiores. Ya sé que parece raro, pero es importante que mantengas la lengua en esta posición durante el ejercicio.
- Inhala por la nariz contando hasta 4.
- Aguanta la respiración contando hasta 7.
- Exhala todo el aire por la boca contando hasta 8. Tu aire saldrá a través del espacio que hay a ambos lados de la lengua haciendo el sonido natural del aire al salir.

- Inhala y exhala siguiendo el ciclo del ejercicio hasta realizar un total de 4 ciclos de respiración.

En esta técnica de respiración siempre inhalamos silenciosamente por la nariz y exhalamos ruidosamente por la boca. Debes notar que la exhalación toma el doble de tiempo que la inhalación. En este sentido, el ratio de 4:7:8 es importante, no cambies la duración.

Este ejercicio es un tranquilizante natural para nuestro sistema nervioso. Además, es gratuito y lo puedes hacer en cualquier lugar. Cuando empiezas, puedes notar una ligera mejora, pero conforme lo vas practicando a menudo su efecto va en aumento.

Realiza este ejercicio un máximo de una vez al día durante el primer mes, ya que tu cuerpo debe acostumbrarse al ritmo de la respiración.

 EJERCICIOS PARA PROGRESAR:
Técnica de contar la respiración

La técnica de contar la respiración puede parecer simple, pero en realidad es uno de los ejercicios que más práctica requieren para una correcta ejecución. Consiste en contar los ciclos de tu respiración.

- Siéntate cómodo con la espalda erguida y con la cabeza ligeramente inclinada hacia delante.
- Cierra los ojos y realiza un par de respiraciones profundas.
- Deja que la respiración fluya de manera natural sin querer controlarla o influir en ella.
- Empieza a contar con la primera exhalación hasta un total de 5 ciclos de respiración.
- Cada ciclo se compone de una inhalación y una exhalación.

Puedes hacer tantos ciclos como quieras, pero siempre deteniéndote en el quinto: al llegar este, empezamos de nuevo en el 1. Estamos entrenando la atención y queremos asegurarnos de que somos capaces de parar de contar al llegar al ciclo número 5.

La técnica de la respiración de fuego proviene de la tradición del yoga y tiene como propósito incrementar la energía vital y la atención. Si se realiza correctamente, puede producir la misma sensación que al finalizar una buena sesión de entrenamiento en el gimnasio. Este ejercicio produce un movimiento rápido en el diafragma; durante su transcurso debes sentir el esfuerzo del cuello, el diafragma, el estómago y el pecho. Respira de forma normal después de cada tercer ciclo y no realices el ejercicio por más de 15 segundos la primera vez que lo hagas.

- Inhala y exhala rápidamente a través de la nariz.
- Mantén tu boca cerrada pero relajada sin ejercer ninguna presión.
- Tu inhalación y exhalación deben tener la misma duración, pero ser lo más cortas posible. Prueba con 3 ciclos de inhalar y exhalar por segundo a través de la nariz.

Pon en práctica este ejercicio de respiración cuando necesites una subida de energía y te ahorrarás una taza de café.

Para calmar tu sistema nervioso también puedes utilizar la respiración:

- Respira profundo siempre que notes que estás estresado o tenso. Respira conscientemente y sin prisa llenando todo tu cuerpo del aire que acabas de inhalar.
- Puedes llevar a cabo cualquiera de las técnicas de respiración mientras caminas, estás en el metro o en el bus de camino o de vuelta del trabajo, o antes de ir a dormir. Cualquier momento es bueno para conectarte con tu respiración.

LA MÚSICA (*SOUND HEALING*)

La música nos cambia el humor, nos despierta emociones y nos hace mover el cuerpo y desbloquear la mente. Puedes escuchar música de diferentes estilos que te ayuden a centrarte y a volver a tu punto de equilibrio.

Estoy segura de que mientras caminas por la calle, haces la limpieza semanal en casa o conduces en tu coche en ocasiones vas escuchando música. La música nos hace vibrar: cantamos en la ducha, tarareamos o incluso se nos van los pies o hacemos percusión con las manos al oír ciertas canciones o sonidos.

Escucha los estilos que más te gusten, pero sé consciente de cómo te hacen sentir para saber qué tipo de música necesitas en cada momento. Algunas recomendaciones de otros tipos de música menos convencionales que veremos a continuación son:

- Los mantras
- El sonido curativo para chakras (*chakra sound healing*)
- La música de 432 Hz

Mantras y afirmaciones

Mantra, en sánscrito, significa «herramienta de la mente» y en la traducción del chino significa «las palabras de la verdad». La idea de que la verdad tiene poder hace que la repetición de mantras sea una forma de aceptar la verdad.

Los mantras son afirmaciones que se repiten una y otra vez internamente o en voz alta y pueden estar acompañadas de una melodía que, por su sonido y resonancia, nos hace vibrar al pronunciarlas o al oírlas.

Un mantra es una herramienta para tu mente; la repetición de una frase que causa un efecto en tu estado emocional y espiritual. Los mantras no pertenecen a ninguna religión: aunque puede haber mantras religiosos o relacionados con la plegaria, el concepto de mantra no implica ninguna creencia religiosa concreta.

No desestimes el poder que tienen las palabras al resonar en tu cabeza. Si cantas un mantra, ya sea uno propio o una canción de mantras, estarás ejerciendo el poder de que esa verdad se haga realidad en tu cabeza. Si cada día te repites a ti mismo, por ejemplo, el mantra «No soy responsable de hacer feliz a los demás», se convertirá en una verdad que se integrará en tu sistema de creencias.

> **¿Sabías que...?**
>
> En 1975, el doctor Robert Ader[57] aportó la evidencia científica de que nuestros pensamientos alteran el sistema inmunitario. Ader descubrió que los mamíferos son capaces de condicionar su respuesta inmunitaria y usar efectivamente sus pensamientos y emociones para operar cambios en el sistema inmunitario o en el cuerpo físico.

---

57 Wisneski, L. y Anderson, L. *The Scientific Basis of Integrative Medicine*. Boca Ratón, CRC Press, 2004, p. xxviii.

Hacía cerca de cien años, William Osler ya había escrito sobre un paciente que tuvo un ataque de asma después de oler una rosa artificial.[58] El descubrimiento de Ader dio a entender que cada sistema del cuerpo no trabaja de forma independiente, sino que todo está conectado. Así, el estrés emocional, por ejemplo, impacta negativamente sin lugar a dudas sobre nuestra salud física.

Ahora bien, hay que tener en cuenta que el simple hecho de decir muchas veces una frase no la convierte en verdad. Podríamos decir mil veces «Yo puedo volar» y muy probablemente no nos crecerán alas. La frase que contiene la verdad, y afirmarlo al final, contribuye a que esa sea tu realidad, es decir, que sea un principio en tu mente y en tu cuerpo.

Podrás encontrar canciones basadas en la repetición de mantras en sánscrito, pero también en otros idiomas. He aquí algunos mantras a modo de ejemplo:

- Soy suficiente.
- Soy preciosa.
- Soy inteligente.
- Estoy segura de mí misma.
- Sé lo que quiero.
- Sé decir que no.

Crea tu propio mantra o toma uno prestado, hay miles de afirmaciones ya creadas allí afuera que pueden ayudarte a empezar. Cambia tus creencias desde dentro a través de afirmaciones.

 EJERCICIOS PARA PROGRESAR:
Crea tus propios mantras y afirmaciones

Tener una batería de mantras a los que poder recurrir cuando lo necesites te será de gran ayuda. Como ya se ha adelantado, los mantras son afirmaciones que nos ayudan a canalizar eso que sabemos pero nos cuesta creer.

Podemos crear mantras para acercarnos a nuestros objetivos, para aceptar una situación, para aumentar nuestra autoestima, para creer en nosotros mismos, etc.

----

58 *Ib.*

- **Define el objetivo del mantra:** plantéate cuál es tu objetivo a la hora de utilizar un mantra. Piensa en la intención y ten claro el fin y por qué quieres llegar allí. Si no tienes un objetivo concreto, busca la razón, la motivación o simplemente qué hay detrás de querer utilizar afirmaciones.

  Ejemplo: «Quiero ser escritora».

- **Lluvia de ideas sobre el objetivo:** cuando tengas claro el objetivo, haz un ejercicio de lluvia de ideas acerca de él, qué es lo que quieres conseguir y cómo, tus miedos y tus preocupaciones, para darles la vuelta en un mensaje positivo y que te anime a seguir y alcanzar tu objetivo.

  Ejemplo: «Me da miedo no ser buena escribiendo, no lo he hecho nunca antes, sé que puedo escribir, conseguiré mi objetivo, creatividad, libertad para expresarse...».

- **Escribe los mantras o afirmaciones:** para crear tus mantras, empieza por las palabras *yo soy* o *soy*, utiliza verbos en presente y sé breve y específico. Incluye una emoción o sentimiento en tu afirmación que te ayude a seguir adelante. Las afirmaciones siempre tienen que ser sobre ti, no sobre los demás.

  Recoge los fragmentos que habías generado en la lluvia de ideas y reformúlalos en frases positivas, afirmaciones que te ayuden a llegar a tu objetivo, que te recuerden que puedes.

  - Soy escritora, miro hacia dentro para encontrar mi palabra.
  - Soy escritora y tengo algo que contar.
  - Soy creativa, acepto mi poder.

- **Acomoda el mantra en tu rutina:** es importante que cuando ya tengas el mantra finalizado lo incluyas en tu rutina para repetirlo en voz alta o en tu cabeza sistemáticamente cada día. El hábito hace al monje.

Sonido curativo para chakras

La palabra *chakra* proviene del sánscrito y significa «rueda» o «disco». Los chakras, según la medicina oriental, son siete centros energéticos situados en el cuerpo y en forma de disco que giran sobre sí mismos y están alineados en la columna vertebral desde la cabeza hasta el coxis.

La energía que pasa por estos centros energéticos es lo que se denomina *prana* en la India: la fuerza vital que nos mantiene saludables, vibrantes y vivos.

En los chakras guardamos los pensamientos, las emociones y los sentimientos hasta que se liberan del cuerpo. El sonido curativo para chakras va dirigido a curar y liberar un chakra concreto. He querido incluir el sonido curativo para chakras porque, independientemente de cuáles sean tus creencias o tu conocimiento sobre ellos, el sonido puede calmar tu sistema nervioso. Es decir, no hace falta estar familiarizado con el concepto ni saber cuáles son los chakras para notar los beneficios en el cuerpo. Ante la duda, pruébalo.

A continuación aparecen detallados los chakras, su función principal y la frecuencia que se le asocia a cada uno según las frecuencias Solfeggio, que son las que se usan en los cantos gregorianos:

- Chakra Raíz – 396 Hz. Liberar culpa y miedo.
- Chakra Bazo – 417 Hz. Deshacer situaciones y dar paso al cambio.
- Chakra Plexo Solar – 528 Hz. Transformación y milagros.
- Chakra Corazón – 639 Hz. Conexión y relaciones.
- Chakra Garganta – 741 Hz. El despertar de la intuición.
- Chakra Tercer Ojo – 852 Hz. Devolver el orden espiritual.
- Chakra Coronilla – 963 Hz. Sistema de creencias en la mente y lucidez.

Los boles tibetanos —cuencos de metal cuyo sonido ayuda a la meditación— son una herramienta de sonido curativo para chakras y los hay de distintos tipos según la frecuencia.

Si quieres consultar las recomendaciones de sonido para chakras, las encontrarás en el apartado de recursos.

Música de 432 Hz

La música en la frecuencia de 432 Hz tiene la característica principal de ser muy agradable al oído, por lo que muchas personas han vivido la experiencia de entrar en un estado meditativo escuchando esta frecuencia.

Hay quien no consigue distinguir una melodía estándar de 440 Hz, que es la más común, de una de 432 Hz, pero independientemente de si tienes o no un oído entrenado para percibir la diferencia entre ambas, la sensación de oír una música de 432 Hz es más dulce al oído por la longitud de la onda del sonido.

Grandes músicos como Mozart o Verdi basaron su música en la vibración natural de 432 Hz. Son solo 8 vibraciones por segundo de diferencia con respecto al estándar 440 Hz, pero esta pequeña variación parece tener un efecto remarcable en la consciencia humana. Muchos instrumentos antiguos, como el famoso violín Stradivarius, suenan en la frecuencia de 432 Hz.

Si quieres consultar las recomendaciones de música de 432 Hz, las encontrarás en el apartado de recursos.

¿Sabías que...?

Los sonidos binaurales son un tipo de tono con una frecuencia distinta en cada oído. Si en un oído escuchamos 200 Hz, por ejemplo, y en el otro 210 Hz, el sonido que recibiremos a nivel de frecuencia serán 10 Hz. Algunos científicos[59] piensan que nuestro cerebro se siente obligado a sincronizarse con las ondas recibidas y entramos en otro estado de ondas cerebrales.

Nuestro cerebro tiene 5 tipos de ondas:
- De baja frecuencia (delta, theta), que nos ayudan a relajarnos y a dormir.
- De alta frecuencia (gamma), que nos hacen estar centrados, prestar más atención y tener mejor memoria.
- De media frecuencia, que nos hacen estar centrados hacia dentro como en la meditación (alpha) y focalizan nuestra atención en el mundo que nos rodea (beta).

Aunque se necesita más investigación, hay estudios científicos[60] que apuntan a que los sonidos binaurales podrían reducir la ansiedad, el dolor, los síntomas del síndrome premenstrual y mejorar los problemas de comportamiento en niños.

---

59 Véase https://www.binauralbeatsmeditation.com/the-science/

60 Huang, T. L. y Charyton, C. «A comprehensive review of the psychological effects of brainwave entrainment». *Alternative Therapies in Health and Medicine*, 14 (5), 38-50. Accesible en: https://www.ncbi.nlm.nih.gov/books/NBK75019/

15

EL **CUERPO SENSIBLE** DEL **EMPÁTICO**

Los empáticos, a diferencia de otras personas, tenemos una barrera muy fina entre nosotros y nuestro entorno. Imagínate que tu piel fuera una capa transparente a través de la cual todo se filtrara fácilmente hacia dentro. Nuestro cuerpo nos sostiene, nos protege y nos cuida, y debemos cuidar de él para que pueda hacer bien su trabajo.

Como empáticos, somos sensibles al entorno que nos rodea, pero aún más a nuestro cuerpo y a cualquier cambio que este pueda sufrir. Los cambios de horarios, de patrones del sueño, la alimentación y los productos que utilizamos para cuidar de nuestro cuerpo por dentro y por fuera pueden beneficiarnos o causarnos mal.

Así pues, es nuestra responsabilidad tomar consciencia de qué nos conviene y cómo le sienta a nuestro cuerpo. Debemos observarnos, saber cuándo un alimento no nos ha sentado bien, conectarnos con nuestro cuerpo y sus sensaciones físicas.

Seguro que has escuchado alguna vez frases como «eres lo que comes» o «tu cuerpo es tu templo». Parece filosofía salida de una tarjeta de cumpleaños, pero créeme que lo que comes importa y mucho y determina no solo cómo te ves por fuera sino cómo te sientes por dentro. El cuerpo te habla: cuando algo no le ha sentado bien, notamos molestias; cuando nos sentimos estresados y con ansiedad, se nos entrecorta la respiración; cuando estamos preocupados, tenemos mucha hambre o se nos quita el hambre...

En consecuencia, el cuerpo tiene su propio lenguaje para comunicarnos información valiosa para nuestra supervivencia y bienestar. Tiene su propia forma de procesar la información que está a su alrededor y expresarla a través de sensaciones o síntomas físicos. Por ello, debemos aprender a escuchar a nuestro cuerpo atentamente.

¿Quieres un cuerpo que funcione de manera óptima? Entonces debes llevar una alimentación saludable acorde con tus preferencias y necesidades. Todos somos distintos en nuestros gustos y en lo que nos pide el cuerpo, pero hay unas pautas generales de alimentación saludable que se aplican a todo el mundo. Unas pautas que, aunque aplicables a todos, tienen especial relevancia para los empáticos, que somos más sensibles energéticamente. Llevar una alimentación saludable te ayudará a estar en equilibrio con tu cuerpo y con tu mente y a funcionar de manera óptima en el día a día.

Comer saludable, además, trae consigo muchos beneficios adicionales: nos ponemos menos enfermos, reforzamos nuestro sistema inmunitario, podemos recuperarnos mejor de dolencias físicas, podemos perder peso, sufrimos menos ansiedad y nerviosismo, tenemos la mente más tranquila, etc. ¿Te lo vas a perder?

NÚTRETE POR DENTRO: COMIDA REAL PARA LOS EMPÁTICOS

Con independencia de qué tipo de dieta sigas, tanto si eres vegetariano, vegano, omnívoro o sigues cualquier otro tipo de alimentación, la base de tu dieta debe ser la comida real.

La comida real es aquella que crece de los árboles o de la tierra y, si es de origen animal, que tiene madre y padre, unos progenitores. La comida real es la que se puede encontrar en la naturaleza igual que en el plato, en su estado natural. La comida real es una manzana, un bistec ecológico sin hormonas, frutos secos como las nueces o las almendras, una lechuga, la quínoa y el mijo, la mantequilla, las frutas, el pescado, etc. Los vegetales, la fruta, los lácteos y huevos, los cereales integrales, las semillas, los frutos secos, las grasas naturales, la proteína de origen vegetal y la proteína de origen animal de buena calidad son la base de una dieta saludable.

Más allá de tu elección personal del tipo de alimentos que quieras consumir por tus creencias, gustos o filosofía de vida, lo importante es la calidad de los alimentos. De ahí la importancia de diferenciar lo que es comida real de lo que no lo es —lo que llamaremos pseudo-comida—. A continuación veremos las pautas más relevantes de la alimentación saludable para saber qué tipo de alimento nos estamos poniendo en la boca y qué debemos tener en cuenta a la hora de elegir un producto u otro.

> ### ¿Sabías que...?
>
> Un estudio[61] realizado por investigadores de la Universidad de Yale comparó las distintas dietas alimenticias: baja en carbohidratos, baja en calorías, bajo índice glucémico, mediterránea, mixta/equilibrada, paleolítica, vegana y elementos de otras dietas. Sus conclusiones al respecto fueron que no hay una dieta que sea claramente mejor que otra, pero sí hay patrones comunes a todas las dietas que son beneficiosos para la salud. Por ejemplo, la inclusión de alimentos sin procesar o mínimamente procesados se asocia con una mejor salud y prevención de enfermedades.
>
> Ello nos ofrece una razón más para consumir alimentos directamente de la naturaleza. La comida real es la base de una dieta saludable.

Alimentos de alta vibración

Nuestro cuerpo extrae energía de los alimentos que consumimos, y los que más energía tienen son los vegetales y las frutas. Por ello los denominamos alimentos de alta vibración.

Para los empáticos y nuestro sistema nervioso sensible, cuantos más alimentos de alta vibración y de buena calidad comamos, más lo agradecerá nuestro cuerpo. Llevar una dieta basada principalmente en frutas y vegetales es beneficioso para la salud y uno de los principios de la alimentación saludable. Eso quiere decir que en todas tus comidas debería haber como mínimo una ración de vegetales. En el desayuno puede ser una ensalada o espinacas frescas con huevos o tofu, en la comida puede ser verdura al horno con pesto y en la cena una crema de verduras.

---

61 Katz, D. L. y Meller, S. «Can We Say What Diet Is Best for Health?». *Annual Review of Public Health*, 35 (1), 83-103.

Por su parte, la fruta ofrece una fuente de azúcares naturales y fibra de buena calidad. Prioriza la fruta con menos azúcar como las fresas, las frambuesas, las moras o los arándanos: aunque la fruta contenga azúcar natural, es igualmente azúcar, así que consúmela con moderación.

¿Sabías que...?

El experto en electromagnetismo André Simoneton[62] llevó a cabo un experimento en la década de 1930 consistente en medir las ondas electromagnéticas de los alimentos. Llegó a la conclusión de que un humano, para tener buena salud, debía mantener una vibración de 6.500 ángstroms.

Simoneton clasificó sus descubrimientos en función de un sistema de puntuación de 0 a 10.000 ángstroms que abarcaba desde los alimentos llamados superiores a lo que él denominaba alimentos muertos.

- **Alimentos superiores:** la fruta fresca y los vegetales crudos o cocidos a menos de 70 °C emiten entre 6.500 y 10.000 ángstroms. Los frutos secos, el aceite, el coco, los derivados de la leche fresca y los huevos frescos, así como los quesos fermentados, el marisco y el pescado, también son alimentos superiores.
- **Segunda categoría:** vegetales cocidos, leche, huevos, miel, pescado cocido y vino. Tienen una vibración de 3.000 a 6.500 ángstroms.
- **Tercera categoría:** carne cocinada, café, té, chocolate, mermelada, pan blanco y quesos procesados. Tienen una vibración de 3.000 ángstroms.
- **Alimentos muertos:** la margarina, las conservas, el alcohol, el azúcar y la harina procesada emiten 0 ángstroms.

EJERCICIOS PARA PROGRESAR:
Analiza tu alimentación

Nos pasamos el día corriendo de acá para allá y comiendo lo primero que encontramos, sin ser conscientes de lo que comemos. Para analizar tu alimentación y simplemente ser consciente de los alimentos que consumes a diario, una técnica muy útil es llevar un diario de alimentación.

---

62 Simoneton, A. *Radiations des aliments, ondes humaines et santé*. París, Le Courrier du Livre, 1995 (3.ª ed.).

Apunta cada día todo lo que has comido de esta forma:

- Anota todo lo que has comido y bebido cada día.
- Anota cómo te sentías en cada comida (estresado, ansioso, contento, etc.).

	DESAYUNO	COMIDA	CENA	SNACKS
Día 1	*Sentimiento: ansiedad* *Comida: bocadillo de jamón y queso*			
Día 2				
Día 3				

Si cada día anotas lo que has comido durante la jornada y cómo te has sentido, al final de la semana y del mes podrás ver determinados patrones en tus comidas y si están relacionados con cómo te sentías en ese momento.

LA PSEUDOCOMIDA

La pseudocomida es el concepto opuesto a la comida real. Son aquellos productos alimenticios que se comercializan como alimentos pero que están modificados químicamente y contienen conservantes, colorantes y otros elementos químicos que provienen de un laboratorio.

La pseudocomida es muy fácil de identificar: siempre tiene más de un ingrediente en la etiqueta del producto. Normalmente se trata de ingredientes que no podemos ni tan siquiera pronunciar y que no encontraríamos en la naturaleza: infinidad de químicos, aceites hidrogenados que son inflamatorios, azúcares añadidos por doquier, grasas químicas fabricadas en laboratorios —como la margarina— y otros inventos de la industria alimenticia.

Evita los procesados y refinados

Sé que lo que acabo de decir quizá te ha dejado los ojos como platos, ya que es posible que haya muchas cosas en tu despensa que podrían ser consideradas pseudocomida. A continuación vamos a describir los dos tipos de pseudocomida más importantes, a fin de que puedas identificarlos y buscar alternativas saludables dentro de la comida real.

Los refinados

Los productos refinados son alimentos resultantes de un proceso de refinación, en virtud del cual se toma el alimento original y se cambia su forma, color o características principales. Tal es la transformación que el «alimento» resultante ya no tiene nutrientes que valgan la pena.

Un ejemplo muy habitual de producto refinado es la harina de trigo. El grano de trigo pasa por un proceso en el que se le quita la fibra, pierde las vitaminas y minerales por el camino, el material restante se pulveriza y como producto resultante nos queda la harina blanca de trigo refinada que todos conocemos. Lo que tenemos es una harina que en nada se parece al alimento original y que ha cambiado sus efectos en nuestro cuerpo, con lo que también varía la manera en que lo metabolizamos.

Cuando un alimento se refina, ve modificada su forma original y el producto que resulta puede incluso volverse completamente artificial.

Los refinados más comunes y consumidos son los siguientes:

- Los aceites refinados, hidrogenados o parcialmente hidrogenados (girasol, soja, maíz, colza...).
- El azúcar refinado, que es el azúcar después de pasar por distintos procesos que le dan ese color blanco reluciente.
- Los edulcorantes artificiales como la sacarina, la sucralosa (Splenda) y el aspartamo.
- Las frutas deshidratadas a las que se les añaden aceites hidrogenados.
- La sal refinada. La sal de mesa más común que consumimos hoy en día nada tiene que ver con la sal en estado natural, ya sea marina o de montaña, que sí que contiene los minerales necesarios.
- El arroz refinado: después de blanquearlo y quitarle el grano y el germen, nos queda un producto con mucho almidón que nuestro cuerpo metaboliza como azúcar.
- La harina blanca, refinada con un proceso parecido al del arroz, resulta en un producto vacío de nutrientes y con un alto índice glucémico (azúcar).

La recomendación es reducir o eliminar al máximo este tipo de productos refinados, que se convierten en derivados de mala calidad en muchas ocasiones perjudiciales para la salud, y sustituirlos por el alimento natural, que sí contiene todas sus propiedades.

Los procesados

Se trata de alimentos tratados o modificados mediante algún proceso físico o químico con el fin de mejorar su conservación o sus características organolépticas (ya sea el sabor, aroma, textura, color, etc.). Un ejemplo serían los cereales de desayuno convencionales.

Quizá estás familiarizado con todas o algunas de las categorías de alimentos procesados que vamos a mencionar:

- **Mínimamente procesados:** pertenecen a esta categoría los alimentos que son sometidos a un proceso industrial que facilita su consumo pero que no modifica sustancialmente las propiedades saludables del alimento. Podríamos encontrar aquí los granos, las legumbres, la leche, etc.
- **Medianamente procesados:** pertenecen a esta categoría los alimentos que han pasado por procesos de prensado, trituración, refinación, molienda, uso de enzimas y aditivos, de los que se obtienen ingredientes culinarios como por ejemplo la lactosa, la proteína de soja, gomas, conservantes, almidones, aceites, grasas o azúcar, entre otros.
- **Ultraprocesados:** pertenecen a esta categoría los alimentos que han pasado por multitud de procesos como los anteriores para obtener una rápida preparación del alimento. Acostumbran a ser alimentos con una alta concentración de grasas saturadas, totales o grasas transaturadas (creadas químicamente: no existen en la naturaleza). Además, tienen altas cantidades de azúcares y sodio y, por si fuera poco, son alimentos deficientes en micronutrientes y fibra y tienen una alta densidad energética y calórica.

Los procesados más comunes y consumidos son:

- La margarina, que es una grasa transaturada de origen químico.
- La mayoría de cereales de desayuno, que en realidad son golosinas, ya que están tan refinados y azucarados que no contienen apenas nutrientes, pero sí cantidades ingentes de azúcar.
- Las galletas, la mayoría de las cuales contiene cantidades desorbitadas de azúcar, aceites hidrogenados, grasas transaturadas, etc.
- Las sopas instantáneas y caldos concentrados, que tienen una larga lista de aditivos, glutamato monosódico y cantidades altísimas de sodio.

- Los refrescos, que tienen ingredientes sospechosos de ser adictivos.
- Los *nuggets* y hamburguesas, de cuya carne no se sabe el origen, aunque la mayoría de las veces es procesada y contiene un cóctel de aditivos.
- El yogur más común es procesado, como demuestran sus saborizantes artificiales y sus grandes cantidades de azúcar añadido que lo hacen muy atractivo al paladar.
- El kétchup y la salsa de tomate frito contienen en general poco tomate y el que contienen pasa por procesos para cambiar su textura, olor y consistencia, además de añadirle azúcar y otros aditivos.
- Pan envasado hecho con harina refinada, al que se le añaden conservantes y azúcar para una mayor duración en las estanterías del supermercado.
- Los zumos de frutas que duran meses en tu despensa llevan múltiples aditivos y poco o nada de fruta. Recuerda que los zumos de fruta naturales duran solo unos días en la nevera, de modo que si un zumo de frutas dura meses en tu despensa, sospecha.
- Las mermeladas más comunes en los supermercados llevan mucho azúcar y aditivos.

No hay que alarmarse por utilizar productos mínimamente procesados, que nos ayudan en la vida diaria a ahorrar tiempo y mantienen las propiedades del alimento. Pero si tu dieta se basa en productos medianamente procesados o ultraprocesados, deberías reducir su consumo y sustituirlos por comida real.

❖ ◆ EJERCICIOS PARA PROGRESAR:
Nevera y despensa libre de procesados

Tenemos conservas, botes, latas y demás en nuestra nevera y en nuestra despensa cuya presencia no solo nos pasa desapercibida, sino que no nos hemos parado a observar qué ingredientes contienen. Sea por hábito, por preferencias o porque son los productos que nos gustan, acaban teniendo un lugar en nuestra casa.

Limpia tu nevera y tu despensa de procesados:

- Antes de nada, saca todos los alimentos que tienes en la nevera y en la despensa y colócalos juntos en la encimera o en una mesa para poder visualizarlos en su totalidad.

- Vuelve a colocar en la nevera y en la despensa los productos frescos y naturales sin procesar ni refinar: frutas, verduras, proteína de origen animal o vegetal...
- Deja fuera todo aquello que no sea fresco y natural para ir analizando cada producto.
- Mira las etiquetas de cada uno y comprueba qué ingredientes llevan. Ahora ya sabes distinguir los productos procesados y puedes decidir qué tipo de productos quieres consumir.
- Busca especialmente productos como *snacks* salados altos en sodio, pastas, cereales, pan, refrescos, galletas, salsas... Estos son los procesados más comunes y leyendo sus etiquetas e ingredientes serás consciente de lo que estás consumiendo.
- Sustituir ingredientes: una vez has eliminado todos esos productos que ya no quieres consumir, es importante que busques sustitutos saludables para rellenar la despensa con buenas opciones de comida real. Por ejemplo, en vez de frutos secos salados como *snacks*, busca frutos secos tostados sin sal.

¿Sabías que...?

Según la Universidad de Harvard,[63] están surgiendo estudios que indican que es la calidad del alimento —y no las calorías— lo que debería determinar lo que habría que comer y evitar para mantener un peso saludable. Esto es, en lugar de escoger alimentos basándonos en su valor calórico, deberíamos escogerlos basándonos en la calidad del alimento, y minimizar los productos de baja calidad.

LA CALIDAD DE LOS ALIMENTOS IMPORTA

La primera regla de oro es que la calidad de los alimentos importa, y mucho. No es lo mismo comer una manzana recubierta de cera para que se vea bonita en el supermercado y que ha sido rociada con pesticidas, que comer una manzana orgánica de agricultura ecológica. Es decir, siempre será mejor comer una manzana que no bollería refinada y procesada, pero la calidad de esa manzana también marcará la diferencia.

---

63 «The Best Diet: Quality Counts». Accesible en: https://www.hsph.harvard.edu/nutritionsource/healthy-weight/best-diet-quality-counts/

Siempre que puedas, prioriza las frutas y verduras ecológicas, orgánicas y bío para una mayor calidad del alimento que vas a consumir: a mayor calidad del alimento, más nutrientes, vitaminas y minerales podrá utilizar tu cuerpo al consumirlo.

Ecológico

Un alimento es ecológico cuando todas sus etapas de crecimiento y producción se han desarrollado en la naturaleza sin intervención artificial.

Para que un vegetal se considere ecológico, su semilla debe ser ecológica, así como la tierra en la que crece, y el agua utilizada para regar no debe estar contaminada. Tampoco se utilizan fertilizantes ni pesticidas químicos durante el proceso. El término *ecológico* en la ganadería garantiza que no se inyectan antibióticos ni hormonas de crecimiento y asegura que la crianza de los animales tiene lugar en zonas libres de contaminación y estos siguen una alimentación ecológica.

Bío

Un alimento bío no contiene ningún componente que haya sido alterado genéticamente. Es decir, el alimento no habrá pasado por ninguna intervención de laboratorio. Un ejemplo muy conocido de alimentos manipulados genéticamente son aquellas frutas y verduras que tienen un aspecto muy apetecible porque han sido manipuladas químicamente en su composición para obtener una mejor forma, color e incluso una duración mayor.

Orgánico

Un alimento orgánico indica que no ha habido ninguna intervención química para lograr el desarrollo óptimo del alimento. Esto quiere decir que no se usan pesticidas ni fertilizantes.

Aun así, un alimento orgánico puede no ser bío: que el alimento no contenga químicos no significa que no haya sido manipulado genéticamente, como ocurre con determinadas frutas y verduras. Los alimentos manipulados genéticamente se llaman también GMO, por sus siglas en inglés.

PROTEÍNA ANIMAL Y PROTEÍNA VEGETAL

En el caso de la proteína de origen animal, es importante tener en cuenta las condiciones en las que este ha crecido y su alimentación. Para la carne es importante que los animales se hayan criado al aire libre —lo más parecido a una crianza en libertad—, que sea carne ecológica, sin antibióticos, y que su alimentación haya sido de pasto. Al fin y al cabo, al igual que nuestra salud mejora o empeora en función de si nuestra alimentación es o no saludable, la calidad de la proteína de origen animal también depende de la alimentación del animal.

En lo que a pescados y mariscos se refiere, siempre será mejor que sean salvajes que de piscifactoría, y que los métodos de pesca sean respetuosos con el animal y el medio ambiente.

En cuanto a la proteína vegetal, es importante tener en cuenta que su condición de vegetal no lo convierte automáticamente en comida real: debido a cambios en la dieta y al auge de las dietas veganas y vegetarianas, ha aparecido pseudocomida en el mundo de la proteína vegetal. Mira bien los ingredientes del producto y asegúrate de que no haya elementos procesados ni refinados.

ALERGIAS O INTOLERANCIAS ALIMENTARIAS

Los empáticos tenemos un sistema nervioso más sensible y por ello somos más propensos a tener reacciones en el cuerpo con según qué alimentos. Podemos notar el estómago más revuelto de lo normal cuando algo nos afecta y también podemos padecer alergias alimentarias con más facilidad. Al fin y al cabo, una alergia alimentaria no es otra cosa que tu cuerpo decidiendo que ese alimento es una amenaza para tu supervivencia y generando una reacción de defensa desde tu sistema inmunitario.

Las alergias o intolerancias alimentarias más comunes son la celiaquía, la sensibilidad al gluten, la intolerancia a la lactosa o a la caseína de los productos lácteos y la alergia a los huevos. Yo soy intolerante a la lactosa y al gluten, pero no me di cuenta hasta que no saqué de mi dieta los procesados, los refinados y el azúcar. Al comer más saludable, empecé a descubrir cómo me sentía cuando tomaba ciertos alimentos, y me había librado de la inflamación y el gas que me producían los refinados y procesados. Fue entonces cuando empecé a darme cuenta de que había algo más que no me sentaba bien cuando comía determinados alimentos, porque hasta entonces estaba tan acostumbrada que tenía la percepción del estado de mi cuerpo totalmente distorsionada. Comía tanta pseudocomida que ni notaba que se me hinchaba la barriga cuando comía quesos o yogures. Al retirar de mi dieta la mayoría de las cosas que no me sentaban bien, fui descartando y llegando a la conclusión de qué alimentos podían estar causándome problemas.

Te recomiendo que prestes atención cuando comas ciertos alimentos, que compruebes si notas algún tipo de alteración o sensación distinta en el estómago o alguna reacción en el cuerpo. En este sentido, las dietas de eliminación son una buena forma de averiguar si un alimento nos está sentando mal. Se basan en eliminar durante un tiempo el alimento sospechoso de ser el causante de los síntomas y luego volver a introducirlo para ver los efectos que produce en el cuerpo.

Las pruebas de alergia son también una buena opción para determinar si puedes estar afectado por una alergia alimentaria concreta.

EXCITANTES Y ESTIMULANTES

El cuerpo del empático es sensible, y los excitantes y estimulantes nos afectan mucho más que a cualquier otra persona de a pie por su efecto sobre el sistema nervioso. Eso también significa que tenemos tendencia a contraer adicciones a este tipo de sustancias porque adormecen nuestros sentidos y sentimientos y calman nuestro sistema nervioso cuando más lo necesitamos.

Azúcar

El azúcar es una sustancia refinada y procesada. En la naturaleza hay azúcar, pero junto a agua y fibra, como en las frutas o los vegetales dulces como la calabaza y la zanahoria. El azúcar es un estimulante y tiene un efecto yoyó sobre nuestro estado emocional: nos hace sentir mejor y nos llena de energía por un momento, nos lleva a la cresta de la ola para después caer inevitablemente. De hecho, cuando necesitamos una recompensa, nos sentimos mal, tenemos ansiedad o estamos deprimidos solemos recurrir al azúcar porque nuestro cuerpo sabe que va a tener ese subidón.

La OMS recomienda reducir el consumo de azúcares libres[64] a

----

64 Organización Mundial de la Salud, *Guideline: Sugars intake for adults and children.* Ginebra, OMS, 2015. Accesible en: https://apps.who.int/iris/bitstream/handle/ 10665/149782/9789241549028_eng.pdf;jsessionid=DE4A60A186E077 201234E810757ED4FF?sequence=1

un 10% del total de energía diaria, unos 50 gramos de azúcar, aunque consideraría ideal limitarla al 5%, unos 25 gramos. Para una dieta de 2.000 calorías, un 10% serían 200 calorías diarias, que equivalen a 52 gramos de azúcar al día. Para que nos hagamos una idea, una lata de refresco de 330 centilitros contiene de media 35 gramos de azúcar.

Como podemos ver, superar los 52 gramos diarios de azúcares es facilísimo: un refresco y una pasta o un postre al día nos harían superar con facilidad esa cantidad. Por el contrario, si sigues las recomendaciones de no comer procesados y refinados habitualmente, te será fácil no traspasar el límite de azúcar recomendado.

Café y té

No voy a empezar una guerra contra el café, ya que está comprobado que tiene antioxidantes y es beneficioso para la salud por numerosos motivos. No obstante, consumir café con regularidad puede causar ansiedad y nerviosismo, como estimulante que es y debido a su alto contenido en cafeína. Así, en el caso de personas sensibles, el café puede producir efectos manifiestos, en especial en lo referente al ciclo del sueño y al estado de ánimo. Así pues, procura moderarte con el café y pon atención a cómo te sientes cuando lo tomas.

El té también contiene cafeína, por lo que puede causar asimismo cambios en el ciclo del sueño y producir ansiedad. Cabe recordar que la cafeína genera adicción, por lo que si tu consumo es diario y dejas de tomarla o la reduces, es posible que tengas síntomas de abstinencia, entre los cuales se encuentran los dolores de cabeza y la irritabilidad.

Alcohol

El alcohol es una sustancia adictiva que adormece nuestros sentidos y nuestra sensibilidad. El alcohol nos deshidrata, por lo que nuestro metabolismo intenta librarse de él lo antes posible. No seré yo quien te diga que no te tomes un vaso de vino o tu cóctel favorito, pero, tanto si se trata de empáticos como de no empáticos, el consumo de alcohol debe hacerse con cabeza y moderación. De hecho, el alcohol no debería ser la sustancia a la que recurrir para sentirnos mejor o para adormecer nuestros sentidos.

Analiza qué estimulantes y excitantes consumes mediante la formulación de las siguientes preguntas:

- ¿Qué estimulantes y excitantes consumes?
- ¿Con qué asiduidad los tomas?
- ¿Cómo te sientes cuando acudes a esa sustancia?
- ¿Has detectado algún patrón de conducta que haga que consumas más? Por ejemplo, cuando estás triste, cuando tienes ansiedad...

Utiliza los ejercicios de creación de nuevos hábitos y rutinas para replantearte tus hábitos de consumo de estimulantes y excitantes. Cuanto más natural sea la regulación de tu sistema nervioso y de tu estado emocional, más fácil te será averiguar cómo estás y qué hacer en cada momento.

SUPLEMENTOS Y VITAMINAS

Las frutas y verduras ya no son tan ricas en minerales como lo solían ser años atrás. Las que ves en el supermercado quizá hayan viajado más que tú sin tener pasaporte: vienen del otro lado del mundo y llevan meses viajando antes de llegar a tu plato. De hecho, durante el tiempo que tardas en consumir estas frutas y verduras su contenido en vitaminas también disminuye. La consecuencia es que estamos faltos de vitaminas y minerales, que no son tan fáciles de conseguir en las cantidades necesarias a través de nuestros alimentos.

Para los empáticos, la fatiga, el cansancio, la ansiedad y la falta de energía son síntomas muy comunes. Yo he vivido en mi propia piel el hecho de sentirme cansada permanentemente y sin fuerzas desde que me levantaba hasta que me iba a dormir. Sin embargo, después de hacerme un análisis de pelo en el que se vio claramente que tenía déficit de distintos minerales y vitaminas, todo cambió. Al ver lo que necesitaba mi cuerpo, empecé a tomar magnesio, potasio, yodo y vitamina C con supervisión de mi médico.

En general, los empáticos tenemos al parecer más déficit de magnesio, el cual es beneficioso para prevenir o tratar la ansiedad, para aliviar dolores musculares y para mejorar el flujo intestinal. Para mí, poder determinar qué suplementos y minerales debía tomar para equilibrar mi cuerpo marcó un antes y un después. Más energía, menos fatiga, equilibrio emocional y un constante sentido de calma interno. A veces solo debes averiguar que está fuera de equilibrio para enderezarlo.

Si no eres partidario de tomar suplementos o vitaminas, también hay ciertos tipos de alimentos que pueden proporcionarte los minerales y vitaminas que necesitas.

HIERBAS

La utilización de hierbas para cocinar o de hierbas medicinales en forma de té, tisana, tinturas u otras preparaciones es una forma muy efectiva de mejorar tu salud.

Si no estás familiarizado con el poder de las hierbas medicinales, has de saber que pueden ser muy útiles si tienes problemas de ansiedad, irritabilidad e insomnio. Las hierbas son un buen recurso para calmar un sistema nervioso sobreactivado.

Si eres como la mayoría de empáticos y la medicina convencional tiende a resultar muy fuerte para ti, una de las razones es porque no está adaptada a tu sistema nervioso sensible. Tomar medicación puede ser necesario en algunas ocasiones, pero en muchas otras no es necesario solucionar nuestras afecciones exclusivamente con químicos. Las hierbas son una alternativa saludable y por norma general no son invasivas, y sí muy efectivas para ayudar a curar o mejorar problemas físicos y/o emocionales.

Me sucedió hace algunos años que tenía un dolor de estómago permanente que no se iba de ninguna forma. El médico me recetó un protector de estómago que a mí me resultaba muy potente. Empecé a tomarlo, pero tuve que dejarlo poco después sin notar mucha mejora y con una sensación extraña en el estómago cada vez que lo tomaba. De modo que empecé a tomar una infusión hecha con anís estrellado y clavo que me prepararon en el herbolario y no solo empecé a encontrarme muchísimo mejor, sino que no notaba ningún efecto secundario.

Aquí menciono algunas de las mejores hierbas para empáticos que nos ayudan en nuestros problemas más comunes: reducción de la ansiedad y del estrés, regulación de las hormonas, mantenimiento de la energía para evitar fatiga y reducción de los síntomas depresivos.

No te quedes solo con estas hierbas: hay muchísimas más que pueden ser beneficiosas para lo que necesitas. Consulta con tu herbolario, que seguro podrá guiarte si lo necesitas.

- **Albahaca santa:** es un adaptógeno natural que ayuda al cuerpo a habituarse al estrés. Tiene un sabor dulce junto a cierto matiz picante, como a pimienta negra. Es una hierba fantástica para equilibrar nuestro sistema energético.

- **Ashwagandha:** es una raíz muy utilizada en la medicina ayurvédica que reduce la ansiedad, la presión arterial, la artritis y además incrementa la libido.
- **Chocolate puro crudo:** el chocolate crudo es uno de mis favoritos. No solo incrementa tu energía, sino que es un potente antidepresivo natural que reduce la presión arterial y protege tu sistema nervioso. Una pequeña cantidad de chocolate te hará llegar lejos. Empieza con pequeñas dosis, y cuidado con confundir el chocolate crudo con cualquier producto que se llame chocolate: el chocolate crudo pasa por un proceso en el que se prensan en frío semillas de cacao sin hornear.
- **Damiana:** es una hierba muy potente para reducir el estrés psicológico, además de ayudar a combatir los síntomas de la depresión.
- **Ginkgo biloba:** incrementa de forma natural tu energía y tu concentración mental, y ayuda a curar migrañas y dolores de cabeza. También se utiliza en personas con fibromialgia para calmar su sistema nervioso. Es popularmente conocido por su capacidad para reducir la ansiedad y la depresión.
- **Maca:** considerada un superalimento, se trata de una una raíz que incrementa la energía y la libido. Es igualmente buena para la fertilidad y equilibra tus hormonas.
- **Rhodiola rosea:** aumenta la resistencia del cuerpo al estrés mediante la regulación de las hormonas y la reducción de los síntomas de ansiedad. También es conocida por sus efectos benéficos contra la depresión, la fatiga, el colesterol, el mal de altura y muchos otros.
- **Valeriana:** se utiliza principalmente para combatir el insomnio, ya que consigue relajar el cuerpo, pero también se puede utilizar para la ansiedad.
- **Yerba mate:** habrás oído hablar del famoso mate argentino o lo habrás probado. Con un efecto similar al del café, es un energizante natural y un buen sustituto de aquel para los empáticos.

Puedes utilizar la maca, la ashwagandha y el chocolate puro crudo en batidos, tés e incluso en preparaciones de repostería saludable. Puedes encontrar productos que contienen este tipo de hierbas y superalimentos y comprarlos en polvo. La mayoría de las hierbas se pueden encontrar en forma de infusión, té, mezcladas en compuestos, en suplementos, en tinturas e incluso en preparaciones tópicas como cremas o aceites corporales.

Algunas de estas hierbas pueden no ser aptas para mujeres embarazadas. Antes de tomar cualquier suplemento o hierba, infórmate bien, ya sea haciendo tú misma una búsqueda exhaustiva, preguntando en tu herbolario más cercano o consultando con un profesional de confianza sobre las propiedades de la hierba.

MEDICAMENTOS

Puesto que el sistema nervioso de los empáticos es más sensible que el de otras personas, los medicamentos tienen un efecto directo en dicho sistema y en general en todo el organismo del empático. Por ello, consulta siempre a tu médico, pero es importante poder mencionar que tienes un sistema nervioso sensible —si ese es tu caso— para que pueda tenerlo en cuenta de cara a recetarte medicación.

Tanto para los empáticos como para las personas con un sistema nervioso sensible, la medicina natural, las vitaminas y los suplementos suelen ser la preferencia, ya que son remedios menos invasivos para el cuerpo. Eso no significa que no sea necesario tomar fármacos, pero es bueno mencionárselo a tu médico porque las dosis para una persona empática o altamente sensible pueden ser más bajas de las que se prescribirían en general.

CUIDADO PERSONAL

Cuidarse a uno mismo cada día y sentirte bien por dentro y por fuera es esencial para conseguir el equilibrio. Puede parecer una tontería, pero encontrar el tiempo para ti, para cuidarte y para darte amor en las pequeñas cosas te ayudará a lograrlo.

Cuidar tu cuerpo

Además de cuidar tu alimentación, el ambiente en el que vives y trabajas y las relaciones que te rodean, tienes que poner tus necesidades en el centro de lo que es importante.

Cuidar tu cuerpo con masajes es una buena forma de conectarte con tus músculos y con las sensaciones físicas de cada parte de tu cuerpo. Puedes reservar un masaje al mes del tipo que te guste en algún centro o hacerlo tú mismo.

Masajéate los pies, las piernas, las manos, los brazos; incluso puedes simplemente masajear tu cabeza y sienes sin necesidad de usar ningún producto. Para el resto del cuerpo, puedes elegir un aceite corporal o una crema hidratante que te guste y tocar y masajear tu cuerpo. Utiliza cremas y productos que contengan los ingredientes que necesitas para obtener el efecto deseado, y sigue las recomendaciones de la aromaterapia y los aceites esenciales.

Decorar tu cuerpo

Querer tu cuerpo tal y como es, y ya sea decorarlo con ropa que te produzca una sonrisa, tomarte el tiempo de maquillarte por la mañana, arreglar tu barba o utilizar ese perfume que te gusta, es la manera que tienes de cuidarte.

Hay muchas formas de sentirte bien: tú sabes mejor que nadie cuál es la que te produce esa sonrisa. Tomar tiempo para ti, para reconocer que tienes derecho a cuidarte en todos los aspectos, es un regalo que puedes hacerte todos los días.

Llevar ropa que te encanta es un placer. Como lo es saber distinguir, cuando quieres comprar algo, que ese algo te aporta un poco más que la funcionalidad que desempeña. ¿Verdad que cuando llevas tu camisa favorita te sientes poderoso? Sientes que hoy eres tú quien va a comerse el mundo y no que el mundo va a comerte a ti. Las cosas que posees deben generarte cierta felicidad, si no solo serán cosas acumuladas que no te aportarán valor.

- Dedica un día a la semana como mínimo a vestirte de forma que te sientas bien, que hoy nada puede salir mal. Ponte esa ropa favorita que te hace sentir poderoso. Los lunes son un buen día, porque es el día en que empieza la semana.
- Prepara tu ropa el día anterior —para que tengas menos decisiones que tomar por la mañana— y dedica ese tiempo a escoger con amor lo que querrás llevar al día siguiente.
- Levántate un poco antes y tómate tu tiempo para maquillarte, ponerte perfume, una crema hidratante o sea cual sea tu rutina de mañana. Empieza el día haciendo algo que te haga sentir bien contigo mismo.

❖ CONCLUSIÓN ❖

¿QUÉ HACER A PARTIR DE AHORA?

Si hay dos cosas que quiero que recojas y apliques después de leer este libro, esas son las siguientes:

- Tú decides quién eres y qué quieres hacer. Las cosas no te pasan: tú decides qué haces y cómo lo haces. Toma las riendas de tu vida y decide cómo quieres vivirla. Más acción, menos lamentaciones y más aplicar técnicas que puedan ayudarte. Toma responsabilidad y actúa. No hay nada mejor que tomar responsabilidad y asumirla. Todo depende de ti.
- Siempre tú primero. Solo podrás dar y recibir plenamente si estás bien, y eso significa cuidar de ti primero. Quiérete y cuídate porque los demás te respetarán si tú te respetas.

Gracias por llegar hasta aquí. Para despedirme, un mensaje final:

Tu sensibilidad te hace único y tu salud está en tus manos.

Ponte ya manos a la obra para cambiar lo que puedes cambiar, aceptar lo que no puedes cambiar y aprender a querer esa sensibilidad que te hace ver el mundo de forma única. Porque ser capaz de ver la belleza en las pequeñas cosas es un don.

Si crees que necesitas ayuda, echa un vistazo a mi programa de *coaching* para empáticos, en el que podremos trabajar juntos para sacar todos los beneficios a tu sensibilidad con un programa adaptado a tus necesidades.

Me gustaría que compartieras conmigo tus comentarios. Si quieres contarme qué te ha parecido el libro y cómo te ha ayudado, escríbeme a meritxell@meritxellgarciaroig.com. Me encantará conocerte y saber de ti.

❖ RECURSOS ❖

Encontrarás aquí mis recomendaciones relativas a servicios, recursos gratuitos *online* y productos relacionados con las técnicas o prácticas explicadas en el libro.

LIBROS, VÍDEOS Y RECURSOS WEB

¿Qué es ser empático?

Libro: *El don de la densibilidad*, de Elaine Aron.

Libro: *Guía de supervivencia para personas altamente empáticas y sensibles*, de Judith Orloff.

Test Personas Altamente Sensibles (en inglés): https://hsperson.com/test/highly-sensitive-test/

La estructura psicológica de un empático

Vital Mind Psychology (en inglés) es un canal de YouTube especializado en empáticos y narcisistas: https://www.youtube.com/channel/UC_P8aFACl-VqJl0flQPGMQQ/videos

Inner Integration, de Meredith Miller, es un canal de YouTube especializado en narcisistas (en inglés y español): https://www.youtube.com/channel/UCrNg_13PdqKAZRPqyclRq1g

El HeartMath Institute estudia el campo electromagnético del corazón y ofrece una lectura gratuita de sus estudios: https://www.heartmath.org/research/

Cómo hacer brillar tu naturaleza empática

Artículo: «Being Someone: The Integrated Self as a Neuropsychological System. Social and Personality Psychology Compass», de Julius Kuhl *et al.*

Libro: *Las cuatro emociones básicas*, Marcelo Antoni y Jorge Zentner.

Libro: *El poder del ahora*, de Eckhart Tolle.

Brené Brown, TED Talk sobre vulnerabilidad (en inglés): https://www.ted.com/talks/brene_brown_on_vulnerability?language=en

Libros de Brené Brown: *Desafiando la tierra salvaje*, *Más fuerte que nunca* y *Los dones de la imperfección*.

Lonerwolf, *Shadow Work Journal. Illuminating the Dark Side of your Psyche* (en inglés): https://lonerwolf.com/product/shadow-work-journal/

«Conectándome con el niño interior», meditación de Paola Angelical: https://www.youtube.com/watch?v=ayCXGKZNKGM

Meditación guiada en audio: https://meritxellgarciaroig.com/8-beneficios-comprobados-cientificamente-sobre-la-meditacion

El empático y su entorno

Test para narcisistas, del experto Craig Malkin: http://www.drcraigmalkin.com/the-narcissism-test

Libro: *Dodging Energy vampires*, de Christiane Northrup (en inglés).

Libro: *Belong: Find Your People, Create Community, and Live a More Connected Life*, de Radha Agrawal (en inglés).

Método KonMari: Serie de televisión *¡A ordenar con Marie Kondo!*, en Netflix. Libros de Marie Kondo: *La magia del orden* y *La felicidad después del orden*.

The Minimalists (en inglés): filosofía minimalista a través de su documental, podcast y libro publicado: https://www.theminimalists.com/

Test del eneagrama (en inglés): https://app.trueself.io/profile/questions/1

Efecto Roseto: https://meritxellgarciaroig.com/efecto-roseto

Atlas de las emociones (en inglés): http://atlasofemotions.org/

Técnicas para vivir mejor con tu sensibilidad

Libro: *El diario de la gratitud. Cómo un año de pensamiento positivo transformó mi vida*, de Janice Kaplan.

Libro: *Calma. Relaja la Mente. Cambia el Mundo*: www.calm.com

Aplicaciones móviles para meditar: Headspace, Calm, Stop Breath and Think, 10% Happier o Simple Habit.

Libro: *My Morning Routine*, de Benjamin Spall y Michael Xander (en inglés).

ASMR: canales de YouTube en español: Love ASMR by Ana Muñoz: https://www.youtube.com/channel/UCvZ6cGrtVInU9995L8l06Vw y ASMR con Sasha: https://www.youtube.com/channel/UCzp8yn9rUEHL-jqJdSFEONw

Meditaciones de chakras: Meditation and Healing, canal de YouTube: https://www.youtube.com/channel/UCM7XCXnxtYJkkMN0zf0tsSw

Explicaciones sobre meditación: Headspace, canal de YouTube: https://www.youtube.com/channel/UC3JhfsgFPLSLNEROQCdj-GQ

Meditaciones: Nu Meditation Music, canal de YouTube: https://www.youtube.com/user/numeditationmusic

Afirmaciones de prosperidad: EasyZen, canal de YouTube: https://www.youtube.com/watch?v=By6P5KqaGAw

Mantras: https://www.youtube.com/watch?v=O0OP_YGqvoo

Sonidos binaurales: Binaural Beats, canal de YouTube: https://www.youtube.com/channel/UCIauBb6cmot_0cYlYeEb8Mw

Música 432 Hz: Meditative Mind, canal de YouTube: https://www.youtube.com/watch?v=L2PQKda8bj0

El cuerpo sensible del empático

Sustitución de ingredientes: https://meritxellgarciaroig.com/guia-saludable-de-sustitucion-de-ingredientes

Yoga en casa: https://www.yogaconcris.com/ (en español) y https://yogawithadriene.com/ (en inglés).

Alimentación saludable: https://meritxellgarciaroig.com/blog

MÚSICA

Las canciones que menciono a continuación tienen en común que hablan de las relaciones tóxicas, especialmente con narcisistas. En especial, explicitan las fases del ciclo de abuso narcisista y las características de estas personas.

Jar of Hearts, de Christina Perri: la canción explica la recuperación de la víctima de abuso narcisista en la fase de descarte. Te recomiendo el videoclip de la canción, en el que se ve cómo el narcisista hace salir la luz del empático, que al final recupera su propia luz.

Blank Space, de Taylor Swift: la canción explica la fase de idealización del abuso desde el punto de vista del narcisista. Explicita cómo genera su imagen idealizada para enamorar y cautivar al empático.

Applause, de Lady Gaga: la canción explica cómo el narcisista vive para el aplauso ajeno. Su valor como persona viene determinado por la opinión y el reconocimiento de otros.

Can't Be Tamed, de Miley Cyrus: la canción explica la necesidad del narcisista de alimentar su ego y de que sus demandas sean atendidas constantemente.

Can't Tell Me Nothing, de Kanye West: la canción explica el drama constante en el que viven los narcisistas: cómo no siguen las normas y, cuando se encuentran con resistencia por parte de otros, cómo no solo no piden perdón sino que culpan a los demás de su comportamiento.

This Is How We Do, de Katy Perry: la canción explica la necesidad de aparentar del narcisista, su deseo de crear una versión perfecta, comprando las mejores marcas y aparentando con sus pertenencias.

So What, de Pink: la canción explica la etapa de descarte desde el punto de vista del narcisista. Destaca su capacidad para superar la situación con rapidez y olvidarse de la pérdida. Las personas no importan, sino su concepto de sí mismos: para no devaluarse, deben superar rápidamente la pérdida e ir a por su nueva víctima.

La cantante Alanis Morissette es una persona altamente sensible y muchas de sus letras explican los obstáculos que se ha encontrado a lo largo de su vida. Dos de las canciones más destacadas que tienen referencias a su sensibilidad son *Empathy* y *That I Would Be Good*.

SERIES Y PELÍCULAS

Las series y películas que menciono a continuación tienen en común que muestran ejemplos de relaciones tóxicas entre empáticos y narcisistas. En ellas se pueden distinguir las distintas fases del ciclo de abuso narcisista y reconocer con facilidad las características empáticas.

Sensitive: The Untold Story: documental sobre las personas altamente sensibles y los problemas más comunes que encuentran.

Lucifer: el personaje de Lucifer en las primeras temporadas es el narcisista —después experimenta un cambio en sus rasgos de personalidad—. La detective Chloé es la persona empática.

Big Little Lies: Perry Wright (Alexander Skarsgård) es un narcisista, marido en la serie de Celeste Wright (Nicole Kidman). Celeste es una persona empática.

The Holiday: el personaje de Jasper (Rufus Sewell) es el narcisista e Iris (Kate Winslet) es la empática. Miles (Jack Black) es también empático, y su novia, aunque aparece poco en la película, apunta rasgos narcisistas. El hermano de Iris, Graham (Jude Law), también tiene las características de una persona empática, mientras que Amanda (Cameron Díaz) podría ser una persona empática que ha estado mucho tiempo bloqueando sus sentimientos. En cambio, Ethan (Edward Burns), el marido de Amanda, parece ser un narcisista por la conversación que ambos mantienen cuando Amanda decide echarlo de casa.